DANIEL Z. LIEBERMAN
UND MICHAEL E. LONG

# *EIN* HORMON REGIERT *DIE* WELT

**Bibliografische Information der Deutschen Nationalbibliothek**
Die Deutsche Nationalbibliothek verzeichnet diese Publikation in der Deutschen Nationalbibliografie. Detaillierte bibliografische Daten sind im Internet über http://dnb.d-nb.de abrufbar.

**Für Fragen und Anregungen**
info@m-vg.de

**Wichtiger Hinweis**
Ausschließlich zum Zweck der besseren Lesbarkeit wurde auf eine genderspezifische Schreibweise sowie eine Mehrfachbezeichnung verzichtet. Alle personenbezogenen Bezeichnungen sind somit geschlechtsneutral zu verstehen.

7. Auflage 2025

Türkenstraße 89
80799 München
Tel.: 089 651285-0



Übersetzung: Martin Rometsch
Redaktion: Kerstin Brömer
Umschlaggestaltung: Marc-Torben Fischer, München, unter Verwendung von Shutterstock/ KaiMook Studio 99
Umschlagabbildung: Pete Garceau unter Verwendung von: iStockphoto/bauhaus1000, iStockphoto/cosveta, iStockphoto/nicoolay
Layout und Satz: Satzwerk Huber, Germering
Abbildungen: Sasangi Umesha: 63; Thomas Splettstoesser (www.scistyle.com): 154, 247
Druck: GGP Media GmbH, Pößneck
Printed in Germany

Wir produzieren nachhaltig
www.m-vg.de

ISBN Print 978-3-7423-0713-2
ISBN E-Book (EPUB, Mobi) 978-3-7453-0308-7

Weitere Informationen zum Verlag finden Sie unter
**www.rivaverlag.de**
Beachten Sie auch unsere weiteren Verlage unter www.m-vg.de

DANIEL Z. LIEBERMAN
UND MICHAEL E. LONG

# *EIN* HORMON REGIERT *DIE* WELT

## Wie Dopamin unser Verhalten steuert – und das Schicksal der Menschheit bestimmt

riva PREMIUM

*Für Sam und Zach,*
*die mir die Augen öffnen, sodass ich die Welt*
*aus einem neuen Blickwinkel sehe.*
*DZL*

*Für Dad,*
*der es allen gesagt hätte,*
*selbst wenn sie es nicht hätten hören wollen.*

*Für Kent,*
*der ging, als es gerade interessant wurde.*
*ML*

# INHALT

*Am Anfang schuf Gott Himmel und Erde.*

## Einführung

# UNTEN ODER OBEN

Schauen Sie mal nach unten. Was sehen Sie? Ihre Hände, den Schreibtisch, den Boden, vielleicht eine Tasse Kaffee oder einen Laptop oder eine Zeitung. Was haben sie gemeinsam? Es sind Dinge, die Sie anfassen können. Was Sie sehen, wenn Sie nach unten blicken, sind Gegenstände in Ihrer Reichweite, die Sie sofort bewegen und manipulieren können, ohne zu planen, sich anzustrengen oder nachzudenken. Ob Sie es Ihrer Arbeit, der Freundlichkeit anderer oder Ihrem Glück verdanken, die meisten dieser Gegenstände gehören Ihnen. Es sind Ihre Besitztümer.

Schauen Sie nun nach oben. Was sehen Sie? Die Decke, vielleicht Bilder an einer Wand oder Dinge vor dem Fenster: Bäume, Häuser, Gebäude, Wolken am Himmel – was immer sich in der Ferne befindet. Was haben sie gemeinsam? Um sie zu erreichen, müssen Sie planen, nachdenken, Berechnungen anstellen. Es mag kein großer Aufwand sein, doch eine gewisse koordinierte Anstrengung ist vonnöten. Im Gegensatz zu dem, was wir sehen, wenn wir nach unten blicken, zeigt uns der Bereich dort *oben* Dinge, über die wir nachdenken und für die wir arbeiten müssen, wenn wir an sie herankommen wollen.

Hört sich einfach an, und genau das ist es auch. Aber für das Gehirn ist dieser Unterschied das Tor zwischen zwei völlig verschiedenen Denkweisen – zwei unterschiedlichen Arten des Umgangs mit der Welt. In Ihrem Gehirn wird die Welt *unten* von einer Handvoll chemischer Stoffe – Neurotransmitter genannt – gesteuert, die Ihnen Befriedigung und Freude am Hier und Jetzt schenken. Doch wenn Sie sich der Welt *oben* zuwenden, ist Ihr Gehirn auf einen anderen chemischen Stoff – ein einziges Molekül – angewiesen, der es Ihnen nicht nur ermöglicht, über den Bereich, bis zu dem Ihre Fingerspitzen reichen, hinauszukommen, sondern der Sie auch dazu motiviert, die Welt jenseits Ihres unmittelbaren Zugriffs zu erforschen, zu beherrschen und zu vereinnahmen. Er treibt Sie an, nach jenen Dingen in der Ferne zu streben, die sowohl physischer Natur sein können als auch abstrakt, wie etwa Wissen, Liebe und Macht. Ganz gleich, ob es sich um den Griff über den Tisch nach dem Salzstreuer handelt, um den Flug zum Mond in einem Raumschiff oder um die Verehrung eines Gottes jenseits von Raum und Zeit, dieser chemische Stoff gibt uns dazu den Befehl – über jede Entfernung hinweg, ob geografisch oder intellektuell.

Diese *Unten*-Substanzen – wir nennen sie *Hier-und-Jetzt*ler – erlauben Ihnen, das zu erfahren, was sich aktuell vor Ihnen befindet. Sie ermöglichen, zu schmecken und zu genießen oder gegebenenfalls zu kämpfen oder zu fliehen, gleich jetzt. Die *Oben*-Substanz ist anders. Sie weckt Ihr Verlangen nach dem, was Sie noch nicht haben, und treibt Sie an, nach Neuem zu streben. Sie belohnt Sie, wenn Sie ihr gehorchen, und lässt Sie leiden, wenn Sie es nicht tun. Sie ist die Quelle der Kreativität und, im weiteren Verlauf des Spektrums, des Wahnsinns; sie ist der Schlüssel zu Abhängigkeit und der Weg zur Heilung; sie ist das bisschen Biologie, das eine ehrgeizige Führungskraft dazu bringt, alles für den Erfolg zu opfern, das erfolgreiche Schauspieler und Unternehmer und Künstler weiterarbeiten lässt, nachdem sie alles an Geld und Ruhm erlangt haben, was sie sich je erträumt hatten; und sie lässt einen zufriedenen Ehemann oder eine zufriedene Ehefrau alles riskieren für den Kick mit jemand anderem. Sie ist die Quelle des unbezweifelbaren Strebens, das Wissenschaftler antreibt, Erklärungen zu finden, und Philosophen veranlasst, Mustern, Begründungen und Bedeutungen auf den Grund zu gehen.

Deshalb schauen wir auf der Suche nach Erlösung und Gott zum Himmel hinauf, deshalb ist der Himmel oben und die Erde unten. Diese chemische Substanz ist der Treibstoff für den Motor unserer Träume und die Quelle unserer Verzweiflung, wenn wir scheitern. Sie ist der Grund, weshalb wir forschen und erfolgreich sind, ihretwegen machen wir Entdeckungen und kommen voran.

Aber sie sorgt auch dafür, dass wir nie sehr lange glücklich sind.

Für Ihr Gehirn ist dieses einzelne Molekül das ultimative Allzweckinstrument. Es drängt uns durch Tausende von neurochemischen Prozessen dazu, uns nicht mit der reinen Daseinsfreude zufriedenzugeben, sondern nach mehr zu streben und die Fülle an Möglichkeiten zu erforschen, die sich uns offenbaren, wenn wir unsere Fantasie spielen lassen. Säugetiere, Reptilien, Vögel und Fische haben allesamt diese chemische Substanz in ihren Gehirnen, aber kein anderes Wesen hat mehr davon als der Mensch. Sie ist Segen und Fluch, eine Motivation und eine Belohnung. Kohlenstoff, Wasserstoff, Sauerstoff plus ein einziges Stickstoffatom – diese Substanz ist einfach in ihrer Form und komplex in der Wirkung. Das ist Dopamin – und es erzählt nicht weniger als die Geschichte menschlichen Verhaltens.

Und wenn Sie es jetzt gleich spüren möchten, wenn Sie ihm die Zügel in die Hand geben wollen, dann können Sie das tun.

Schauen Sie nach oben.

## Anmerkung der Autoren

Wir haben dieses Buch mit den interessantesten wissenschaftlichen Experimenten vollgepackt, die wir finden konnten. Dennoch ist es in Teilen spekulativ, vor allem in den späteren Kapiteln. Zudem haben wir an manchen Stellen stark vereinfacht, um den Inhalt verständlich zu machen. Das Gehirn ist so komplex, dass selbst der versierteste Neurowissenschaftler vereinfachen muss, um ein Modell des Gehirns zu konstruieren, das sich begreifen lässt. Außerdem ist die Wissenschaft reichlich verworren. Manche Studien widersprechen einander und es kostet Zeit herauszufinden, welche Ergebnisse richtig sind. Sich durch alle wissenschaftlichen Arbeiten zum Thema durchzuarbeiten, wäre für die Leserinnen und Leser äußerst mühsam und würde schnell langweilig, daher haben wir diejenigen Studien ausgewählt, die das Fachgebiet stark beeinflusst haben und die den wissenschaftlichen Konsens – sofern vorhanden – widerspiegeln.

Die Wissenschaft ist nicht nur verworren, sie ist bisweilen bizarr. Der Versuch, das menschliche Verhalten zu verstehen, kann seltsame Formen annehmen. Er lässt sich nicht mit der Untersuchung von Chemikalien in einem Reagenzglas vergleichen, selbst nicht mit der von Infektionen in lebenden Menschen. Hirnforscher müssen einen Weg finden, in einer Testumgebung wie einem Labor wichtige Verhaltensweisen auszulösen – manchmal auch heikle Verhaltensweisen, die von starken Gefühlen wie Furcht, Gier oder sexuellem Verlangen gesteuert werden. Wenn möglich, haben wir Studien ausgewählt, die diese Eigentümlichkeit demonstrieren.

Die Forschung mit menschlichen Versuchspersonen ist in all ihren Formen knifflig. Sie ist anders als die klinische Versorgung, bei der ein

Arzt und ein Patient gemeinsam daran arbeiten, die Krankheit des Patienten zu behandeln. In diesem Fall entscheiden sie sich für die Behandlung, die ihrer Meinung nach am wirksamsten ist. Das einzige Ziel liegt darin, den Gesundheitszustand des Patienten zu verbessern.

Dahingegen besteht das Ziel der Forschung darin, eine wissenschaftliche Frage zu beantworten. Auch wenn die Wissenschaftler sich bemühen, die Risiken für ihre Versuchspersonen zu minimieren, muss die Wissenschaft an erster Stelle stehen. Manchmal können experimentelle Therapien Leben retten, doch meist werden die Teilnehmer an einer Studie Risiken ausgesetzt, denen sie während einer üblichen klinischen Behandlung nicht ausgesetzt wären.

Wer freiwillig an Studien mitwirkt, opfert einen Teil seiner eigenen Sicherheit zugunsten anderer Menschen – Kranke, deren Leben sich bessert, wenn die Forschung zum Erfolg führt. So wie ein Feuerwehrmann in ein brennendes Haus läuft, um Menschen zu retten, die darin gefangen sind, und der sich dadurch zum Wohle anderer selbst in Gefahr begibt.

Dabei ist natürlich besonders wichtig, dass die Studienteilnehmer genau wissen, worauf sie sich einlassen. Man nennt das Einwilligung nach erfolgter Aufklärung *(informed consent)*. Meist wird dafür ein ausführliches Formular verwendet, das den Zweck der Studie und die mit ihr verbundenen Risiken erläutert. Das ist ein gutes, wenn auch kein perfektes System. Nicht immer lesen die Teilnehmer das Dokument sorgfältig, vor allem dann nicht, wenn es sehr lang ist. Manchmal lassen die Forscher etwas weg, weil die Täuschung ein wesentlicher Teil der Studie ist. Im Allgemeinen tun die Wissenschaftler jedoch ihr Bestes, um aus potenziellen Teilnehmern aufgeklärte Partner bei der Ergründung der Mysterien menschlichen Verhaltens zu machen.

*Liebe ist ein Bedürfnis, eine Sehnsucht,*
*ein Streben nach dem größten Preis des Lebens.*
**Helen Fisher, biologische Anthropologin**

# Kapitel 1

# LIEBE

**Sie haben den Menschen gefunden, auf den Sie Ihr Leben lang gewartet haben. Warum also dauern die Flitterwochen nicht ewig?**

*In diesem Kapitel untersuchen wir die chemischen Stoffe, die bewirken, dass Sie Sex haben wollen und sich verlieben – und derentwegen sich früher oder später alles wieder ändert.*

*Shawn wischte ein Stück seines beschlagenen Badezimmerspiegels frei, fuhr sich mit den Fingern durchs schwarze Haar und lächelte. »So klappt es bestimmt«, sagte er.*

*Er legte das Handtuch beiseite und bewunderte seinen flachen Bauch. Er trainierte wie besessen, was ihm zwei Drittel eines Sixpacks beschert hatte. Von dieser Besessenheit schweiften seine Gedanken zu einem noch dringenderen Verlangen ab: Schon seit Februar war er mit keiner Frau mehr ausgegangen, was nur eine nette Umschreibung dafür war, dass er seit sieben Monaten und drei Tagen keinen Sex mehr gehabt hatte. Er erschrak, als ihm bewusst wurde, dass er das so genau wusste. Diese Pechsträhne endet heute Abend, dachte er.*

*An der Bar inspizierte er die Möglichkeiten. An diesem Abend waren viele attraktive Frauen da. Natürlich war Aussehen nicht alles. Klar, er vermisste den Sex, aber er wollte auch jemanden in seinem Leben haben, eine Frau, der er ohne Grund eine SMS schreiben und auf die er sich jeden Tag freuen konnte. Er hielt sich für einen Romantiker, auch wenn es ihm an diesem Abend nur um Sex ging.*

*Immer wieder traf sich sein Blick mit dem einer jungen Frau, die mit einer redseligen Freundin an einem Stehtisch stand. Sie hatte dunkles Haar und braune Augen und fiel ihm auf, weil sie nicht die übliche Samstagabenduniform trug. Sie hatte flache Schuhe an statt High Heels und sie trug eine Jeans statt Discoklamotten. Er stellte sich vor und das Gespräch kam schnell und mühelos in Gang. Sie hieß Samantha und das Erste, was sie sagte, war, dass ein Cardiotraining ihr lieber sei, als Biere zu kippen. Das führte zu einem intensiven Austausch über örtliche Fitnessstudios, über Fitness-Apps und die Vor- und Nachteile eines Trainings am Morgen gegenüber dem am Nachmittag. Er wich ihr den ganzen Abend nicht von der Seite und sie fand bald Gefallen an seiner Gesellschaft.*

*Viele Faktoren führten dazu, dass sich zwischen ihnen eine langfristige Beziehung entwickelte: gemeinsame Interessen, dass sie sich in der Gegenwart des anderen wohlfühlten, sogar die Getränke und ein wenig Verzweiflung. Doch nichts von alledem war der wahre Schlüssel zur Liebe. Der entscheidende Faktor war, dass sie beide unter dem Einfluss einer bewusstseinsverändernden chemischen Substanz standen. So wie alle anderen in der Bar auch.*

*Und das gilt genauso für Sie.*

# WAS IST MÄCHTIGER ALS LUST?

Im Jahr 1957 entdeckte Kathleen Montagu Dopamin im Gehirn. Sie forschte im Labor des Runwell Hospital in der Nähe von London. Anfangs hielt man Dopamin nur für einen chemischen Stoff, den der Körper zur Produktion von Norepinephrin braucht. So wird Adrenalin genannt, wenn es im Gehirn gefunden wird. Dann aber fielen Wissenschaftlern seltsame Vorgänge auf. Nur 0,0005 Prozent der Gehirnzellen – eine von zwei Millionen – bildeten Dopamin, aber diese Zellen schienen einen übergroßen Einfluss auf das Verhalten zu haben. Studienteilnehmer empfanden Glück, wenn sie die Dopaminproduktion ankurbelten, und unternahmen große Anstrengungen, diese seltenen Zellen zu aktivieren. Tatsächlich konnten sie unter bestimmten Umständen dem Drang, das Wohlbehagen auslösende Dopamin zu aktivieren, nicht widerstehen. Manche Wissenschaftler gaben dem Dopamin den Namen *Lustmolekül* und die Bahnen der Dopamin produzierenden Zellen im Gehirn wurden *Belohnungssystem* genannt. Im Volksmund und in der Populärwissenschaft wird Dopamin auch gern als *Glückshormon* bezeichnet.

Der Ruf des Dopamins als Glückshormon wurde durch Experimente mit Drogenabhängigen weiter gefestigt. Die Forscher injizierten ihnen eine Mischung aus Kokain und radioaktivem Zucker, sodass sie herausfinden konnten, welche Teile des Gehirns die meisten Kalorien verbrannten. Sobald das intravenös verabreichte Kokain wirkte, wurden die Teilnehmer gebeten einzuschätzen, wie high sie waren. Die Wissenschaftler entdeckten, dass der Rausch umso stärker war, je aktiver das Dopamin-Belohnungssystem war. Sobald der Körper das Kokain aus dem Gehirn abgebaut hatte, ließ die Aktivität des Dopamins nach und der Drogenrausch flaute ab. Weitere Studien erbrachten ähnliche Ergebnisse. Nun stand die Rolle des Dopamins als Lustmolekül beziehungsweise Glückshormon fest.

Andere Forscher versuchten, die Resultate zu reproduzieren, erlebten dabei jedoch eine Überraschung. Sie hielten es für unwahrscheinlich, dass die Dopaminbahnen sich entwickelt hatten, um Menschen zum Drogenmissbrauch zu ermuntern. Die Drogen führten vermutlich nur eine künstliche Form der Dopaminstimulation herbei. Den Wissenschaftlern erschien es wahrscheinlicher, dass die evolutionären Prozesse, die zur Bildung von Dopamin geführt hatten, der Notwendigkeit entsprangen, den Überlebens- und Fortpflanzungstrieb zu fördern. Deshalb ersetzten sie Kokain durch Essen und erwarteten die gleiche Wirkung. Das Ergebnis überraschte alle. Das war der Anfang vom Ende des Dopamins als Lustmolekül.

Die Forscher fanden heraus, dass Dopamin nichts mit Lust zu tun hat. Es löst ein viel einflussreicheres Gefühl aus. Dopamin zu verstehen, erweist sich als der Schlüssel zur Erklärung und sogar zur *Vorhersage* einer eindrucksvollen Bandbreite menschlichen Verhaltens: Kunst, Literatur und Musik zu schaffen, nach Erfolg zu streben, neue Welten und neue Naturgesetze zu entdecken, über Gott nachzudenken – und sich zu verlieben.

*Shawn wusste, dass er verliebt war. Seine Unsicherheit legte sich. Jeden Tag hatte er das Gefühl, dass ihm eine goldene Zukunft bevorstand. Je mehr Zeit er mit Samantha verbrachte, desto begeisterter war er von ihr. Jedes Mal, wenn er an sie dachte, schienen die Möglichkeiten grenzenlos zu sein. Seine Libido war stärker denn je, aber nur in Bezug auf sie. Andere Frauen existierten nicht mehr. Besser noch: Als er versuchte, ihr sein Glück zu beschreiben, unterbrach sie ihn und sagte, sie empfinde genau das Gleiche.*

*Shawn wollte sichergehen, dass sie für immer zusammenbleiben würden. Deshalb machte er ihr eines Tages einen Heiratsantrag. Sie sagte Ja.*

*Einige Monate nach ihren Flitterwochen änderten sich die Dinge. Anfangs waren sie voneinander besessen gewesen, doch mit der Zeit erschien ihnen ihre drängende Sehnsucht immer weniger drängend. Die Überzeugung, dass alles möglich war, war nun weniger stark, weniger zwingend und stand nicht mehr im Mittelpunkt. Ihre Euphorie ließ nach. Sie waren nicht unglücklich, aber die tiefe Befriedigung der früheren gemeinsamen Tage schwand allmählich. Das Gefühl, ihre Möglichkeiten seien grenzenlos, kam ihnen immer unrealistischer vor. Sie dachten nicht mehr ständig aneinander. Andere Frauen zogen Shawns Aufmerksamkeit auf sich, obwohl er nicht die Absicht hatte fremdzugehen. Auch Samantha flirtete manchmal, auch wenn es nicht mehr als ein Lächeln war, das sie mit dem Studenten austauschte, der an der Kasse Lebensmittel in Tüten packte.*

*Sie waren glücklich miteinander, doch der frühe Glanz ihres neuen Lebens wich langsam dem Eindruck, alles sei wie in ihrem alten Leben. Die Magie, worin auch immer sie bestanden haben mochte, verblasste.*

*Genau wie in meiner letzten Beziehung, dachte Samantha.*

*Alles schon mal erlebt, dachte Shawn.*

## AFFEN UND RATTEN UND WARUM LIEBE VERBLASST

In mancherlei Hinsicht sind Ratten leichter zu studieren als Menschen. Wissenschaftler können mit ihnen viel mehr anstellen, ohne fürchten zu müssen, dass der Ethikausschuss an ihre Tür klopft. Um die Hypothese zu testen, dass sowohl Nahrung als auch Drogen die Dopaminproduktion anregen, pflanzten Forscher Elektroden in Rattengehirne ein, sodass sie die Aktivität einzelner Dopaminneuronen direkt messen konnten. Dann bauten sie Käfige mit Rutschen für Futterpellets. Die Ergebnisse entsprachen ihren Erwartungen. Kaum hatten sie das erste Pellet eingeworfen, feuerte das Dopaminsystem der Ratten. Volltreffer! Natürliche Belohnungen stimulieren die Dopaminaktivität ebenso gut wie Kokain und andere Drogen.

Dann taten sie etwas, das ihre Kollegen versäumt hatten. Sie führten ihr Experiment weiter und überwachten die Gehirne der Ratten, wann immer sie Futterpellets in die Käfige rutschen ließen, Tag für Tag. Die Resultate waren völlig überraschend. Die Ratten fraßen das Futter so begeistert wie immer. Offensichtlich schmeckte es ihnen. Aber ihre Dopaminaktivität flaute ab. Warum hörte das Dopamin auf zu zünden, obwohl die Stimulierung weiterging? Die Antwort darauf lieferten zwei sonderbare Quellen: ein Affe und eine Glühbirne.

Wolfram Schultz ist einer der einflussreichsten Pioniere der Dopaminforschung. Als Professor für Neurophysiologie an der Universität Freiburg in der Schweiz interessierte er sich für den Einfluss des Dopamins auf das Lernen. Er pflanzte winzige Elektroden in die Gehirne von Makaken, dorthin, wo Dopaminzellen sich häuften. Dann setzte er die Affen in eine Vorrichtung, die zwei Lampen und zwei Behälter enthielt. Ab und zu leuchtete eine der beiden Lampen auf. Eine Lampe kündigte Futter im Behälter auf der rechten Seite an, die andere zeigte an, dass sich im linken Behälter Futter befand.

Die Affen brauchten eine Weile, bis sie die Regel kapierten. Zunächst öffneten sie die Kisten wahllos und hatten damit in etwa der Hälfte der Fälle Erfolg. Wenn sie ein Pellet fanden, feuerten die Dopaminzellen in ihrem Gehirn, wie bei den Ratten. Nach einiger Zeit fanden die Affen heraus, was die Signale bedeuteten, und öffneten jedes Mal den richtigen Futterbehälter. Ab da veränderte sich der Zeitpunkt der Dopaminausschüttung: Die Zellen feuerten nicht mehr, wenn die Affen das Futter fanden, sondern schon, wenn die Lampe aufleuchtete. Warum?

Wenn eine Lampe anging, war das immer unerwartet. Doch sobald die Affen herausfanden, dass die Lampe Futter ankündigte, wurde ihre »Überraschung« nur noch vom Licht ausgelöst, nicht mehr vom Futter. Das führte zu einer neuen Hypothese: Die Aktivität des Dopamins ist kein Lustmarker. Sie ist eine Reaktion auf etwas Unerwartetes, Mögliches, in Gedanken Vorweggenommenes.

Auch bei Menschen lösen ähnliche, vielversprechende Überraschungen einen Dopaminschub aus: ein netter Brief von der Geliebten *(Was steht wohl drin?)*, eine E-Mail von einer Freundin, die Sie seit Jahren nicht mehr gesehen haben *(Was gibt es Neues?)* oder, wenn Sie auf eine Romanze hoffen, die Begegnung mit einem faszinierenden neuen Partner an einem klebrigen Tisch in derselben alten Kneipe wie immer *(Wer weiß, was passieren wird!)*. Doch wenn diese Ereignisse zur Regel werden, schwindet die Neuheit und auch der Dopaminschub ebbt ab – und ein noch netterer Brief oder eine längere E-Mail oder ein sauberer Tisch bringen ihn nicht zurück.

Diese einfache Hypothese liefert eine chemisch gestützte Antwort auf eine uralte Frage: Warum schwindet Liebe dahin? Unser Gehirn ist darauf programmiert, sich nach dem Unerwarteten zu sehnen und daher in die Zukunft zu blicken, in der es aufregende neue Möglichkeiten gibt. Doch wenn etwas, einschließlich der Liebe, vertraut wird, legt sich diese Aufregung und wir wenden uns neuen Dingen zu.

Die Wissenschaftler, die dieses Phänomen studierten, nannten den Kick, den etwas Neues uns verschafft, *Belohnungsvorhersagefehler*. Wir machen ständig Vorhersagen über die Zukunft: wann wir Feierabend machen können, wie hoch unser Kontostand sein wird, wenn das nächste Monatsgehalt eingegangen ist, und so weiter. Wenn das, was geschieht, besser ist als das, was wir erwartet haben, handelt es sich buchstäblich um einen Fehler in unserer Vorhersage der Zukunft. Vielleicht können wir früher nach Hause gehen oder unser Kontostand beträgt 100 Euro mehr als erwartet. Dieser erfreuliche Irrtum aktiviert das Dopamin – nicht die zusätzliche Freizeit oder das zusätzliche Geld, sondern der Nervenkitzel der unerwartet guten Nachrichten.

Tatsächlich genügt bereits die reine Möglichkeit eines Belohnungsvorhersagefehlers, damit Dopamin aktiv wird. Angenommen, Sie gehen auf einer Ihnen vertrauten Straße zu Fuß zur Arbeit, wie Sie es schon viele Male zuvor getan haben. Plötzlich sehen Sie, dass eine neue Bäckerei eröffnet wurde. Sofort wollen Sie hineingehen und nachsehen, was sie zu bieten hat. Der Auslöser dafür ist Dopamin. Das Gefühl, das es erzeugt, unterscheidet sich von der Freude, die man empfindet, wenn man etwas Leckeres schmeckt, etwas Angenehmes berührt oder etwas Schönes ansieht. Es handelt sich um vorweggenommene Freude: Wir haben die Chance, etwas Neues und Besseres zu genießen. Sie sind aufgeregt wegen der Bäckerei, obwohl Sie noch keine ihrer Backwaren gegessen, ihren Kaffee noch nicht probiert und noch nicht einmal ins Innere des Geschäfts geblickt haben.

Sie gehen hinein und bestellen eine Tasse Kaffee aus dunkel gerösteten Bohnen und ein Croissant. Sie nippen an Ihrem Getränk. Das komplexe Aroma breitet sich auf Ihrer Zunge aus. Es ist der beste Kaffee, den Sie je getrunken haben. Dann beißen Sie in das Croissant. Es ist butterig und blättrig, genau wie das Croissant, das Sie vor Jahren in einem Café in Paris gegessen haben. Was fühlen Sie jetzt? Vielleicht wird Ihr Leben mit dieser neuen Möglichkeit, in den Tag zu starten, ein wenig besser. Von nun an frühstücken Sie jeden Morgen in dieser Bäckerei und trinken den besten Kaffee und essen das knusprigste Croissant der Stadt. Sie erzählen Ihren Freunden davon, vielleicht mehr, als sie hören wollen. Sie kaufen eine Tasse, auf der der Name des Cafés steht. Sie starten nun voller Begeisterung in jeden Tag. *Nun, das liegt an diesem fabelhaften Café, keine Frage!* Das ist Dopamin in Aktion.

Es ist, als hätten Sie sich in das Café verliebt.

Doch manchmal stellt sich das, was wir wollen, als nicht so angenehm wie erwartet heraus, wenn wir es erst einmal haben. Dopamingesteuerte Erregung (der Kick der Erwartung) dauert nicht ewig, weil aus der Zukunft schließlich Gegenwart wird. Das prickelnde Mysterium des Unbekannten wird vertraut, alltäglich, langweilig – und Enttäuschung macht sich breit. Der Kaffee und das Croissant waren so gut, dass Sie inzwischen regelmäßig in diesem Café frühstücken. Doch nach ein paar Wochen wird aus »dem besten Kaffee und Croissant der Stadt« das immer gleiche Frühstück.

Aber nicht der Kaffee oder das Croissant haben sich geändert, sondern Ihre Erwartung.

So waren auch Samantha und Shawn nur so lange voneinander besessen, bis ihre Beziehung vollkommen normal wurde. Wenn etwas Teil unseres Alltags wird, gibt es keinen Belohnungsvorhersagefehler mehr und es wird kein Dopamin mehr ausgeschüttet, das Sie in Erregung versetzt. Shawn und Samantha ragten füreinander aus einem Meer voller anonymer Gesichter in einer Bar heraus. Dann waren sie voneinander fasziniert, bis die vorgestellte Zukunft – ein immerwährendes Glück – zur konkreten Erfahrung der Realität wurde. Damit endeten die Aufgabe und die Fähigkeit des Dopamins, das Unbekannte zu idealisieren, und es wurde nicht mehr aktiviert.

Leidenschaft entsteht, wenn wir uns Möglichkeiten erträumen, und sie erlischt, sobald wir mit der Wirklichkeit konfrontiert werden. Wenn aus dem Gott oder der Göttin der Liebe, die Sie in ihre Privatgemächer lockte, ein verschlafener Ehepartner wird, der sich in ein verknülltes Taschentuch schnäuzt, dann verändert sich die Natur der Liebe. Der Grund, aus dem Sie bleiben, muss sich von den dopamingesteuerten Träumen zu etwas anderem wandeln. Aber zu was?

## EIN GEHIRN, ZWEI WELTEN

John Douglas Pettigrew, emeritierter Professor für Physiologie an der Universität von Queensland in Australien, stammt aus einer Stadt mit dem wunderschönen Namen Wagga Wagga. Er kann auf eine brillante Laufbahn als Neurowissenschaftler zurückblicken und ist vor allem dafür bekannt, dass er die Theorie der fliegenden Primaten verbessert hat, die Fledermäuse als unsere entfernten Cousins und Cousinen identifizierte. Während er an dieser Theorie arbeitete, fand er als erster Mensch heraus, wie das Gehirn ein dreidimensionales Bild der Welt erzeugt. Das hat scheinbar nichts mit leidenschaftlichen Beziehungen zu tun, doch wie sich herausstellte, war es der Schlüssel zum Verständnis des Dopamins und der Liebe.

Pettigrew entdeckte, dass das Gehirn die äußere Welt in separate Regionen aufteilt, in *peripersonale* und *extrapersonale* – oder, einfach ausgedrückt, in nahe und ferne. Zum peripersonalen Raum gehört alles, was sich in Ihrer Reichweite befindet, was Sie sofort mit den Händen greifen können. Das ist die Welt des Realen, wie es jetzt, in diesem Augenblick, existiert. Der extrapersonale Raum enthält alles andere – Dinge, die Sie nicht anfassen können, wenn Sie sich nicht über die Reichweite Ihrer Arme hinaus bewegen, sei es einen Meter oder drei Millionen Kilometer. Dies ist die Welt des Möglichen.

Daraus ergibt sich eine andere, offensichtliche, aber nützliche Tatsache: Weil es Zeit kostet, sich von einem Ort zum anderen zu bewegen, muss jede Interaktion im extrapersonalen Raum in der Zukunft erfolgen. Anders gesagt: Entfernung und Zeit hängen zusammen. Angenommen, Sie haben Appetit auf einen Pfirsich, aber den müssten Sie erst im Geschäft an der Ecke kaufen. Somit können Sie ihn nicht sofort genießen, sondern erst in der Zukunft, nachdem Sie ihn sich geholt haben. Etwas zu beschaffen, das außerhalb der eigenen Reichweite liegt, kann auch eine gewisse Planung erfordern. Diese kann so einfach gestrickt sein wie aufzustehen, das Licht einzuschalten und zum nächsten Geschäft zu gehen, um Pfirsiche zu kaufen. Oder sie kann so komplex sein wie herauszufinden, wie Sie mit einer Rakete zum Mond reisen können. Es ist typisch für Dinge im extrapersonalen Raum, dass Sie Zeit, Mühe und oft Planung benötigen, um sie zu bekommen. Im Gegensatz dazu können Sie alles, was sich im peripersonalen Raum befindet, hier und jetzt erfahren. Das sind unmittelbare Erfahrungen. Wir berühren, schmecken, halten und drücken; wir empfinden Glück, Trauer, Wut und Freude.

Das führt uns zu einer aufschlussreichen Tatsache der Neurochemie: Das Gehirn arbeitet im peripersonalen Raum anders als im extrapersonalen. Wenn Sie die menschliche Denkweise darstellen müssten, wäre es sinnvoll, ein Gehirn zu entwerfen, das auf diese Weise zwischen Objekten unterscheidet: ein System für das, was Sie haben, und eines für das, was Sie nicht haben. Für die Frühmenschen könnte man den bekannten Satz »Entweder man hat's oder man hat's nicht« übersetzen mit »Entweder man hat's oder man ist tot«.

Aus einem evolutionären Blickwinkel betrachtet, ist Essen, das Sie nicht haben, etwas ganz anderes als Essen, das Sie haben. Das Gleiche gilt für Wasser, Unterkunft und Werkzeuge. Diese Unterteilung ist so grundlegend, dass sich im Gehirn separate Bahnen und chemische Substanzen entwickelt haben, um mit dem peripersonalen und extrapersonalen Raum umgehen zu können. Wenn Sie nach unten sehen, blicken Sie in den peripersonalen Raum. Um diesen zu beherrschen, wird das Gehirn von zahlreichen chemischen Stoffen gesteuert, die mit Erfahrungen im Hier und Jetzt zu tun haben. Wenn das Gehirn sich jedoch mit dem extrapersonalen Raum befasst, übt eine einzelne chemische Substanz mehr Einfluss aus als alle anderen. Diese chemische Substanz ist für Erwartungen und Möglichkeiten zuständig und heißt Dopamin. Dinge in der Ferne, Dinge, die wir noch nicht haben, können wir nicht benutzen oder verzehren, sondern nur begehren. Dopamin hat eine ganz spezifische Aufgabe: Es maximiert die Ressourcen, die uns in der Zukunft zur Verfügung stehen werden, um nach Besserem zu streben.

Jeder Teil des Lebens ist auf diese Weise unterteilt: Wir gehen mit dem, was wir wollen, anders um als mit dem, was wir haben. Der Wunsch nach einem eigenen Haus, das Verlangen, das Sie motiviert, die nötige harte Arbeit zu leisten, damit Sie es finden und kaufen können, nutzt andere Gehirnschaltkreise, als die Freude an einem Eigenheim, wenn Sie es bereits besitzen. Die Erwartung einer Gehaltserhöhung aktiviert das zukunftsorientierte Dopamin. Das fühlt sich ganz anders an als die Hier-und-jetzt-Erfahrung, wenn Sie das höhere Gehalt zum zweiten oder dritten Mal bekommen. Liebe muss sich von einer extrapersonalen Erfahrung in eine peripersonale verwandeln, vom Verlangen zum Besitz, von etwas, das wir voll Vorfreude erwarten, zu etwas, das wir hegen und pflegen müssen. Das sind völlig unterschiedliche Fertigkeiten und darum muss sich die Natur der Liebe mit der Zeit ändern. Bei vielen Menschen verblüht daher die Liebe am Ende des Dopaminrausches, den wir *Romanze* nennen.

Dennoch gelingt vielen Menschen der Übergang. Wie schaffen sie das, wie tricksen sie das verführerische Dopamin aus?

### Glamour

*Glamour ist eine schöne Illusion – ursprünglich stand das Wort »Glamour« für einen magischen Zauber –, die verspricht, die Grenzen des gewöhnlichen Lebens zu sprengen und das ideale zur Wirklichkeit werden zu lassen. Dafür ist eine besondere Verbindung aus Mysterium und Wohlwollen erforderlich. Zu viele Informationen brechen den Zauber.*

**Virginia Postrel**

Glamour liegt dann vor, wenn wir etwas sehen, das unsere dopamingesteuerte Fantasie anregt, die wiederum unsere Fähigkeit verdrängt, die Realität im Hier und Jetzt wahrzunehmen.

Ein gutes Beispiel ist eine Flugreise. Blicken Sie nach oben. Sehen Sie ein Flugzeug am Himmel? Welche Gedanken und Gefühle löst es aus? Viele Menschen sehnen sich danach, im Flugzeug zu sitzen und in ferne, exotische Länder zu reisen – eine unbeschwerte Flucht, die mit einem Flug zwischen den Wolken beginnt. Säßen Sie tatsächlich im Flugzeug, würden Ihre Hier-und-jetzt-Sinne Ihnen natürlich deutlich machen, dass dieses Paradies am Himmel eher einer Busfahrt durch die Stadt während des Berufsverkehrs gleicht: eingeengt, anstrengend und unangenehm – das Gegenteil von elegant.

Und was könnte glamouröser sein als Hollywood? Schöne Schauspielerinnen und Schauspieler feiern Partys, stehen am Swimmingpool und flirten. Die Realität sieht ganz anders aus, mit 14-Stunden-Tagen und Schwitzen unter heißen Scheinwerfern. Schauspielerinnen werden sexuell ausgebeutet und Schauspieler werden gedrängt, Steroide und Wachstumshormone zu schlucken, damit sie den fabelhaften Körper bekommen, den wir später auf der Leinwand sehen. Gwyneth Paltrow, Megan Fox, Charlize Theron und Marilyn Monroe haben ihre Erfahrungen mit der »Casting-Couch« geschildert (und alle außer Marilyn Monroe sagten, sie hätten das Angebot abgelehnt, für Sex mit einer begehrten Rolle belohnt zu werden). Nick Nolte, Charlie Sheen, Mickey Rourke und Arnold Schwarzenegger haben zugegeben, Steroide eingenommen zu haben, die zu Leberschäden, Stimmungsschwankungen, Gewaltausbrüchen und Psychosen führen können. Es ist eine schäbige Branche.

Berge sind hingegen nicht schäbig. Aus der Ferne betrachtet, ragen sie majestätisch empor, der leicht verschleiernde Effekt der Luft auf die große Entfernung hin mildert ihre Ecken und Kanten, ganz wie bei einem weichgezeichneten Foto einer Braut an ihrem Hochzeitstag. Diejenigen, die einen hohen Dopaminspiegel haben, wollen den Berg erklimmen, erforschen, erobern. Doch sie können es nicht. Der Berg selbst existiert zwar, doch die erträumte Vorstellung davon, wie es ist, auf dem Gipfel zu stehen, kann niemals erfüllt werden. In Wahrheit bemerken wir es meist nicht einmal, wenn wir auf einem Berg stehen. Üblicherweise sind wir dort umgeben von Bäumen und sehen nur die. Manchmal erreichen wir einen Aussichtspunkt und können kilometerweit über das Tal blicken. Doch während wir es betrachten, erscheint uns das weit entfernte Tal voller Verheißungen, nicht der Berg, auf dem wir stehen. Glamour erzeugt ein Verlangen, das nicht erfüllt werden kann, weil sein Wunschziel nur in unserer Vorstellung existiert.

Glamourös sind nur Dinge außerhalb unserer Reichweite, nur irreale Dinge, sei es ein fernes Flugzeug, ein Filmstar in Hollywood oder ein ferner Berg. Glamour ist eine Lüge.

*Eines Tages traf Samantha in ihrer Mittagspause zufällig Demarco, ihren letzten ernsthaften Freund vor Shawn. Sie hatten sich seit Jahren nicht mehr gesehen, nicht einmal auf Facebook. Sie fand ihn so lustig und klug wie immer. Und er war großartig in Form. Innerhalb von Minuten war sie wieder von ihm hingerissen und fühlte sich so freudig erregt wie lange nicht mehr. Dieser Mann zog sie an und hatte ihr offensichtlich viel Neues zu bieten. Er war ebenfalls erregt und wollte unbedingt seine Gefühle mit ihr teilen. Das Erste, was er ihr mitteilte, war, dass er glücklich verlobt sei. Seine Verlobte sei »die Richtige« und er hoffe, Samantha werde sie kennenlernen. Keine andere Frau habe er jemals so begehrt.*

*Als Demarco gegangen war, entschied Samantha, dies sei ein guter Tag, um zu trinken. Sie ging in eine Kneipe und bestellte einen Korb Tortilla-Chips und ein Miller Lite. Dann kratzte sie eine halbe Stunde lang am Etikett herum. Sie liebte Shawn, das tat sie wirklich – oder doch nicht? Seit fast einem Jahr bestand ihr Leben mit ihm nur noch aus Routine. Was sie wollte, war das Gefühl, das Demarco in ihr geweckt hatte. Das hatte sie früher auch bei Shawn gehabt, aber jetzt nicht mehr.*

## DIE DUNKLE SEITE

Dopamin hat auch eine dunkle Seite. Wenn Sie ein Futterpellet in den Käfig einer Ratte werfen, erfährt sie einen Dopaminschub. Wer hätte gedacht, dass Futter vom Himmel fallen kann? Doch wenn Sie alle fünf Minuten ein Pellet hineinwerfen, ebbt die Dopaminflut ab. Die Ratte weiß, wann sie Futter erwarten darf; darum ist sie nicht mehr überrascht und ihre *Vorhersage* – dass sie *belohnt* werden wird – enthält keinen *Fehler*. Aber was geschieht, wenn Sie die Pellets zu unregelmäßigen Zeiten in den Käfig werfen, sodass die Ratte jedes Mal überrascht wird? Und was geschieht, wenn Sie die Ratte durch einen Menschen und die Futterpellets durch Geld ersetzen?

Stellen Sie sich ein gut gefülltes Kasino und eine Menschenmenge an einem Blackjacktisch vor. Oder ein Pokerspiel mit hohem Einsatz oder ein sich drehendes Rouletterad. Das sind der Glanz und Glitter von Las Vegas. Aber die Kasinobetreiber wissen, dass die größten Profite nicht mit solchen Spielen um hohe Einsätze erzielt werden, sondern mit den einfachen Spielautomaten, die Touristen, Rentner und Arbeiter so lieben. Diese Leute verbringen täglich mehrere Stunden allein mit den blinkenden Lichtern, den bimmelnden Glöckchen und den ratternden Drehscheiben. Moderne Kasinos reservieren sage und schreibe 80 Prozent des verfügbaren Raumes für diese Spielautomaten, und zwar aus gutem Grund: Die Automaten haben an den Gewinnen dieser Häuser den größten Anteil.

Einer der größten Spielautomatenhersteller der Welt gehört einer Firma namens Scientific Games. Die Wissenschaft spielt bei der Konstruktion dieser verführerischen Geräte eine große Rolle. Zwar gab es solche Automaten schon im 19. Jahrhundert, die modernen Versionen basieren jedoch auf der Pionierarbeit des Verhaltenspsychologen B. F. Skinner, der in den Sechzigerjahren herausfand, wie man menschliches Verhalten beeinflussen kann. In einem seiner Experimente setzte er eine Taube in einen Käfig. Wie sich zeigte, konnte er sie dazu bringen, auf einen Hebel zu picken, um ein Futterpellet zu bekommen. Manche Experimente verlangten einen Schnabelhieb, andere zehn, aber die erforderliche Zahl blieb pro Experiment immer gleich. Die Ergebnisse waren außerordentlich interessant. Unabhängig von der Zahl der notwendigen Schnabelhiebe pickte jede Taube auf ihren Hebel wie ein Büroarbeiter, der einen endlosen Stapel von Papieren abstempelt.

Dann probierte Skinner etwas Neues. Er entwarf ein Experiment, bei dem sich die Zahl der notwendigen Schnabelhiebe willkürlich änderte. Jetzt wusste die Taube nie, wann sie Futter bekommen würde. Jede Belohnung kam unerwartet. Die Vögel wurden aufgeregt. Sie pickten schneller. Etwas spornte sie zu größerer Anstrengung an. Das lag am Dopamin, dem Molekül der Überraschung, und die wissenschaftliche Grundlage für Spielautomaten war gelegt.

Als Samantha ihren früheren Freund traf, stellten sich die alten Gefühle plötzlich wieder ein: Erregung, die Verheißung neuer Möglichkeiten, etwas, das ihr gesamtes Interesse vereinnahmte, Schmetterlinge. Sie war nicht auf eine Romanze aus, aber das brauchte sie auch gar nicht. Demarcos Auftauchen und der halbbewusste Traum von einer neuen Chance und neuer Leidenschaft bereiteten ihr ein unerwartetes emotionales Vergnügen, und diese Überraschung war die Quelle ihrer Erregung. Natürlich war ihr das nicht bewusst.

Sie und Demarco vereinbaren, sich auf einen Drink wiederzusehen, und alles läuft gut. Sie beschließen, am nächsten Tag gemeinsam zu Mittag zu essen, und bald entwickeln sich aus diesen losen Treffen feste Verabredungen. Es prickelt zwischen ihnen. Sie berühren sich, wenn sie sich unterhalten. Sie umarmen sich zum Abschied. Wenn sie zusammen sind, verfliegt die Zeit, so wie bei ihren früheren Dates – und so, wie es einst mit Shawn war, erinnert sich Samantha. *Vielleicht,* denkt sie, *ist Demarco der Richtige.* Wenn wir jedoch die Rolle des Dopamins verstehen, wird klar, dass diese Beziehung nichts Neues ist. Sie ist nur die Wiederholung einer von Dopamin gespeisten Erregung.

Der Reiz des Neuen, der diesen Dopaminschub auslöst, ist nicht von Dauer. Was die Liebe anbelangt, so ist der Verlust der leidenschaftlichen Romantik unvermeidlich. Dann müssen wir uns entscheiden. Wir können zu einer Liebe übergehen, die auf der alltäglichen Wertschätzung des Partners im Hier und Jetzt gründet, oder wir können die Beziehung beenden und nach einer neuen Achterbahnfahrt suchen. Sich für den Dopaminschub zu entscheiden, kostet wenig Mühe, allerdings geht dieser bald zu Ende, so wie ein Schokoriegel schnell verspeist ist. Dauerhafte Liebe verschiebt den Schwerpunkt von der Erwartung auf die Erfahrung, von der Fantasie, in der alles möglich ist, auf den Umgang mit der Realität und all ihren Unvollkommenheiten. Dieser Übergang ist schwierig zu meistern, und üblicherweise neigen wir dazu, uns für einen möglichst einfachen Ausweg aus einer schwierigen Situation zu entscheiden. Deshalb enden viele Beziehungen, wenn der Dopaminschub und die anfängliche Romantik enden.

Die Anfangszeit einer jeden Liebe ist wie eine Fahrt auf einem Karussell am Fuße einer Brücke. Das Karussell kann uns beliebig oft im Kreis herumdrehen und es macht uns Spaß, aber letztlich lässt es uns immer dort zurück, wo wir angefangen haben. Jedes Mal, wenn die Musik aufhört und wir wieder mit den Füßen auf dem Boden stehen, müssen wir eine Wahl treffen: Entweder wir fahren noch einmal mit dem Karussell oder wir überqueren die Brücke zu einer neuen, dauerhafteren Art von Liebe.

### Mick Jagger, George Costanza und »Satisfaction«

Als Mick Jagger 1965 zum ersten Mal »I can't get no satisfaction« sang, konnte noch niemand ahnen, dass er damit die Zukunft vorhersagte. Wie Jagger 2013 seinem Biografen erzählte, war er mit etwa 4000 Frauen zusammen. Er hatte also während seines Erwachsenenlebens alle zehn Tage eine neue Partnerin.

Bemerkenswert ist, dass er nicht hinzufügte: »Und die Viertausendste verschaffte mir endlich Befriedigung!« Vermutlich macht er so weiter, solange er kann. Wie viele Frauen sind also notwendig, um »Befriedigung« zu erlangen? Wenn Sie 4000 gehabt haben, können wir mit Sicherheit sagen, dass Dopamin Teile Ihres Lebens steuert, zumindest was den Sex anbelangt. Und das Hauptziel des Dopamins ist *mehr*. Selbst wenn Mick Jagger ein weiteres halbes Jahrhundert der Befriedigung hinterherjagt, wird er sie nicht erreichen. Seine Vorstellung von Befriedigung hat mit Befriedigung nichts zu tun. Sie ist die Jagd nach Befriedigung, angetrieben vom Dopamin, dem Molekül, das für ewige Unzufriedenheit sorgt, dem Gegenteil von Befriedigung. Sobald er mit einer Frau im Bett gewesen ist, sucht er sich sofort eine andere.

Damit ist Mick nicht allein. Er ist nicht einmal ungewöhnlich. Mick Jagger ist nur eine selbstsichere Version von George Costanza aus der Fernsehserie *Seinfeld*. In nahezu jeder Folge verliebt sich George. Es ist lächerlich, wie sehr er sich anstrengt, um ein Date zu bekommen, und er tut fast alles, was zum Sex führen könnte. Jede neue Frau ist für ihn eine potenzielle Lebensgefährtin, mit der er für immer glücklich sein wird. Aber jeder Fan der Serie weiß, wie diese Geschichten enden. George ist verrückt nach einer Frau, bis sie seine Zuneigung erwidert. Sobald er nicht mehr um sie werben muss, erlischt sein Verlangen. George Costanza ist derart süchtig nach dem Dopaminschub, den seine Jagd nach einer Romanze auslöst, dass er eine ganze Staffel lang versucht, die Verlobung mit der einzigen Frau zu lösen, die ihn weiterhin liebt, obwohl er sie schrecklich behandelt. Und als seine Verlobte stirbt, nachdem sie giftigen Klebstoff von den Umschlägen mit ihren Einladungen zur Hochzeit geleckt hat, ist George nicht verzweifelt. Er ist erleichtert, sogar erfreut. Endlich kann die Jagd wieder beginnen.

Mick ist wie George und George ist wie wir alle. Wir schwelgen in der Leidenschaft, der Erregung und im Reiz einer neuen Liebe. Der Unterschied ist, dass die meisten Menschen irgendwann herausfinden, dass Dopamin uns belügt. Dann begreifen wir im Gegensatz zum ehemaligen Latexverkäufer und zum Sänger der Rolling Stones, dass die nächste hübsche Frau oder der attraktive Mann wahrscheinlich nicht der Schlüssel zur »Befriedigung« ist.

*»Wie geht es Shawn?«, fragte Samanthas Mutter.*

*»Na ja …« Samantha für mit dem Finger den Rand ihrer Kaffeetasse entlang. »So habe ich es mir nicht vorgestellt.«*

*»Schon wieder?«*

*»Jetzt geht das wieder los«, erwiderte Samantha.*

*»Ich meine doch nur, dass Shawn ein wunderbarer Mann zu sein scheint.«*

*»Mama, ich will nicht ›Sei dankbar für das, was du hast‹ spielen.«*

*»Das ist nicht das erste Mal. Denk an Lawrence. Und an Demarco.«*

*Samantha biss sich auf die Lippe.*

*»Warum freust du dich nicht über das, was du hast?«*

## DIE CHEMISCHEN SCHLÜSSEL ZU DAUERHAFTER LIEBE

Aus Sicht des Dopamins ist es uninteressant, etwas zu besitzen. Nur die Jagd nach etwas ist aufregend. Wenn Sie unter einer Brücke leben, weckt Dopamin Ihre Sehnsucht nach einem Zelt. Wenn Sie in einem Zelt leben, weckt Dopamin Ihre Sehnsucht nach einem Haus. Wenn Sie in der teuersten Villa der Welt leben, weckt Dopamin Ihre Sehnsucht nach einem Schloss auf dem Mond. Dopamin weiß nicht, was gut ist, und kennt keine Ziellinie. Wir können das Dopaminsystem im Gehirn nur durch die Verheißung herrlicher neuer Möglichkeiten stimulieren.

Es spielt keine Rolle, wie perfekt momentan alles läuft. Das Motto des Dopamins lautet: »Mehr!«

Dopamin stiftet uns zur Liebe an, es lässt den Funken entstehen, der alles, was folgt, in Gang setzt. Damit die Liebe diese Phase überlebt, muss sich jedoch die Natur der Beziehung ändern, weil die chemische Symphonie dahinter sich ändert. Letztlich ist Dopamin nicht das Lustmolekül, sondern das Molekül der Erwartung. Um das zu genießen, was wir haben, im Gegensatz zu den Dingen, die nur möglich sind, muss unser Gehirn vom auf die Zukunft ausgerichteten Dopamin zu sich an der Gegenwart orientierenden chemischen Substanzen wechseln, zu einer Mischung von Neurotransmittern, die wir *Hier-und-jetzt*-Moleküle oder *Hier-und-Jetzt*ler nennen. Dazu gehören Serotonin, Oxytocin, Endorphine (das Morphin des Gehirns) und eine Gruppe von chemischen Stoffen, die Endocannabinoide heißen (das Marihuana des Gehirns). Im Gegensatz zur Vorfreude auf noch nicht eingetretene Ereignisse durch das Dopamin verschaffen uns diese chemischen Substanzen Freude durch echte Sinneseindrücke und Gefühle. Dazu passt, dass eines der Endocannabinoide Anandamid genannt wird, nach einem Sanskritwort, das Freude, Glück und Entzücken bedeutet.

Laut der Anthropologin Helen Fisher dauert die »leidenschaftliche« Liebe nur 12 bis 18 Monate. Danach muss ein Paar, das zusammenbleiben möchte, eine andere Art von Liebe entwickeln, *kameradschaftliche* Liebe genannt. Kameradschaftliche Liebe wird von den Hier-und-Jetztlern vermittelt, da sie auf Erfahrungen aufbaut, die wir hier und jetzt machen. *Du bist mit dem Menschen zusammen, den du liebst, also freu dich.*

Kameradschaftliche Liebe kommt nicht nur bei Menschen vor. Wir können sie auch bei Tieren beobachten, die ein Leben lang beisammenbleiben. Ihr Verhalten ist von der gemeinsamen Verteidigung ihres Reviers und vom Nestbau geprägt. Das Paar füttert und putzt einander und teilt sich die elterlichen Pflichten. Vor allem aber bleiben die Partner nah beieinander und zeigen Angstsymptome, wenn sie getrennt sind. Genauso ist es bei Menschen. Wir verhalten uns ähnlich und hegen ähnliche Gefühle, vor allem ziehen auch wir Befriedigung daraus, dass das Leben eines anderen Menschen eng mit unserem verknüpft ist.

Wenn die Hier-und-Jetztler im zweiten Stadium der Liebe das Kommando übernehmen, ist das Dopamin verschwunden. Das ist notwendig, weil Dopamin in unserem Kopf ein Bild von einer rosigen Zukunft zeichnet, damit wir alles Nötige daransetzen, sie zu verwirklichen. Unzufriedenheit mit dem gegenwärtigen Zustand motiviert uns, etwas zu ändern, und genau darum geht es bei einer neuen Beziehung. Dagegen ist die kameradschaftliche Liebe von einer tiefen, dauerhaften Zufriedenheit mit der gegenwärtigen Realität und von einer Abneigung gegen Veränderungen geprägt, zumindest wenn es um die Beziehung zum Partner geht. Obwohl Dopamin und Hier-und-Jetztler zusammenarbeiten können, bekämpfen sie einander meist. Wenn das Hier-und-jetzt-System aktiviert wird, veranlasst es uns, die reale Welt um uns herum zu erfahren, und das Dopamin wird unterdrückt. Wird das Dopaminsystem aktiviert, versetzt es uns in eine Zukunft voller Möglichkeiten und die Hier-und-Jetztler werden unterdrückt.

Labortests bestätigen diese Theorie. Als Wissenschaftler Blutkörperchen untersuchten, die sie Menschen im leidenschaftlichen Stadium der Liebe entnommen hatten, fanden sie weniger Serotoninrezeptoren als bei »Gesunden«. Das ist ein Anzeichen dafür, dass die Hier-und-Jetztler sich zurückgezogen hatten.

Es ist nicht leicht, dem prickelnden Dopaminschub, den ein neuer Partner und eine leidenschaftliche Sehnsucht auslösen, Lebewohl zu sagen, doch die Fähigkeit dazu ist ein Zeichen der Reife und ein Schritt zum dauerhaften Glück. Stellen Sie sich einen Mann vor, der Urlaub in Rom machen möchte. Er plant wochenlang jeden einzelnen Tag, um sicherzustellen, dass er alle Museen und Wahrzeichen besuchen kann, von denen er so viel gehört hat. Doch als er vor den schönsten Kunstwerken steht, die je geschaffen wurden, überlegt er, wie er zu dem Restaurant kommt, in dem er fürs Abendessen einen Tisch reserviert hat. Das heißt nicht, dass er die Meisterwerke Michelangelos nicht zu schätzen weiß. Es ist nur so, dass seine Persönlichkeit hauptsächlich vom Dopamin geprägt ist, er genießt also die Vorfreude und das Planen mehr als das Tun. Liebende erleben die gleiche Kluft zwischen Erwartung und Erfahrung. Der Anfang, die *leidenschaftliche Liebe*, ist vom Dopamin geprägt – berauschend, idealisierend, neugierig, in die Zukunft blickend. Die spätere Phase, die *kameradschaftliche Liebe*, wird von Hier-und-Jetztlern bestimmt: Sie ist befriedigend und friedlich und basiert auf Sinneseindrücken und Gefühlen.

Eine Romanze, die auf Dopamin gründet, ist eine erregende, aber kurzlebige Achterbahnfahrt, doch unsere Hirnchemie bietet uns die Werkzeuge an, mit denen wir zur kameradschaftlichen Liebe übergehen können. So wie Dopamin das Molekül der Besessenheit und der Sehnsucht ist, sind Oxytocin und Vasopressin die chemischen Substanzen, die für langfristige Beziehungen am wichtigsten sind. Oxytocin ist bei Frauen aktiver, Vasopressin bei Männern.

Wissenschaftler haben diese Neurotransmitter im Labor bei verschiedenen Tieren studiert. Als sie beispielsweise Oxytocin ins Gehirn weiblicher Präriemäuse injizierten, gingen die Tiere eine langfristige Beziehung mit jedem Männchen ein, das zufällig bei ihnen war. Und als sie männlichen Mäusen, die genetisch auf Promiskuität programmiert sind, ein Gen injizierten, das die Vasopressinproduktion ankurbelt, paarten sie sich nur mit einem einzigen Weibchen, obwohl andere empfängliche Weibchen verfügbar waren. Vasopressin wirkte wie ein »Guter-Ehemann-Hormon«. Dopamin bewirkt das Gegenteil. Menschen mit Genen, die viel Dopamin produzieren, haben die meisten Sexualpartner und beginnen am frühesten mit dem Sex.

Die meisten Paare haben seltener Sex, wenn die obsessive, vom Dopamin gesteuerte Liebe sich zu einer kameradschaftlichen Hier-und-jetzt-Liebe weiterentwickelt. Das ergibt Sinn, da Oxytocin und Vasopressin die Ausschüttung von Testosteron unterdrücken. Auf ähnliche Weise unterdrückt Testosteron die Ausschüttung von Oxytocin und Vasopressin, was teilweise erklärt, warum Männer, die aus genetischen Gründen viel Testosteron im Blut haben, seltener heiraten. Hinzu kommt, dass alleinstehende Männer mehr Testosteron haben als verheiratete Männer. Und wenn die Ehe eines Mannes labil wird, sinkt sein Vasopressinspiegel und sein Testosteronspiegel steigt.

Brauchen Menschen eine langfristige Bindung? Es gibt deutliche Hinweise darauf, dass die Antwort Ja lautet. Trotz des oberflächlichen Reizes, den mehrere Partner bieten, gründen die meisten Menschen letztlich einen Hausstand. Eine Umfrage der UNO kam zu dem Ergebnis, dass mehr als 90 Prozent der Männer und Frauen bis zu einem Alter von 49 Jahren heiraten. Wir können ohne kameradschaftliche Liebe leben, doch die meisten von uns widmen einen erheblichen Teil ihres Lebens der Suche nach dieser Liebe und dem Versuch, sie zu bewahren. Das ermöglichen uns die Hier-und-Jetztler. Sie helfen uns, mit dem zufrieden zu sein, was unsere Sinnesorgane an Eindrücken liefern – was genau vor uns liegt und was wir ohne das quälende Gefühl, mehr zu brauchen, erfahren können.

## Testosteron: Die Hier-und-jetzt-Substanz der sexuellen Anziehung

Der Abend, an dem Samantha Shawn zum ersten Mal traf, fiel auf den dreizehnten Tag ihres Menstruationszyklus. Warum ist das wichtig?

Testosteron löst sowohl bei Männern als auch bei Frauen sexuelles Verlangen aus. Männer produzieren es in großen Mengen. Es ist für die Ausprägung der sekundären Geschlechtsmerkmale zuständig, zum Beispiel für den Bartwuchs, die größere Muskelmasse und die tiefe Stimme. Frauen bilden in den Ovarien kleinere Mengen Testosteron. Ihr Testosteronblutspiegel ist meist am dreizehnten und vierzehnten Tag des Menstruationszyklus am höchsten, wenn die Ovarien eine Eizelle freisetzen und wenn die Chance für eine Schwangerschaft am größten ist. Es gibt aber auch Zufallsschwankungen von Tag zu Tag und sogar innerhalb eines Tages. Manche Frauen produzieren morgens mehr Testosteron, andere später am Tag. Am größten ist die Schwankungsbreite von Frau zu Frau: Manche Frauen bilden von Natur aus mehr Testosteron als andere. Man kann Testosteron auch als Medikament anwenden. Als Wissenschaftler bei Procter & Gamble (dem Hersteller von Old Spice und Pampers) ein Testosterongel auf die Haut von Frauen auftrugen, hatten diese öfter Sex. Leider wuchsen einigen dieser Frauen Haare im Gesicht, ihre Stimme wurde tiefer und sie litten an Haarausfall wie Männer. Deshalb ließ die US-amerikanische Arzneimittelbehörde namens Food and Drug Administration (FDA) dieses »Viagra für Frauen« nicht zu.

Helen Fisher, eine Anthropologin an der Rutgers University und wissenschaftliche Chefberaterin der Datingwebseite Match.com, weist darauf hin, dass das sexuelle Verlangen, das Testosteron auslöst, anderen natürlichen Trieben ähnelt, zum Beispiel dem Hunger. Wenn wir hungrig sind, stillen alle möglichen Nahrungsmittel den Drang zu essen. Und wenn Testosteron sexuelles Verlangen auslöst, dann richtet sich dieses nicht unbedingt auf eine bestimmte Person. In vielen Fällen, vor allem bei jungen Menschen, kommt beinahe jeder infrage. Aber es ist kein überwältigendes Verlangen: Wir sterben nicht an sexuellem Hunger. Testosteron treibt uns nicht zum Suizid oder Mord. Im Gegensatz dazu kann Dopamin das Gefühl hervorrufen, von Liebe überwältigt zu werden.

*Shawn wischte ein Stück seines beschlagenen Badezimmerspiegels frei, fuhr sich mit den Fingern durchs schwarze Haar und lächelte. »So klappt es bestimmt«, sagte er.*

*»Warte. Halt still«, sagte Samantha. Sie wischte ihm eine Strähne aus der Stirn. »So, jetzt siehst du richtig gut aus.«*

*»Und jetzt …«*

*»Sch, nun komm schon«, sagte Samantha, küsste ihn auf die Wange und zog ihn in Richtung Schlafzimmer.*

## DOPAMIN BRINGT SIE MIT JEMANDEM INS BETT … UND KOMMT IHNEN DANN IN DIE QUERE

Von der ungeduldigen Erwartung bis zur körperlichen Lust der Intimität: Die Stadien einer sexuellen Begegnung sind dieselben wie die Stadien der Liebe. Sex ist Liebe im Schnelldurchlauf. Er beginnt mit Verlangen, einem dopamingesteuerten Phänomen, das vom Hormon Testosteron angetrieben wird. Es geht weiter mit der Erregung, einer weiteren vorausschauenden, dopamingesteuerten Erfahrung. Wenn der körperliche Kontakt beginnt, überträgt das Gehirn die Steuerung den Hier-und-jetzt-Substanzen, um die durch die sinnliche Erfahrung ausgelöste Lust zu übermitteln, vor allem durch die Ausschüttung von Endorphinen. Der Höhepunkt des Aktes, der Orgasmus, ist fast gänzlich eine Hier-und-jetzt-Erfahrung, bei der Endorphine und andere Hier-und-jetzt-Neurotransmitter zusammenarbeiten, um die Dopaminproduktion herunterzufahren.

Dieser Übergang wurde in den Niederlanden mit der Kamera eingefangen, indem Männer und Frauen in einem Hirnscanner bis zum Orgasmus stimuliert wurden. Die Aufnahmen zeigten, dass der sexuelle Höhepunkt mit einer verringerten Aktivierung des gesamten präfrontalen Kortex einherging. Diese dopaminsensitive Gehirnregion ist für die bewusste Zügelung des Verhaltens zuständig. Da diese Kontrolle gelockert wurde, konnte das Hier-und-jetzt-System aktiviert werden, das für den Orgasmus notwendig ist. Es spielte keine Rolle, ob die Testperson ein Mann oder eine Frau war. Mit wenigen Ausnahmen war die Reaktion des Gehirns auf den Orgasmus die gleiche: Dopamin aus, Hier-und-Jetztler ein.

So sollte es jedenfalls sein. Doch ebenso wie es manchen Menschen schwerfällt, von der leidenschaftlichen zur kameradschaftlichen Liebe überzugehen, kann es für dopamingetriebene Menschen auch schwierig sein, beim Sex den Hier-und-Jetztlern das Kommando zu überlassen. Für diese Frauen und Männer ist es manchmal ein Problem, ihre Gedanken abzuschalten und einfach die Intimität zu genießen – weniger zu denken und mehr zu fühlen.

Während die Hier-und-jetzt-Neurotransmitter uns die Realität erfahren lassen – die beim Sex sehr intensiv ist –, schwebt das Dopamin über der Realität. Es ist immer fähig, sich etwas Besseres auszumalen. Um noch verführerischer zu wirken, überlässt es uns die Steuerung dieser alternativen Realität. Dass diese imaginären Welten unmöglich sind, spielt keine Rolle. Dopamin kann uns jederzeit Phantomen hinterherjagen lassen.

Sexuelle Verbindungen, vor allem die in einer festen Beziehung, fallen immer wieder diesen Dopaminphantomen zum Opfer. Eine Umfrage unter 141 Frauen kam zu dem Ergebnis, dass 65 Prozent von ihnen während des Geschlechtsverkehrs Tagträume hatten – sie stellten sich vor, mit einem anderen Mann zusammen zu sein oder etwas ganz anderes zu tun. Andere Studien kamen sogar auf einen Anteil von 92 Prozent. Männer fantasieren beim Sex etwa so viel wie Frauen, und je mehr Sex Männer und Frauen haben, desto mehr neigen sie zu Tagträumen.

Es ist eine Ironie, dass die neuronalen Vernetzungen, die uns die notwendige Energie und Motivation verschaffen, um einen begehrenswerten Partner ins Bett zu bekommen, anschließend verhindern, dass wir den Spaß genießen. Das kann zum Teil an der Intensität des Erlebnisses liegen. Der erste Sex ist intensiver als der hundertste – vor allem intensiver als der hundertste mit demselben Partner. Doch der Höhepunkt des Erlebnisses, der Orgasmus, ist fast immer intensiv genug, um selbst den entrücktesten Träumer in die reale Welt des Hier und Jetzt zu befördern.

### Warum Ihre Mutter will, dass Sie warten, bis Sie verheiratet sind

Trotz des kulturellen Wandels ermuntern immer noch viele Mütter (und besorgte Väter) ihre Töchter, »sich für die Ehe aufzuheben«. Das ist oft Teil einer längeren moralischen oder religiösen Predigt.

Aber hat dieses Warten irgendeinen Vorteil, der auf der Hirnchemie basiert?

Testosteron und Dopamin haben eine besondere Beziehung. Während der leidenschaftlichen Liebe ist Testosteron die einzige Hier-und-jetzt-Substanz, die nicht zugunsten des Dopamins unterdrückt wird. Beide arbeiten sogar zusammen und bilden eine Rückkopplungsschleife, ein Perpetuum mobile, das unsere romantischen Gefühle verstärkt. Die leidenschaftliche Liebe steigert meist das Verlangen nach Sex. Testosteron verstärkt dieses Verlangen, das dann seinerseits die leidenschaftliche Liebe stärkt. Deshalb fördert das Verweigern der sexuellen Befriedigung sogar die Leidenschaft, natürlich nicht unbedingt für immer und nicht, ohne ein großes Opfer zu bringen, aber die Wirkung ist real. Damit haben wir eine chemische Erklärung gefunden, die vor langer Zeit vielleicht zu dem Verhalten beigetragen hat, das wir heute sehen. Warten verlängert die aufregendste Phase der Liebe. Das bittersüße Gefühl der Distanz und der Verweigerung basiert auf einer chemischen Reaktion.

Verzögerte Leidenschaft ist anhaltende Leidenschaft. Wenn die Mutter möchte, dass ihre Tochter heiratet, ist die Stärkung der Leidenschaft eine gute Methode, um die Dinge voranzutreiben. Der Dopaminschub flaut meist ab, wenn die Fantasie zur Realität wird, und Dopamin ist die treibende chemische Kraft der romantischen Liebe. Was also kurbelt die Dopaminproduktion am stärksten an: die Einwilligung zum sofortigen Sex oder der Aufschub? Die Mutter kennt die Antwort, während wir sie erst jetzt erfahren.

*Shawn hatte ein wenig zugenommen, aber Samantha fand ihn attraktiver denn je. Shawn war ebenfalls der Ansicht, dass Samantha besser aussah als je zuvor. Obwohl er sich darüber freute, wie toll sie aussah, wenn sie sich schick anzog, vertraute er seinen Freunden an, dass für ihn nichts erregender war, als sie mit zerzaustem Haar, ohne Make-up und in einem seiner alten T-Shirts aus der Collegezeit aufwachen zu sehen. In letzter Zeit unterhielten sie sich leise, um ein paar zusätzliche Minuten herauszuschinden, während das Baby schlief, denn dann gehörte der Morgen nur ihnen allein, ein seltener Augenblick, in dem sie ihr Beisammensein genießen konnten.*

*Samantha hatte herausgefunden, wie sie Shawn helfen konnte, seine Unsicherheit zu überwinden, die verhindert hatte, dass er im Beruf vorankam, und er hatte Möglichkeiten aufgetan, durch die sie mehr Zeit hatte, sodass sie für ihren Masterabschluss lernen konnte. Aber vor allem hatten sie immer mehr Freude daran, in Gesellschaft des anderen zu sein. Manchmal redeten sie überhaupt nicht. Früher wäre ihnen das seltsam vorgekommen; jetzt fühlte es sich genau richtig an. Samantha dachte an den Abend zurück, an dem Shawn den Arm nach ihr ausgestreckt, ihre Hüfte gestreichelt und dann die Hand zurückgezogen hatte. Sie hatte gehört, wie er sich umdrehte und das typische Geräusch machte, das er immer von sich gab, bevor er einschlief.*

*»Stimmt etwas nicht?«, hatte sie gefragt.*

*»Alles in Ordnung«, hatte Shawn geantwortet. »Ich wollte nur sichergehen, dass du da bist.«*

Dopamin verdankt seine Spitznamen »Lustmolekül« und »Glückshormon« den Experimenten mit Suchtmitteln. Die Drogen stimulierten das Dopaminsystem und die Versuchspersonen wurden euphorisch. Alles schien ganz einfach zu sein, bis Studien mit natürlichen Belohnungen – zum Beispiel Essen – zeigten, dass nur unerwartete Belohnungen Dopamin freisetzten. Das Dopamin reagierte nicht auf die Belohnung, sondern auf den Belohnungsvorhersagefehler: auf die tatsächliche Belohnung minus die erwartete. Deshalb dauert Verliebtheit nicht ewig. Wenn wir uns verlieben, malen wir uns eine Zukunft aus, die durch die Anwesenheit des oder der Geliebten vollkommen wird. Diese Zukunft basiert auf einer übersteigerten Fantasie, die zerbricht, sobald nach 12 bis 18 Monaten die Wirklichkeit wieder zuschlägt. Was dann? Oft ist dann alles vorbei; die Beziehung endet und die Suche nach einem Dopaminkick beginnt von Neuem. Oder die leidenschaftliche Liebe wird in etwas Dauerhafteres umgewandelt. Sie kann zur kameradschaftlichen Liebe werden, die vielleicht nicht so aufregend ist wie Verliebtheit unter dem Einfluss von Dopamin, die aber die Macht besitzt, uns glücklich zu machen, und zwar auf lange Sicht. Dauerhafte Liebe basiert auf Hier-und-jetzt-Neurotransmittern wie Oxytocin, Vasopressin und Endorphinen.

Es ist so ähnlich wie mit unseren alten Lieblingsplätzen: Restaurants, Geschäfte, sogar Städte. Dass wir sie immer noch toll finden, liegt daran, dass wir uns am vertrauten Ambiente erfreuen, an der realen, physischen Natur des Ortes. Wir genießen das Vertraute nicht wegen etwas, das daraus entstehen könnte, sondern weil es so ist, wie es ist. Das ist das einzige stabile Fundament für eine langfristige, befriedigende Beziehung. Dopamin, der Neurotransmitter, dessen Zweck es ist, künftige Belohnungen zu maximieren, bringt uns auf den Weg zu wahrer Liebe. Es kurbelt unser Verlangen und unsere Fantasie an und zieht uns mit dem Versprechen auf eine strahlende Zukunft in eine Beziehung hinein. Doch für die Liebe ist Dopamin ein Anfang, kein Ende. Dopamin ist niemals zufrieden. Es kann nur sagen: »Mehr!«

# Kapitel 2

# SUCHT

## Du willst es … aber wird es dir auch gefallen?

*In diesem Kapitel zeigen wir, wie Dopamin die Vernunft überwältigt und ein verzehrendes Verlangen nach dem destruktivsten Verhalten, das wir uns vorstellen können, erzeugt.*

*Ein Mann geht an einem Schnellimbiss vorbei und riecht die dort angebotenen Burger. Er stellt sich vor, ein Stück abzubeißen; er kann es fast schmecken. Er macht eine Diät, aber in diesem Moment begehrt er nichts mehr als diesen Hamburger. Also geht er hinein und bestellt einen. Und ja, der erste Bissen ist herrlich, doch der zweite schon nicht mehr so sehr. Mit jedem Bissen nimmt der Genuss ab. So viel zum erhofften »Burgerparadies«. Er isst ihn dennoch auf, ohne so recht zu wissen, warum. Dann ist ihm ein wenig übel und er hat ein schlechtes Gewissen, weil er seine Diät nicht eingehalten hat.*

*Als er wieder hinaus auf die Straße geht, schießt ihm ein Gedanke durch den Kopf: Etwas haben zu wollen und etwas zu mögen, ist ein großer Unterschied.*

## WER STEUERT IHR GEHIRN?

Irgendwann stellt sich jeder die Frage nach dem Warum. *Warum habe ich das getan? Warum habe ich mich so entschieden und nicht anders?*

Oberflächlich betrachtet, erscheint die Frage simpel: Wir haben einen Grund, etwas zu tun. Wir ziehen einen Pullover an, weil es kalt ist. Wir stehen morgens auf und gehen zur Arbeit, weil wir Rechnungen bezahlen müssen. Wir putzen uns die Zähne, um keine Karies zu bekommen. Das meiste, das wir tun, dient einem Zweck: Wir wollen es warm haben, wir wollen Geld verdienen, um Rechnungen zu bezahlen, und wir wollen nicht, dass der Zahnarzt schimpft.

Das Problem ist, dass Sie die Frage nach dem Warum endlos stellen können. Warum wollen wir es warm haben? Warum kümmern wir uns um die Rechnungen? Warum wollen wir den Zahnarzt nicht verärgern? Kinder spielen dieses Spiel andauernd.

»Es ist Zeit, ins Bett zu gehen.«

»Warum?«

»Weil du morgen früh aufstehen und in die Schule gehen musst.«

»Warum?«

»Weil du eine gute Ausbildung brauchst.«

»Warum?«

Und so weiter.

Der Philosoph Aristoteles spielte dieses Spiel ebenfalls, aber er verfolgte damit ein ernsthaftes Anliegen. Er besah sich all die Dinge, die wir tun, um damit etwas anderes zu erreichen, und fragte sich, ob all das irgendwo ein Ende habe, ob es ein großes Endziel gebe. Warum gehen Sie wirklich zur Arbeit? Warum müssen Sie Geld verdienen? Warum müssen Sie Rechnungen bezahlen? Warum möchten Sie weiterhin elektrischen Strom haben? Wo endet es? Gibt es etwas, das wir um seiner selbst willen haben wollen und nicht nur, weil es zu etwas anderem führt? Aristoteles bejahte diese Frage. Er erklärte, es gebe etwas am Ende jeder Kette von Warums: Glück. Bei allem, was wir tun, geht es letztlich ums Glück.

Es fällt schwer, dieser Schlussfolgerung zu widersprechen. Schließlich macht es uns glücklich, Rechnungen bezahlen zu können und Strom zu haben. Es macht uns glücklich, gesunde Zähne zu besitzen und eine gute Bildung zu genießen. Es kann uns sogar glücklich machen, Schmerz zu erleiden, solange es einem guten Zweck dient. Glück ist der Leitstern auf unserer Reise durchs Leben. Wenn wir verschiedene Möglichkeiten haben, wählen wir diejenige, die uns am glücklichsten macht.

Tatsächlich aber tun wir genau das nicht.

Unser Gehirn ist nicht so beschaffen. Denken Sie an die vielen Menschen, die Sie kennen, die in ihren Beruf »hineingestolpert« sind oder die ihre Hochschule »nach Bauchgefühl« ausgesucht haben. Nur selten nehmen wir uns die Zeit, denken vernünftig über unsere Optionen nach und wägen die eine gegen die andere ab. Das ist mühsam und das Ergebnis ist selten zufriedenstellend. Wir erreichen kaum jemals den Punkt, an dem wir mit Gewissheit sagen können, dass wir die richtige Entscheidung getroffen haben. Es ist viel leichter, einfach das zu tun, was wir tun wollen. Also tun wir genau das.

Die nächste Frage lautet natürlich: »Nun ja, aber was wollen wir?« Die Antwort hängt davon ab, wen wir fragen. Ein Mensch will vielleicht reich werden, ein anderer möchte ein guter Vater sein. Die Antwort hängt auch davon ab, wann wir fragen. Um sieben Uhr abends lautet sie möglicherweise »Abendessen«, um sieben Uhr morgens »zehn Minuten länger schlafen«. Manchmal wissen die Menschen überhaupt nicht, was sie wollen, manchmal wollen sie eine Menge Dinge auf einmal – auch Dinge, die sie gar nicht auf einmal haben können, weil sie einander widersprechen. Stellt man den Menschen einen Donut hin, wollen die meisten ihn essen. Ein anderes Mal wollen die meisten ihn nicht essen. Was geht da vor?

## WIE MAN AM LEBEN BLEIBT

*Andrew, Mitte 20, arbeitete in einer Firma, die Software für Unternehmen verkaufte. Er war selbstsicher und aufgeschlossen und einer der besten Verkäufer seiner Firma. Andrew ging so sehr in seiner Arbeit auf, dass er fast keine Zeit für Entspannung oder andere Aktivitäten hatte, mit einer Ausnahme: Frauen aufreißen. Er schätzte, dass er mit mehr als 100 Frauen geschlafen hatte, aber mit keiner hatte er je eine enge Beziehung geführt. Dabei sehnte er sich danach, denn er wusste, wie wichtig eine solche Beziehung für lang anhaltendes Glück war. Ihm war klar, dass seine One-Night-Stands ihn niemals dauerhaft glücklich machen würden. Trotzdem machte er weiter.*

Verlangen entsteht in einem, evolutionär betrachtet, alten Teil des Gehirns, der sich tief im Schädel befindet und *ventrales tegmentales Areal* genannt wird. Es ist reich an Dopamin; es ist sogar eine der beiden wichtigsten Dopamin produzierenden Regionen. Wie die meisten Gehirnzellen haben auch die dortigen Zellen lange Fortsätze, die sich durch das Gehirn winden, bis sie einen Ort erreichen, der *Nucleus accumbens* heißt. Wenn diese langschwänzigen Zellen aktiviert werden, geben sie Dopamin an den Nucleus accumbens ab. Das beflügelt das

Streben, das wir als *Motivation* kennen. Der wissenschaftliche Begriff für dieses Netzwerk lautet *mesolimbisches System*, aber es ist einfacher, es *Dopaminsystem des Verlangens* zu nennen (Abbildung 1).

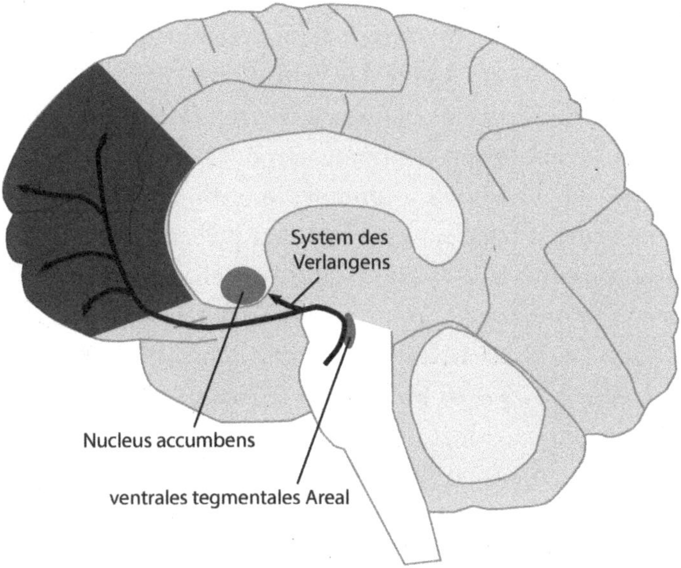


**Abbildung 1**

Dieses Dopaminsystem hat sich entwickelt, um Verhaltensweisen zu fördern, die das Überleben und die Fortpflanzung sichern, oder deutlicher gesagt, die uns dabei helfen, Nahrung und Sex zu bekommen und Konkurrenzkämpfe zu gewinnen. Dieses System des Verlangens ist aktiv, wenn Sie auf dem Tisch einen Teller mit Donuts sehen. Es wird nicht durch ein aktuelles Bedürfnis aktiviert, sondern durch Dinge, die aus evolutionärer oder lebenserhaltender Sicht attraktiv sind. Das heißt, das System wird aktiviert, sobald Sie etwas dieser Art sehen, ganz gleich, ob Sie hungrig sind oder nicht. Das ist die Natur des Dopamins.

Es konzentriert sich immer darauf, mehr von allem zu bekommen, und hat dabei die Zukunftssicherung im Blick. Echten Hunger empfinden Sie im Hier und Jetzt. Aber das Dopamin sagt: »Los, iss den Donut, auch wenn du nicht hungrig bist. Er vergrößert deine Chance, in der Zukunft am Leben zu bleiben. Wer weiß schon, wann du wieder etwas zu essen bekommst!« Für unsere evolutionären Vorfahren war das sinnvoll, da sie meist am Rande des Verhungerns lebten.

Das wichtigste Ziel eines biologischen Organismus für die Zukunft besteht darin zu überleben. Infolgedessen ist das Dopaminsystem mehr oder weniger davon besessen, uns am Leben zu erhalten. Es sucht die Umgebung ständig nach neuen Nahrungsquellen, Schutzmöglichkeiten, Paarungspartnern und anderen Ressourcen ab, die für die Replikation unserer DNS sorgen. Wenn es etwas potenziell Wertvolles entdeckt, schaltet sich das Dopamin ein und schickt uns die Nachricht: *Wach auf. Pass auf. Das ist wichtig.* Diese Nachricht überbringt es, indem es Verlangen und oft auch Erregung auslöst. Das Verlangen ist keine Entscheidung, die Sie treffen; es ist eine Reaktion auf die Dinge, denen Sie begegnen.

Der Mann, der an einer Imbissbude vorbeigeht, riecht Essen, und obwohl ihm vielleicht andere wichtige Dinge durch den Kopf gehen, löst Dopamin ein überwältigendes Verlangen in ihm aus. Er will diesen Burger. Auch wenn das Ziel damals ein anderes war, so ist dies doch der gleiche Mechanismus, der schon vor Jahrtausenden in unserem Gehirn aktiv war. Stellen Sie sich eine unserer Vorfahrinnen in der Savanne vor. Es ist ein klarer Morgen. Die Sonne geht auf, die Vögel singen und alles ist so wie immer. Sie geht weiter, nimmt gar nicht wahr, was vor ihr liegt, lässt die Gedanken schweifen. Plötzlich stolpert sie über einen Strauch voller Beeren. Diesen Strauch hat sie schon ein Dutzend Mal gesehen, aber er hat nie Beeren getragen. Darum hat sie ihn zuvor nie beachtet und immer an etwas anderes gedacht. Aber jetzt wird sie aufmerksam. Ihre Konzentration nimmt zu, als sie den Blick über den Busch wandern lässt und jede Einzelheit in sich aufnimmt. Erregung macht sich in ihr breit. Die Zukunft ist soeben ein wenig gesicherter geworden, weil der Busch mit den dunkelgrünen Blättern Früchte hervorbringt.

Das System des Verlangens, angefeuert vom Dopamin, ist aktiv geworden.

Sie wird sich an diesen Platz mit dem Beerenstrauch erinnern. Von nun an wird jedes Mal, wenn sie diesen Strauch sieht, ein wenig Dopamin freigesetzt, damit sie wachsamer und ein bisschen aufgeregt wird. Das veranlasst sie dazu, die Beeren zu pflücken, die ihr helfen, am Leben zu bleiben. Eine wichtige Erinnerung hat sich gebildet. Sie ist wichtig, weil sie mit dem Überleben zusammenhängt und weil sie vom freigesetzten Dopamin ausgelöst wurde. Doch was geschieht, wenn das Dopamin außer Kontrolle gerät?

## WIR LEBEN IN EINER WELT VOLLER PHANTOME

*Jedes Mal, wenn Andrew eine attraktive Frau sah, wollte er sie unbedingt ins Bett bekommen. Daneben verblasste alles andere bis zur Bedeutungslosigkeit. Meist traf er die Frauen in Kneipen, und wenn er nicht arbeitete, dann wollte er in einer Kneipe sein. Manchmal redete er sich ein, dass er sich dort nur entspannen und ein paar Gläser Bier trinken wollte. Er mochte das Ambiente und mitunter kämpfte er mühsam gegen die Versuchung an, eine Frau aufzureißen. Er wusste, dass er das Interesse an ihr verlieren würde, sobald der Sex vorbei war, und dieses Gefühl behagte ihm nicht. Doch obwohl ihm das schon vorher klar war, wurde er meistens schwach.*

*Nach einer Weile wurde es noch schlimmer. Er verlor das Interesse bereits, sobald die Frau bereit war, mit ihm nach Hause zu ge-*

*hen. Die Jagd war zu Ende und damit hatte sich alles geändert. In seinen Augen sah sie sogar anders aus, und diese Verwandlung geschah innerhalb eines einzigen Augenblicks. Bis sie dann schließlich in seiner Wohnung waren, wollte er nicht länger Sex mit ihr haben.*

Wenn wir sagen, etwas sei »wichtig«, bedeutet das im weiteren Sinne, dass es mit Dopamin zusammenhängt. Warum? Weil Dopamin neben seinen vielen anderen Funktionen auch ein Frühwarnsystem ist, das uns auf alles aufmerksam macht, was uns beim Überleben helfen kann. Taucht eine solche nützliche Ressource auf, brauchen wir nicht einmal darüber nachzudenken. Dopamin sorgt dafür, dass wir sie haben wollen, und zwar sofort. Es spielt keine Rolle, ob sie uns gefällt oder ob wir sie momentan brauchen. Das ist dem Dopamin egal. Dopamin ist wie die kleine alte Dame, die jedes Mal Toilettenpapier einkauft, obwohl ihre Vorratskammer schon mit Tausenden Rollen vollgestopft ist. Sie denkt: *Man kann nie genug Toilettenpapier haben.* Genauso ist es auch mit dem Dopamin. Es drängt uns zwar nicht, Toilettenpapier zu kaufen, wohl aber, alles zu besitzen und anzuhäufen, was uns helfen könnte, am Leben zu bleiben.

Das erklärt, warum der Mann, der Diät hielt, den Burger essen wollte, obwohl er nicht hungrig war. Und es erklärt, warum Andrew nicht aufhören konnte, Frauen aufzureißen, obwohl er wusste, dass es ihn schon nach wenigen Stunden, vielleicht nach wenigen Minuten unglücklich machen würde. Aber es erklärt auch, warum wir uns an manche Namen erinnern und an andere nicht. Es gibt Tricks aller Art, die uns dabei helfen, uns etwas besser zu merken. Wir können zum Beispiel den Namen der Person einige Male im Gespräch benutzen. Doch selbst wenn wir uns den Namen anscheinend eingeprägt haben, vergessen wir ihn meist schnell wieder. Wichtige Namen – von Menschen, die unser Leben beeinflussen können – merken wir uns leichter. Der Name der Frau, die auf der Party mit Ihnen geflirtet hat, bleibt länger haften als der Name einer anderen, die Sie ignoriert hat. Genauso ist es mit dem Namen des Mannes, der mit Ihnen einen Gesprächstermin vereinbart hat, weil er Ihnen einen Job geben will. Sie behalten seinen Namen sogar noch zuverlässiger, wenn Sie gerade arbeitslos sind. Ähnlich ist es bei Ratten: Männliche Ratten erinnern sich leichter an den richtigen Weg durch ein Labyrinth, wenn am anderen Ende ein paarungsbereites Weibchen auf sie wartet. Manchmal ist Ihre Konzentration auf etwas derart intensiv, dass nur dieses vielleicht recht unwichtige Detail im Gedächtnis haften bleibt, während Sie die wichtigen Dinge vergessen. Ein Mann, dem jemand während eines Raubes eine Neun-Millimeter-Beretta an den Kopf gehalten hatte, wurde gebeten, den Gangster zu beschreiben. Er sagte: »Ich erinnere mich nicht an sein Gesicht, aber ich kann die Pistole beschreiben.«

Unter normaleren Umständen löst die Ausschüttung von Dopamin im System des Verlangens jedoch Energie, Begeisterung und Hoffnung aus. Es fühlt sich gut an. Manche Leute jagen sogar ihr Leben lang diesem Gefühl nach – dem Gefühl der Erwartung, dem Gefühl, dass das Leben bald besser wird. Bald werden Sie ein köstliches Abendessen genießen, einen alten Freund treffen, ein großes Geschäft abschließen oder einen renommierten Preis gewinnen. Dopamin schaltet die Fantasie ein und erzeugt Visionen von einer rosigen Zukunft.

Was geschieht, wenn aus der Zukunft Gegenwart wird, wenn Sie die Speisen in Ihrem Mund schmecken können oder wenn die Geliebte in Ihren Armen liegt? Dann lösen sich Erregung, Begeisterung und Energie auf, weil die Dopaminproduktion eingestellt wurde. Das Dopaminsystem verarbeitet keine Erfahrungen in der realen Welt, sondern nur imaginäre künftige Möglichkeiten. »Was machen wir morgen?«, fragen viele Menschen in einer solchen Situation, während sie ihr Essen kauen, und dabei nicht einmal merken, dass sie die Mahlzeit, auf die sie sich so gefreut haben, gar nicht genießen. *Das Motto eines Dopaminenthusiasten lautet: Voller Hoffnung reisen ist besser als ankommen.*

Die Zukunft ist nicht real. Sie besteht aus einer Reihe von Möglichkeiten, die nur in unserem Kopf existieren. Diese Möglichkeiten werden meist idealisiert – für gewöhnlich stellen wir uns keine mittelmäßige Zukunft vor. Wir denken lieber über die beste aller möglichen Welten nach, und das lässt die Zukunft attraktiver erscheinen. Im Gegensatz dazu ist die Gegenwart real, konkret. Wir stellen sie uns nicht vor, wir erleben sie, und dafür sind andere chemische Stoffe im Gehirn notwendig: die Hier-und-jetzt-Neurotransmitter, kurz: die Hier-und-Jetztler. Dopamin bewirkt, dass wir uns leidenschaftlich nach bestimmten Dingen sehnen, doch nur dank der Hier-und-Jetztler können wir sie genießen: Farben, Texturen und die Aromen eines fünfgängigen Menüs ebenso wie die Gefühle, die sich einstellen, wenn wir Zeit mit Menschen verbringen, die wir lieben.

## WOLLEN VERSUS MÖGEN

Der Übergang von der sehnsuchtsvollen Erregung zum Genuss kann schwierig sein. Denken Sie an die Reue, die jemand empfindet, der etwas sehr Teures gekauft hat. Sie wird meist auf die Angst zurückgeführt, die falsche Wahl getroffen zu haben, oder auf Schuldgefühle wegen der Extravaganz oder auf den Verdacht, vom Verkäufer hereingelegt worden zu sein. In Wahrheit ist diese Reue ein Beispiel für die Reaktion darauf, dass das System des Verlangens sein Versprechen nicht einhält. Es hat Ihnen eingeredet, dass Sie überglücklich sein werden, wenn Sie dieses teure Auto kaufen. Sobald Sie es jedoch besitzen, sind diese Gefühle weder so stark noch so dauerhaft, wie Sie es sich erhofften. Das System des Verlangens bricht oft seine Versprechungen, weil es nichts zum Gefühl der Befriedigung beiträgt. Es kann keine Träume wahr machen. Dieses System ist sozusagen nur ein Verkäufer.

Wenn wir in Gedanken einen ersehnten Kauf vorwegnehmen, wird unser zukunftsorientiertes Dopaminsystem aktiviert und löst Erregung aus. Sobald wir das begehrte Objekt besitzen, bewegt es sich aus dem extrapersonalen in den peripersonalen Raum, also aus dem auf die Zukunft ausgerichteten, entfernten Bereich, den das Dopamin kontrolliert, in den unmittelbar erfahrbaren, nahen Bereich der Hier-und-jetzt-Neurotransmitter. Die Reue des Käufers ist darauf zurückzuführen, dass die Hier-und-jetzt-Erfahrung den Verlust der vom Dopamin ausgelösten Erregung nicht kompensieren kann. Wenn wir eine kluge Kaufentscheidung getroffen haben, kann es sein, dass eine starke Hier-und-jetzt-Befriedigung den Verlust des Dopaminkicks wettmacht. Eine andere Möglichkeit, der Reue vorzubeugen, besteht darin, etwas zu kaufen, das eine weitere dopamingesteuerte Erwartung hervorruft, zum Beispiel einen neuen Computer, der die Arbeitsleistung steigert, oder eine neue Jacke, in der wir toll aussehen, wenn wir das nächste Mal ausgehen.

Es gibt also drei mögliche Rezepte gegen die Kaufreue:

1. Wir jagen dem Dopaminkick nach, indem wir noch mehr kaufen.
2. Wir vermeiden den Dopaminabsturz, indem wir weniger kaufen.
3. Wir stärken unsere Fähigkeit, vom dopamingesteuerten Verlangen zum von den Hier-und-Jetztlern gesteuerten Mögen zu wechseln.

Keiner dieser Fälle garantiert jedoch, dass die Dinge, die wir unbedingt haben wollen, auch die Dinge sind, die wir genießen, wenn wir sie besitzen. Das Verlangen nach etwas und das Mögen werden von zwei verschiedenen Systemen im Gehirn ausgelöst. Darum mögen wir die Dinge, die wir haben wollen, oft nicht. Genau das spielt sich in einer Szene aus der Sitcom *Das Büro* ab, in der Will Ferrell, der den zeitweiligen Chef Deangelo Vickers spielt, einen großen Kuchen schneidet:

**Deangelo:** Ich für meinen Teil mag den Rand.
*Er schneidet ein Stück des Randes ab und isst es aus der Hand.*

**Deangelo:** Warum habe ich das getan? Es schmeckt nicht einmal besonders gut. Eigentlich will ich den Kuchen gar nicht. Ich hatte schon welchen zum Mittagessen.
*Er wirft den Rest, den er in der Hand hält, in den Papierkorb.*
**Deangelo *(sticht mit dem Finger in den Kuchen und nimmt sich eine weitere Handvoll)*:** Nein. Weißt du, was? Ich habe Tolles geleistet. Ich verdiene es.
*Er zögert eine Weile. Dann:*
**Deangelo:** Was tue ich da? Komm schon, Deangelo!
*Er wirft auch die zweite Handvoll weg und wendet dem Kuchen den Rücken zu. Dann dreht er sich wieder um, beugt er sich über den Kuchen und schreit ihn an:*
**DeAngelo:** Nein! Nein!

Es kann schwierig sein, zwischen dem, was wir wollen, und dem, was uns gefällt, zu unterscheiden. Der Gegensatz zwischen beidem wird jedoch besonders dramatisch deutlich, wenn Menschen drogenabhängig werden.

## DAS SYSTEM DES VERLANGENS WIRD GEKAPERT

*Da er so viel Zeit damit verbrachte, Frauen aufzureißen, hielt Andrew sich in seiner Freizeit meist in Kneipen auf. Während seiner Zeit am College hatte er zahlreiche Partys besucht, auf denen es Bier vom Fass gegeben hatte und wo er bis in die frühen Morgenstunden getrunken hatte. Deshalb war es für ihn ganz normal, mit einem Bier in der Hand herumzulaufen. Nach dem Examen entwickelten die meisten seiner Saufkumpane andere Interessen. Al-*

*kohol spielte in ihrem Leben keine große Rolle mehr. Andrew hingegen, für den eine Kneipe eine Art Zuhause war, blieb dabei. Wenn er eine Frau erblickte, die ihn interessierte, trank er schneller. Sah er sich strahlenden Augen gegenüber, dann erschien ihm die Welt aufregender und der Alkohol schmeckte besser.*

*Als ihn schließlich der morgendliche Kater daran hinderte, bei der Arbeit sein Bestes zu geben, wusste er, dass das Trinken für ihn zum Problem geworden war. Seine Verkäufe gingen allmählich zurück und sein Therapeut riet ihm, das Trinken 30 Tage lang sein zu lassen. Er sollte lernen, wie es sich anfühlt, nüchtern zu sein. Der Therapeut wusste, dass ein starker Trinker, der das schafft, sich meist besser fühlt: Er hat einen klareren Kopf, mehr Energie und kann die einfachen Dingen im Leben besser genießen. All das stärkt die Motivation, langfristig nüchtern zu bleiben. Gelingt es einem Trinker nicht, 30 Tage ohne Alkohol durchzuhalten, ist das ein Zeichen dafür, dass er sein Trinken nicht mehr im Griff hat. Diese Erkenntnis kann ihm die Augen öffnen und ihn vielleicht dazu bringen, den Alkohol aus seinem Leben zu verbannen.*

*Andrew versuchte es und hatte keine Mühe, trocken zu bleiben – außer wenn er in einer Kneipe war und nach einer Frau suchte, um mit ihr zu schlafen. Etwas an der Umgebung und an dem vertrauten Gefühl der Jagdlust löste ein starkes Verlangen nach Alkohol aus. Nun machte der Therapeut sich noch größere Sorgen. Er fand, Andrew erfülle die Kriterien für Alkoholmissbrauch. Er riet ihm, einige Sitzungen der Anonymen Alkoholiker zu besuchen.*

*Andrew war mit dieser Diagnose nicht einverstanden. Sein Ziel bestand darin, sein Verlangen nach anonymem Sex zu überwinden. Wenn ihm das gelänge, so dachte er, würde sich das Alkoholproblem von selbst lösen. Die Therapie dauerte lange und trotz wiederholter Diskussionen mit seinem Therapeuten trank Andrew immer mehr. Doch schließlich erreichte er sein Ziel. Er lernte eine Frau kennen, die sein Interesse weckte, und zu seiner Freude erlosch sein Interesse dieses Mal nicht. Nach ein paar Rückfällen gab er die One-Night-Stands ganz auf. Er ging nur noch selten in Kneipen, doch zu seiner Überraschung trank er weiter. Das Verlangen nach Alkohol hatte sich in seinem Gehirn festgesetzt und die dortigen Schaltkreise, also die neuronalen Vernetzungen, umprogrammiert. Jetzt konnte er nicht mehr aufhören.*

Wie eine Bombe schlagen Drogen mit großer chemischer Wucht im System des Verlangens ein. Kein natürliches Verhalten kann sich damit messen, weder Essen noch Sex, noch irgendetwas anderes.

Alan Leshner, der ehemalige Leiter des National Institute on Drug Abuse, des US-amerikanischen Forschungsinstituts für Drogenmissbrauch, sagte, Drogen könnten das System des Verlangens »kapern«. Sie regen es viel stärker an als natürliche Belohnungen wie Essen oder Sex, die dasselbe Motivationssystem im Gehirn stimulieren. Deshalb haben Ess- und Sexsucht so viel mit Drogensucht gemeinsam. Schaltkreise beziehungsweise Systeme im Gehirn, die sich zu dem äußerst wichtigen Zweck entwickelt haben, uns am Leben zu erhalten, werden von einer süchtig machenden chemischen Substanz »übernommen« und dafür missbraucht, den Süchtigen, der ihr ins Netz geht, zu versklaven.

Drogenmissbrauch gleicht dem Krebs: Er beginnt klein, kann aber schnell jeden Aspekt unseres Lebens bestimmen. Ein späterer Alkoholiker ist zunächst vielleicht nur ein mäßiger Trinker, der sich am Wochenende ein paar Dosen Bier genehmigt. Sein Alkoholkonsum steigt und steigt, bis er irgendwann vielleicht jeden Tag einen Liter Wodka trinkt und die Sucht auch andere Aspekte seines Lebens verschlingt. Zuerst hört er auf, sich die Fußballspiele seines Sohnes anzusehen, weil er zu Hause bleiben und trinken will. Nach einiger Zeit meidet er die

Elternsprechtage, dann alle Aktivitäten der Familie. Seine Arbeit gibt er zuletzt auf, weil er Geld braucht, um Alkohol zu kaufen. Doch eines Tages hört er auch auf zu arbeiten. Die Sucht hat sich ausgebreitet wie ein Tumor und das gesamte Leben des Alkoholikers dreht sich nur noch ums Trinken. Hat er damit vernünftige Entscheidungen getroffen? Von außen betrachtet, sieht es nicht danach aus.

Doch vom Inneren her betrachtet – von dort, wo das Dopamin aktiv ist –, ergibt die Sucht durchaus einen Sinn.

Das Dopaminsystem hat sich entwickelt, um uns zum Überleben und zur Fortpflanzung zu motivieren. Für die meisten Menschen ist nichts wichtiger, als zu überleben und für die Sicherheit ihrer Kinder zu sorgen. Das löst die stärksten Dopaminschübe aus. Tatsächlich teilen starke Dopaminschübe uns mit, dass wir auf eine lebensbedrohliche Situation reagieren müssen. *Suche Schutz. Suche Nahrung. Schütze deine Kinder.* Das sind Pflichten, die dem Dopaminsystem besonders harte Treffer beibringen. Was könnte wichtiger sein?

Für einen Süchtigen sind Drogen wichtiger. So empfindet er zumindest. Die wie von einer Bombe ausgelöste Dopaminexplosion überwältigt alles andere. Wenn wir Entscheidungen mit dem Abwiegen von Optionen auf einer Waage vergleichen, ist eine Droge wie ein Elefant, der sich in eine Waagschale setzt. Nichts kann ihn aufwiegen.

Einem Süchtigen sind Drogen wichtiger als seine Arbeit, seine Familie und alles andere. Objektiv betrachtet, trifft er irrationale Entscheidungen, doch sein Gehirn redet ihm ein, seine Entscheidungen seien völlig vernünftig. Würde Ihnen jemand die Wahl zwischen einer Mahlzeit in einem netten Restaurant und einem Scheck über eine Million Euro anbieten, fänden Sie den Gedanken lächerlich, das Essen zu wählen. Doch genau dazu tendiert ein Süchtiger, wenn er beispielsweise wählen muss, ob er seine Miete zahlt oder Crack kauft. Er wählt das, was ihm den stärkeren Dopaminschub gibt. Die Euphorie, die Crack auslöst, ist stärker als nahezu alle anderen, die man sich vorstellen kann. Aus der Sicht des Dopamins und des von ihm gesteuerten Verlangens ist die Entscheidung, die Droge zu kaufen, vernünftig, und diese Einstellung bestimmt das Verhalten der Süchtigen.

Drogen unterscheiden sich grundlegend von natürlichen Dopaminauslösern. Wenn wir hungrig sind, besteht unser Hauptanliegen darin, Nahrung zu besorgen. Nach dem Essen lässt die Motivation, Nahrung zu beschaffen, nach, weil das Sättigungssystem aktiviert und das System des Verlangens deaktiviert wird. Eine wechselseitige Kontrolle hält alle Systeme stabil. Aber es gibt kein Sättigungssystem für Crack. Süchtige nehmen Drogen, bis sie das Bewusstsein verlieren, krank werden oder kein Geld mehr haben. Wenn Sie einen Süchtigen fragen, wie viel Crack er haben will, kennt er nur eine Antwort: *Mehr.*

Betrachten wir die Situation aus einem anderen Blickwinkel. Das Ziel des Dopaminsystems ist die Vorhersage der Zukunft und, wenn wir eine unerwartete Belohnung erhalten, das Aussenden eines Signals: »Pass auf! Es ist Zeit, etwas Neues über die Welt zu lernen.« So werden Systeme, die von Dopamin überschwemmt werden, formbar. Neue Muster bilden sich. Neue Erinnerungen werden gespeichert, neue Verbindungen geknüpft. »Merk dir, was passiert ist«, sagt das Dopaminsystem. »Es kann in der Zukunft nützlich sein.«

Und was ist das Resultat? Die nächste Belohnung überrascht Sie nicht mehr. Als Sie die Webseite entdeckten, die Ihre Lieblingsmusik streamt, waren Sie begeistert. Doch als Sie die Seite das nächste Mal besuchten, war sie schon nicht mehr so aufregend. Es gab keinen Belohnungsvorhersagefehler mehr. Dopamin ist nicht als unendliches Reservoir der Freude gedacht. Es formt das Gehirn so, dass überraschende Ereignisse vorhersehbar werden, und maximiert dadurch die Ressourcen. Genau das ist sein Zweck. Doch weil es dabei die Überraschung und den Belohnungsvorhersagefehler beseitigt, unterdrückt es seine eigene Aktivität.

Süchtig machende Drogen sind jedoch derart mächtig, dass sie den komplizierten Zyklus der Überraschung und der Vorhersage umgehen und das Dopaminsystem künstlich aktivieren. Damit bringen sie alles durcheinander. Alles, was übrig bleibt, ist ein quälendes Verlangen nach mehr.

Drogen zerstören das heikle Gleichgewicht, das unser Gehirn braucht, um normal zu arbeiten. Drogen stimulieren die Ausschüttung von Dopamin, unabhängig davon, in welcher Situation der Süchtige sich befindet. Das verwirrt das Gehirn und deshalb beginnt es, den Drogenkonsum mit allem zu verbinden. Nach einiger Zeit ist das Gehirn davon überzeugt, dass Drogen die Antwort auf alle Aspekte des Lebens sind. Willst du feiern? Nimm Drogen. Bist du traurig? Nimm Drogen. Hängst du mit einem Freund ab? Nimm Drogen. Bist du gestresst, gelangweilt, entspannt, verspannt, wütend, stark, gekränkt, müde, voller Energie? Nimm Drogen. Menschen, die an einem 12-Punkte-Programm teilnehmen, zum Beispiel bei den Anonymen Alkoholikern, sagen, Süchtige müssten auf drei Dinge achten, die Verlangen und Rückfalle auslösen können: Menschen, Orte und Dinge.

### Der Süchtige, der seine Kleidung nicht mehr strahlend weiß machen konnte

Bei Süchtigen kommen seltsame Auslöser vor. Ein ehemaliger Drogenkonsument durfte sich keine Zeichentrickfilme mehr ansehen, weil sein Dealer Comicfiguren auf die Drogenpäckchen druckte, die er verkaufte. Manche Süchtige wissen nicht einmal, was ihr Verlangen auslöst. Ein Heroinabhängiger, der sich bemühte, clean zu werden, wurde jedes Mal, wenn er einen Supermarkt besuchte, von

Gier überwältigt und hatte keine Ahnung, warum. Seine Therapie war gefährdet. Eines Tages ging er zusammen mit seiner Suchtberaterin in ein Geschäft, um herauszufinden, was dort vor sich ging. Die Beraterin wies ihn an, sich zu melden, sobald er ein Verlangen nach der Droge spürte. Sie gingen die Regale entlang, eines nach dem anderen, bis der Patient plötzlich stehen blieb und »Jetzt!« sagte. Sie standen vor einem Regal mit Bleichmitteln. Vor seiner Therapie hatte der Süchtige Injektionsnadeln mit Bleiche gereinigt, um einer HIV-Infektion vorzubeugen.

## WESHALB SÜCHTIGE DER ANSICHT SIND, ES SEI BESSER, CRACK ZU RAUCHEN, ALS KOKAIN ZU SCHNUPFEN

Eine Droge macht süchtig, weil sie im System des Verlangens Dopamin aktiviert. Das gilt für Alkohol, Heroin, Kokain und auch für Marihuana. Aber nicht alle Drogen aktivieren Dopamin im gleichen Umfang. Diejenigen, die Dopamin am stärksten aktivieren, sind gefährlicher als die anderen. Weil die harten Drogen mehr Dopamin freisetzen, rufen sie auch eine stärkere Euphorie hervor und lösen das stärkste Verlangen aus, wenn die Droge nicht mehr wirkt. Die Intensität ist bei jeder Droge unterschiedlich. Haschischraucher sehnen sich meist weniger verzweifelt nach der Droge als Kokainsüchtige. Doch trotz dieser Unterschiede haben alle eines gemeinsam: den Dopaminschub und das darauffolgende Verlangen.

Für die Unterschiede sind viele Faktoren verantwortlich. Die chemische Struktur der Moleküle, aus denen die Drogen bestehen, spielt eine große Rolle. Manche Substanzen schaffen es besser als andere, einen

Dopaminschub auszulösen. Aber es gibt noch weitere Faktoren. Das Crack, das manche Konsumenten rauchen, ist im Wesentlichen das gleiche Molekül, aus dem auch das Kokainpulver besteht, das andere Konsumenten schnupfen, aber Crack macht viel stärker süchtig – so viel stärker, dass es die Welt der Partydrogen im Sturm eroberte, als es in den Achtzigerjahren allgemein verfügbar wurde.

Was ist so »großartig« an Crack, dass es den Kokainmarkt übernehmen und Tausende von Menschen chemisch versklaven konnte? Aus wissenschaftlicher Sicht ist die Antwort einfach: *die schnelle Wirkung.*

Denken Sie an eine Droge wie Alkohol, die einen Dopaminschub auslöst. Je schneller sie ins Gehirn gelangt, desto stärker ist die euphorisierende Wirkung auf den Konsumenten. In Abbildung 2 zeigt die waagrechte Achse, wie viel Zeit vergangen ist, und die vertikale Achse, welche Drogenmenge ins Gehirn eines Konsumenten gelangt ist. Wenn jemand, hin und wieder nippend, ein Glas Chardonnay trinkt, steigt die Kurve sanft an. Würde derselbe Mensch stattdessen Wodka aus Schnapsgläsern herunterkippen, würde die Kurve schnell und steil ansteigen.

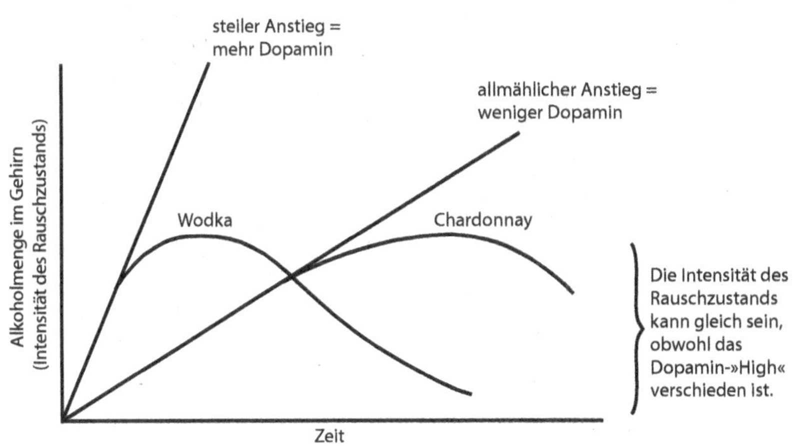


**Abbildung 2**

Der Anstieg der Kurve zeigt, wie schnell die Drogenmenge (hier die Alkoholmenge) im Gehirn zunimmt. Und je schneller sie zunimmt, desto mehr Dopamin wird freigesetzt, desto stärker wird die Euphorie und desto stärker wird auch das darauffolgende Verlangen.

Darum ist Crackrauchen verlockender als das Schnupfen von Kokainpulver: Das Rauchen erzeugt einen schnelleren und intensiveren Dopaminschub. Normales Kokain eignet sich nicht zum Rauchen, weil die Hitze es zerstören würde. Wenn man daraus Crack herstellt, kann man es rauchen, sodass die Droge durch die Lungen anstatt durch die Nase in den Körper gelangt. Das ist ein großer Unterschied. Wenn Kokainpulver in die Nase eindringt, landet es auf der Nasenschleimhaut. Diese ist rot, weil sich die Blutgefäße an der Oberfläche befinden. Diese befördern das Kokain ins Blut; das ist aber nicht sehr effektiv, weil der Platz in der Nase knapp ist. Wenn ein Konsument eine Line Kokain schnupft, gelangt manchmal ein Teil des Pulvers nicht in den Körper, weil auf der Schleimhaut zu wenig Platz ist.

Das soll nicht heißen, dass Kokainschnupfen ungefährlich ist oder nicht süchtig macht. Aber es gibt eine Möglichkeit, Kokain noch gefährlicher zu machen: es zu rauchen. Wenn Kokain in Form von Crack geraucht wird, ist es wirksamer. Im Gegensatz zur Nasenschleimhaut ist die Lungenoberfläche enorm groß. Mit Hunderten Millionen winziger Lungenbläschen gefüllt, entspricht diese Fläche einer Seite eines Tennisplatzes. Dort gibt es reichlich Platz, und wenn das verdampfte Kokain in den Lungen ankommt, gelangt es sofort ins Blut und dann ins Gehirn. Das ist ein steiler Anstieg – wie eine Explosiom – und das Dopaminsystem wird heftig getroffen.

Der Zusammenhang zwischen einem schnell ansteigenden Blutspiegel und der Dopaminausschüttung trägt ebenfalls dazu bei, dass Süchtige dazu übergehen, sich ihre Drogen in ihre Venen zu injizieren. Andere Konsumierungsformen verschaffen ihnen nicht mehr den Kick, den sie anstreben. Aber das Injizieren empfinden viele als Furcht einflößend, zudem ist es ein klares Zeichen für eine Sucht. Das damit verbundene Stigma und die Furcht vor der Nadel schrecken daher viele von diesem letzten Schritt ab. Leider befördert das Rauchen die Droge etwa so schnell ins Gehirn wie eine Injektion. Zudem fehlt dem Rauchen das Stigma, das Spritzen anhaftet. Deshalb rutschen viele von denen, die sonst vielleicht nur gelegentlich Kokain konsumieren würden, in eine zerstörerische Sucht ab. Genau das geschah auch mit Methamphetamin, als es in rauchbarer Form verfügbar wurde.

### Betrunken oder angeheitert – worin liegt der Unterschied?

Es besteht ein enormer Unterschied zwischen einem High – also der Euphorie durch einen Dopaminschub – und einem Rauschzustand. Anders ausgedrückt: Angeheitert zu sein, ist etwas völlig anderes, als betrunken zu sein. Den Grund dafür kennen aber nur wenige.

Wer über einen ganzen Abend hinweg Alkohol trinkt, fühlt sich am Anfang am besten. Der Alkoholspiegel steigt schnell und das fühlt sich gut an. Das ist die *Dopamineuphorie*, die unmittelbar davon abhängt, wie schnell der Alkohol ins Gehirn gelangt. Im Laufe des Abends geht die Steigerungsrate jedoch zurück und die Dopaminproduktion wird eingestellt. Die Euphorie weicht der Trunkenheit.

In der ersten Phase des steigenden Alkoholspiegels fühlen sich viele energiegeladen, aufgekratzt und ausgelassen. Im Rausch hingegen fühlt man sich matt, die Koordination lässt nach, die Sprache wird schleppend und die Urteilsfähigkeit leidet. Die Schnelligkeit, mit der Alkohol ins Gehirn gelangt, bestimmt darüber, wie high, wie euphorisch ein Trinker wird. Die Gesamtmenge des Alkohols wiederum bestimmt die Stärke des Rausches, unabhängig davon, ob er schnell oder langsam aufgenommen wird.

Unerfahrene Trinker verwechseln diese beiden Zustände. Sie fangen an zu trinken, treiben ihren Alkoholspiegel in die Höhe und erleben die Lust der Dopaminausschüttung. Dann glauben sie fälschlicherweise, das Lustgefühl sei die Folge des Rausches. Also trinken sie weiter und versuchen vergeblich, das High zurückzuholen. Das unangenehme Ende erleben sie oft über eine Toilette gebeugt.

Manche Leute finden das selbst heraus. Auf einer Party erzählte eine Frau, sie habe mehr Spaß an Cocktails als an Bier. Das klingt zunächst unsinnig, weil Alkohol nun mal Alkohol ist, egal, ob er einem Daiquiri oder einem Bier entstammt. Aber die Wissenschaft bestätigt die Erfahrung der Dame. Ein Cocktail ist konzentrierter und enthält meist Zucker, darum wird er oft schneller getrunken. Mixgetränke enthalten in der Regel mehr Alkohol als Bier oder Wein. Deshalb liefern sie schnell eine große Menge Alkohol, was einen Dopaminschub auslöst, im Gegensatz zu einem langsam zunehmenden Rausch. Die Frau suchte Euphorie, nicht den Rausch, deshalb bevorzugte sie Mixgetränke. Ein paar Cocktails verschafften ihr einen Dopaminkick, den ein Abend mit vielen Gläsern Bier nicht hätte hervorrufen können.

## DAS VERLANGEN, DAS NIE ENDET

Obwohl das Verlangen nicht endet, solange ein Süchtiger weiter Drogen nimmt, verliert das Gehirn allmählich die Fähigkeit, ein High zu erzeugen. Das System des Verlangens reagiert immer weniger, sodass der Süchtige die Droge ebenso gut durch Salzwasser ersetzen könnte.[1]

Patrick Kennedy, der ehemalige US-amerikanische Abgeordnete für den ersten Wahlkreis von Rhode Island und Sohn von Ted Kennedy, dem verstorbenen Senator von Massachusetts, kennt die nachlassende Stimulierung beim Drogenkonsum. Der wohl berühmteste Befürworter der Hirnforschung und einer besseren Versorgung für psychisch Kranke hatte selbst mit Suchterkrankungen sowie mit einer psychischen Erkrankung zu kämpfen. Nachdem er eines Nachts am Kapitol in eine Absperrung gefahren war, räumte er seine Probleme öffentlich ein. In einem Interview mit Lesley Stahl in *60 Minutes* sprach er von dem Drang zum Drogenkonsum, obwohl er keine Freude bereite.

> *Das hat nichts mit Feiern zu tun. Nichts mit Spaß. Es geht darum, Schmerzen zu lindern. Die meisten Leute hegen diese irrige Annahme, man werde high, man verspüre ein Hochgefühl. In Wahrheit geht es nur darum, das Elend, das man spürt, ein wenig erträglicher zu machen.*

Deshalb nimmt ein Süchtiger die Droge weiter, selbst wenn er durch seinen hohen Konsum an Kokain (oder Heroin, Marihuana oder Alkohol) nicht mehr high davon wird.

Erinnern Sie sich an die freudige Überraschung, die Ihnen die Bäckerei mit köstlichen Croissants und leckerem Kaffee bereitete? Sie gingen Ihres Weges, ohne etwas Außergewöhnliches zu erwarten, doch dann tauchte etwas Gutes in Form des neuen Geschäfts auf und Ihr

---

1 Als Wissenschaftler Langzeitkokainsüchtigen ein Stimulans injizierten, das dem Kokain ähnelte, setzten diese 80 Prozent weniger Dopamin frei als Gesunde, die das gleiche Präparat bekamen. Die Menge des von den Süchtigen freigesetzten Dopamins entsprach der Menge, die ein injiziertes Placebo freisetzte, also eine inaktive Substanz wie zum Beispiel Salzwasser.

Dopaminsystem wurde aktiv. Ihre »Vorhersage« war also falsch und Sie erlebten einen Dopaminkick, ausgelöst durch den Belohnungsvorhersagefehler. Von da an sind Sie jeden Tag in diese Bäckerei gegangen. Stellen Sie sich nun vor, Sie warten in einer Schlange auf Ihren Kaffee und Ihr Croissant und plötzlich klingelt Ihr Telefon. Es ist Ihre Chefin. Im Büro gibt es ein Problem. »Lassen Sie alles stehen und liegen und kommen Sie sofort her«, sagt sie. Wenn Sie ein gewissenhafter Mensch sind, verlassen Sie die Bäckerei mit leeren Händen, voller Groll, weil Sie auf Ihr Frühstück verzichten müssen.

Nehmen wir nun an, es ist Samstagabend und das Gehirn eines Süchtigen wartet wie üblich darauf, »verwöhnt« zu werden: mit Kokain. Aber es bleibt aus. Wie der Büroarbeiter, der auf sein Croissant verzichten muss, fühlt sich der Süchtige, der seine Droge nicht bekommt, ungerecht behandelt und wird wütend.

Wenn eine erwartete Belohnung ausbleibt, schaltet sich das Dopaminsystem ab. Wissenschaftlich ausgedrückt: Wenn das Dopaminsystem inaktiv ist, feuert es nur drei- bis fünfmal in der Sekunde. Wenn es aktiv wird, feuert es 20- bis 30-mal pro Sekunde. Bleibt eine erwartete Belohnung aus, fällt diese Rate auf null und das fühlt sich schrecklich an.

Ein Abschalten des Dopaminsystems führt also dazu, dass Sie sich einer Belohnung beraubt fühlen und gereizt oder sogar wütend werden. Und genauso fühlt sich ein Drogensüchtiger, der auf Entzug ist, jeden Tag, während er darum kämpft, clean und nüchtern zu werden. Man braucht enorm viel Kraft, Entschlossenheit und Unterstützung, um eine Abhängigkeit zu überwinden. Legen Sie sich nicht mit dem Dopamin an. Es schlägt hart zurück.

# VERLANGEN IST DAUERHAFT, GLÜCK IST FLÜCHTIG

Die Befriedigung eines Verlangens löst nicht unbedingt Freude aus, weil Wollen nicht das Gleiche ist wie Mögen. Dopamin macht Versprechungen, die es nicht halten kann. »Wenn du diese Schuhe kaufst, ändert sich dein Leben«, sagt das System des Verlangens. Das kann zwar passieren, aber es ist dann nicht dem Dopamin zu verdanken.

Dr. Kent Berridge, ein Psychologieprofessor und Neurowissenschaftler an der University of Michigan, hat gezeigt, wie sich das dopamingesteuerte System des Verlangens vom System des Mögens im Hier und Jetzt unterscheidet. Er stellte fest, dass eine Ratte, die eine Zuckerlösung kostete, ihren Gefallen daran ausdrückte, indem sie sich die Lippen leckte – tat sie das, dann war es ein Zeichen dafür, dass sie den Zucker mochte. Wenn sie mehr von der Lösung trank, dann drückte sie dadurch Verlangen aus. Als Berridge in das Gehirn der Ratte eine Substanz injizierte, die die Dopaminausschüttung ankurbelte, trank das Tier mehr Zuckerwasser, aber nichts deutete darauf hin, dass sie mehr Gefallen daran fand. Wenn er jedoch ein Hier-und-jetzt-Stimulans injizierte, leckte sich die Ratte dreimal so oft die Lippen. Plötzlich wurde das Zuckerwasser viel köstlicher.

In einem Interview mit dem *Economist* erklärte Berridge, dass das dopamingesteuerte System des Verlangens mächtig ist und großen Einfluss auf das Gehirn hat, während das System des Mögens winzig, zerbrechlich und viel schwieriger zu aktivieren ist. Der Unterschied zwischen beiden ist der Grund dafür, dass »die intensiven Freuden des Lebens seltener und unbeständiger sind als das intensive Verlangen«.

Am Mögen sind andere Schaltkreise im Gehirn beteiligt. Sie nutzen die Hier-und-jetzt-Neurotransmitter, nicht das Dopamin, um Botschaften zu senden. Das Mögen stützt sich auf dieselben chemischen Stoffe, die die langfristige Befriedigung durch kameradschaftliche Liebe fördern, also auf Endorphine und Endocannabinoide. Da Opiate wie Heroin und Oxycontin sowohl das (dopamingesteuerte) System des Verlangens als auch das (endorphingesteuerte) System des Mögens durcheinanderbringen, gehören sie zu den Drogen, die am stärksten süchtig machen. Ähnlich verhält es sich mit Marihuana. Es interagiert ebenfalls mit beiden Systemen, stimuliert also sowohl das Endocannabinoid- als auch das Dopaminsystem. Diese doppelte Wirkung hat ungewöhnliche Folgen.

Die Ankurbelung des Dopamins kann zur begeisterten Beschäftigung mit Dingen führen, die wir ansonsten für unwichtig erachten würden. Von Marihuanakonsumenten ist beispielsweise bekannt, dass sie schon mal vor einem Spültisch stehen und das aus dem Hahn tropfende Wasser beobachten, gefesselt vom normalerweise banalen Anblick der monoton fallenden Wassertropfen. Die Dopamin ankurbelnde Wirkung ist auch offensichtlich, wenn Marihuanaraucher sich in ihren Gedanken verlieren und ziellos durch imaginäre Welten treiben, die sie selbst geschaffen haben. Andererseits unterdrückt Marihuana in manchen Situationen das Dopamin und imitiert dann die Wirkung der Hier-und-jetzt-Moleküle. In diesem Fall scheinen Aktivitäten, die üblicherweise mit Verlangen und Motivation assoziiert werden, zum Beispiel Arbeiten, Studieren oder Duschen, weniger wichtig zu sein.

## IMPULSIVITÄT UND DIE ABWÄRTSSPIRALE

Viele Entscheidungen, die Süchtige treffen, vor allem die schädlichen, fallen impulsiv. Impulsives Verhalten kommt vor, wenn wir der sofortigen Lustbefriedigung zu viel Wert beimessen und den langfristigen

Folgen zu wenig. Dopamin überwältigt die eher rationalen Gehirnareale. Wir treffen Entscheidungen, von denen wir wissen, dass sie uns schaden; aber wir fühlen uns nicht imstande zu widerstehen. Es ist, als hätte das überwältigende Verlangen nach sofortiger Lust den freien Willen gelähmt. Es kann sich um eine Tüte Kartoffelchips handeln, wenn wir eine Diät machen, oder um eine teure Partynacht, die wir uns eigentlich nicht leisten können.

Drogen, die das Dopamin ankurbeln, können auch impulsives Verhalten fördern. Ein Kokainsüchtiger sagte einmal: »Wenn ich eine Line Kokain schnupfe, fühle ich mich wie ein neuer Mensch. Und das Erste, was ein neuer Mensch will, ist noch eine Line Kokain.« Wenn ein Süchtiger sein Dopaminsystem stimuliert, reagiert dieses mit dem Verlangen nach noch mehr Stimulierung. Deshalb rauchen die meisten Kokainsüchtigen Zigaretten, wenn sie Kokain konsumieren. Wie Kokain regt auch Nikotin die Dopaminausschüttung an, aber es ist billiger und leichter zu beschaffen.

Tatsächlich ist Nikotin eine ungewöhnliche Droge, weil sie sehr wenig bewirkt, abgesehen davon, dass sie zu zwanghaftem Konsum führt. Roland R. Griffiths, Professor für Psychiatrie und Verhaltenswissenschaften im Fachbereich Medizin der John Hopkins University, erklärt: »Wenn Sie Menschen zum ersten Mal Nikotin geben, mögen die meisten es nicht. Das unterscheidet es von vielen anderen süchtig machenden Drogen, von denen die meisten Menschen behaupten, sie hätten den ersten Konsum genossen und würden es wieder probieren.« Nikotin macht nicht high wie Marihuana, berauscht nicht wie Alkohol und lässt einen nicht aufgedreht werden wie Speed. Manche Leute sagen, es entspanne sie oder es mache sie wacher, aber in Wahrheit lindert es hauptsächlich das Verlangen nach dem Nikotin selbst. Es ist der perfekte Kreislauf. Das Einzige, was Rauchen uns bringt, ist, dass wir süchtig werden, um dann die Lust empfinden zu können, wenn unsere Gier gelindert wird. Der Raucher gleicht einem Mann, der den ganzen Tag einen schweren Stein mit sich herumschleppt, weil es so angenehm ist, ihn abzusetzen.

Sucht entsteht durch die chemische Kultivierung des Verlangens. Das empfindliche System, das uns sagt, was wir mögen oder nicht mögen, ist der rohen Kraft des Dopaminzwangs nicht gewachsen. Das Gefühl des Habenwollens wird überwältigend, und zwar unabhängig davon, ob uns an dem Objekt des Verlangens wirklich etwas liegt, ob es gut für uns ist oder ob es uns umbringen kann. Sucht ist kein Zeichen für einen schwachen Charakter oder für mangelnde Willenskraft. Sie entsteht, wenn Überstimulation das System des Verlangens in einen pathologischen Zustand versetzt.

Stimuliert man das Dopamin zu heftig und über einen zu langen Zeitraum hinweg, dann entwickelt es eine unbändige Kraft. Hat es einmal die Zügel in die Hand genommen, ist es nur noch schwer zu zähmen.

## DER PARKINSONPATIENT, DER BEIM VIDEOPOKER SEIN HAUS VERLOR

Nicht nur Partydrogen stimulieren das Dopamin. Auch manche verschreibungspflichtigen Medikamente haben diese Wirkung, und wenn sie das System des Verlangens zu stark aktivieren, kann das ungewollte Folgen haben. Die Parkinsonkrankheit ist eine Krankheit, bei der ein Schaltkreis im Gehirn, der für die Steuerung von Bewegungen zuständig ist, an Dopaminmangel leidet. Einfach ausgedrückt, können wir dann unsere innere Welt der Ideen nicht mehr in Taten umsetzen und der äußeren Welt nicht mehr unseren Willen aufzwingen. Gibt es nicht genügend Dopamin in diesem Schaltkreis beziehungsweise System, dann werden die Betroffenen steif und zittrig und bewegen sich langsam. Die Behandlung besteht darin, ihnen Medikamente zu geben, die die Dopaminproduktion ankurbeln.

Den meisten Menschen, die solche Medikamente einnehmen, geht es recht gut, doch etwa einer von sechs Patienten wird vergnügungssüchtig und geht dann zu hohe Risiken ein. Spielsucht, Hypersexualität und Kaufzwang sind die häufigsten Folgen einer zu starken Dopaminstimulation. Um mehr über diese Risiken herauszufinden, gaben britische Forscher 15 gesunden Freiwilligen ein Medikament namens L-Dopa, das im Gehirn in Dopamin umgewandelt wird und das man anwenden kann, um die Parkinsonkrankheit zu behandeln. Weitere 15 Freiwillige bekamen ein Placebo. Niemand wusste, wer das Medikament und wer das Scheinmedikament bekam.

Nach der Einnahme der Tabletten durften die Teilnehmer spielen. Die Wissenschaftler stellten fest, dass die Teilnehmer, die L-Dopa bekommen hatten, größere und riskantere Wetten eingingen als jene, die das Placebo eingenommen hatten. Bei Männern war diese Wirkung deutlicher als bei Frauen. Die Forscher fragten die Teilnehmer von Zeit zu Zeit, wie glücklich sie seien, und fanden keinen Unterschied zwischen den beiden Gruppen. Die erhöhte Dopaminausschüttung förderte zwar Zwangsverhalten, aber nicht die Befriedigung – sie kurbelte das Wollen an, nicht aber das Mögen.

Als die Wissenschaftler mit starken Magnetfeldern einen Blick in die Gehirne der Teilnehmer warfen, entdeckten sie noch einen Unterschied: Je aktiver die Dopaminzellen waren, desto mehr Geld erwarteten die Freiwilligen zu gewinnen.

Es ist nicht ungewöhnlich, dass Menschen sich auf diese Art selbst täuschen. Kaum etwas im täglichen Leben ist so unwahrscheinlich wie ein Hauptgewinn im Lotto. Es ist wahrscheinlicher, eineiige Vierlinge zu bekommen oder von einem umkippenden Verkaufsautomaten erschlagen zu werden. Es ist mehr als 100-mal wahrscheinlicher, vom

Blitz getroffen zu werden, als einen Hauptgewinn im Lotto zu erzielen. Trotzdem kaufen Millionen Menschen Tippscheine. »Irgendjemand muss gewinnen«, sagen sie. Ein Dopaminenthusiast, der seine Hingabe ans Lottospiel differenzierter betrachtete, drückte es so aus: »Man bekommt Hoffnung für kleines Geld.«

Einen Hauptgewinn in einer Lotterie zu erwarten, mag unvernünftig sein, doch es kann zu noch viel ernsteren Störungen des Urteilsvermögens kommen, wenn Menschen jeden Tag Medikamente einnehmen, die die Dopaminproduktion ankurbeln:

> Am 10. März 2012 reichten die Anwälte von Ian[2], einem 66-jährigen Einwohner von Melbourne, Australien, beim Bundesgericht eine Klage ein. Er verklagte das Pharmaunternehmen Pfizer und behauptete, dessen Parkinsonmedikament Cabaser sei schuld daran, dass er sein gesamtes Vermögen verloren habe.
>
> Bei Ian war 2003 Parkinson diagnostiziert worden. Sein Arzt hatte ihm Cabaser verschrieben und die Dosis ein Jahr später verdoppelt. Nun begannen die Probleme. Er fing an, an Videospielautomaten Poker zu spielen. Als Rentner bekam er eine bescheidene Rente von etwa 850 Dollar im Monat. Jeden Monat steckte er den gesamten Betrag in die Spielautomaten, aber das reichte ihm nicht. Er verkaufte sein Auto für 829 Dollar, verpfändete einen Großteil seines Besitzes für 6135 Dollar und lieh sich 3500 Dollar von Freunden und Verwandten. Dann nahm er bei vier Geldinstituten Kredite über insgesamt mehr als 50 000 Dollar auf und verkaufte am 7. Juli 2006 schließlich sein Haus.
>
> Insgesamt verspielte dieser Mann trotz seiner bescheidenen Mittel mehr als 100 000 Dollar. Im Jahr 2010 schaffte er es end-

2 Um die Privatsphäre zu schützen, haben wir in diesem Buch Personen anonymisiert oder Beispielfälle vermischt.

lich aufzuhören, nachdem er einen Artikel über den Zusammenhang zwischen Parkinsonmedikamenten und Spielsucht gelesen hatte. Er hörte auf, Cabaser einzunehmen, und das Problem löste sich von selbst.

Warum führen Parkinsonmedikamente bei manchen Menschen zu destruktivem Verhalten, bei den meisten anderen aber nicht? Möglicherweise wurden sie mit einer genetischen Anfälligkeit geboren. Menschen, die schon früher regelmäßig spielten, werden häufiger spielsüchtig als andere, wenn sie Parkinsonmedikamente einnehmen. Das lässt darauf schließen, dass bestimmte Persönlichkeitsmerkmale das Risiko erhöhen.

Eine weitere mögliche Nebenwirkung von Parkinsonmedikamenten ist Hypersexualität. Eine Fallserie der Mayo-Klinik – dabei werden Patienten mit einem bestimmten Krankheitstyp längere Zeit beobachtet – beschrieb einen 57 Jahre alten Mann, der L-Dopa einnahm. Er »hatte zweimal täglich Sex, wenn möglich, sogar noch häufiger. Sowohl er als auch seine Frau arbeiteten ganztägig und seiner Frau fiel es wegen ihres vollen Terminkalenders schwer, ihn zu befriedigen.« Als er mit 62 Jahren Rentner wurde, verschlimmerte sich die Situation noch. Er machte zwei jungen Damen in seinem erweiterten Familienkreis sexuelle Avancen, ebenso Frauen in der Nachbarschaft. Schließlich musste seine Frau ihren Job aufgeben, um seinen Geschlechtstrieb zu befriedigen.[3]

Ein anderer Patient verbrachte täglich Stunden in Chatrooms für Erwachsene. Doch selbst Menschen, die gesund sind und keine Medika-

3 Dieses Problem betrifft vor allem Männer, aber Frauen sind auch nicht immun dagegen. In der Fallserie der Mayo-Klinik, die 13 Patienten umfasst, waren zwei Frauen vertreten, die vor Beginn der Therapie beide ledig und sexuell abstinent gewesen waren.

mente einnehmen, sind anfällig für den Dopaminschub durch Pornografie, den das Internet noch verstärkt.

Natürlich brauchen Sie keine Parkinsonmedikamente, die durch das Gehirn zirkulieren, um Ihr Leben durch sexuelle Obsession auf den Kopf zu stellen. Dazu reicht in manchen Fällen die furchterregende Triade aus Dopamin, Technik und Pornografie.

## MEHR, MEHR, MEHR: DOPAMIN UND DIE MACHT DER PORNOGRAFIE

*Noah, 28 Jahre alt, suchte Hilfe, weil er nicht aufhören konnte, Pornografie zu konsumieren. Er war in einer katholischen Familie aufgewachsen und hatte im Alter von 15 Jahren zum ersten Mal Kontakt mit Pornografie gehabt. Damals hatte er im Internet nach etwas ganz anderem gesucht, als er plötzlich auf das Foto einer nackten Frau gestoßen war. In diesem Augenblick, so sagte er, sei er süchtig geworden.*

*Anfangs war es noch nicht so schlimm. Er hatte Internetzugang über ein DFÜ-Modem und »es dauerte ewig, bis ein Bild lud«. Das war sein Glück. Die Technik begrenzte seinen täglichen Konsum. Er beschrieb die Bilder, die er in dieser Anfangszeit betrachtete, als »zahm«. Doch mit der Zeit änderte sich beides. Ein Breitbandanschluss ermöglichte ihm den sofortigen Zugriff auf Bilder und er konnte seiner täglichen Routine nun auch Videos hinzufügen. Die zahmen Bilder wurden durch die Abbildungen extremerer Handlungen ersetzt und er brauchte immer härtere Pornografie, um in Erregung zu geraten.*

*Er hielt sein Verhalten für eine Sünde, ein moralisches Versagen, und nutzte seine Bindung an die Kirche, um sein Zwangsverhalten in den Griff zu bekommen. Er ging regelmäßig zur Beichte und erhielt moralischen Beistand, der ihm half, seine Sucht zu begrenzen. Doch als er nach Übersee versetzt wurde, geriet alles aus den Fugen. Er verstand die fremde Sprache nicht und war gesellschaftlich isoliert. Sein Zwangsverhalten flackerte wieder auf und wurde schlimmer denn je. »Das Schlimme daran«, sagte er, »ist der innere Kampf. Es ist ein Krieg gegen mich selbst.« Da er sich jetzt völlig machtlos fühlte, glaubte er nicht mehr, nur moralisch gescheitert zu sein. »Ich muss auf der chemischen Ebene dagegen ankämpfen, denn irgendwann möchte ich heiraten.«*

Dank des Internets sind sexuell eindeutige Inhalte heute leichter verfügbar denn je. Manche Menschen sind der Meinung, man könne nach Pornografie süchtig werden, selbst wenn man gesund sei und keine Medikamente einnehme. Im Jahr 2015 behauptete die *Daily Mail*, dass jeder 25. junge Erwachsene in Großbritannien als sexsüchtig gelte.

Ein Reporter der Zeitung sprach mit Forschern der Universität Cambridge, die ihm Experimente beschrieben, in denen sie junge Männer in Hirnscanner gesteckt und ihnen dann pornografische Videos gezeigt hatten. Wie erwartet, hatte ihr Dopaminsystem aufgeleuchtet. Das System normalisierte sich, als sie den Probanden gewöhnliche Videos vorführten.

Die Wissenschaftler setzten andere Freiwillige vor einen Computer und stellten fest, dass Bilder von unbekleideten Frauen mehr als alle anderen Internetinhalte junge Männer dazu brachten, zwanghaft daraufzuklicken. Außerdem zeigte sich, dass Menschen, denen »sehr erregende sexuelle Bilder« gezeigt wurden, abgelenkt wurden, wenn sie versuchten, sich auf etwas anderes zu konzentrieren. (Amateurforscher können dieses Experiment zu Hause ausprobieren.) Am Ende der Studie kamen die Wissenschaftler zu dem Schluss, dass zwanghaftes sexuelles Verhalten vom leichten Zugang zu sexuellen Bildern im Internet angetrieben wird.

## DIE MACHT DES LEICHTEN ZUGANGS

Für das Entwickeln einer Sucht ist der leichte Zugang von Bedeutung. Mehr Menschen werden von Zigaretten und Alkohol abhängig als von Heroin, obwohl Heroin das Gehirn auf eine Weise beeinflusst, die mit größerer Wahrscheinlichkeit eine Sucht auslöst. Zigaretten und Alkohol sind für die Volksgesundheit ein größeres Problem, weil sie so leicht zu beschaffen sind. Die wirksamste Methode, die Probleme einzudämmen, die diese Substanzen verursachen, besteht darin, den Zugang zu ihnen zu erschweren.

Wir alle kennen die Antitabakwerbung in Bussen und U-Bahnen. Sie ist unwirksam. Schulkinder werden im Unterricht aufgefordert, Nein zu Drogen und Alkohol zu sagen. Oft nimmt der Konsum nach solchen Kampagnen zu, weil sie die Neugier der Heranwachsenden erregen. Das Einzige, was nachweislich hilft, sind Steuern auf diese Produkte und eingeschränkte Kaufmöglichkeiten. Diese Maßnahmen führen zu einem Rückgang des Konsums.[4]

Während der Zugang zu Tabak erschwert wurde, ist der Zugang zu Pornografie leichter geworden. Früher glich es einer Tortur, sich sexuell

4 Dennoch sind höhere Preise für Alkohol und vor allem für Zigaretten umstritten. Immer weniger Menschen rauchen. Diejenigen, die es entgegen dem Trend dennoch tun, sind meist eher arm und weniger gebildet. Deshalb treffen höhere Steuern sie am härtesten. Das ist das Gegenteil eines Steuersystems, das Wohlhabenden einen größeren Teil der Steuerlast auferlegt. Die Verteidiger dieser Strategie argumentieren, dass höhere Steuern zwar schmerzlich seien, aber das Risiko für Krebs, Emphysem und Herzkrankheiten senkten, was schwerer wiege.

freizügige Bilder zu beschaffen. Die Leute mussten den Mut haben, ins Geschäft zu gehen und sich dort ein Magazin auszusuchen. Dann konnten sie nur darauf hoffen, dass an der Kasse keine Person des anderen Geschlechts saß. Heute sind pornografische Bilder und Videos innerhalb von Sekunden und völlig anonym erhältlich. Peinlichkeit oder Scham stellen keine Hindernisse mehr dar.

Bisher wissen wir noch nicht, ob zwanghafter Konsum von Pornografie genau das Gleiche ist wie eine Drogensucht, doch beide haben einiges gemeinsam. Wie ein Drogensüchtiger auch verbringt jemand, der obsessiv Pornografie konsumiert, immer mehr Zeit mit seiner zwanghaften Aktivität – manchmal viele Stunden täglich. Diese Menschen geben andere Aktivitäten auf, damit sie sich ganz auf einschlägige Internetseiten konzentrieren können. Sexuelle Kontakte mit der Partnerin oder dem Partner werden meist seltener und weniger befriedigend. Ein junger Mann ging gar nicht mehr mit Frauen aus. Er erklärte, er konsumiere lieber Pornografie, als mit einer Frau auszugehen, weil die Frauen auf den Bildern nichts von ihm verlangten und niemals Nein sagten.

Wie eine Droge kann auch Pornografie zur Gewöhnung führen. Dann wirkt die »Startdosis« nicht mehr so gut. Als man Sexsüchtigen wiederholt dieselben sexuellen Bilder zeigte, nahm ihr Interesse ab. Die Aktivität ihres Dopaminsystems ging ebenfalls zurück, wenn die Bilder immer wieder gezeigt wurden. Das Gleiche geschah, als man gesunden Männern wiederholt dasselbe pornografische Video zeigte. Sobald man ihnen ein neues Video vorführte, wurde ihr Dopaminsystem wieder aktiver. Diese Erfahrung – Dopaminschub, Dopaminflaute (bei denselben Bildern), neuer Dopaminschub (bei neuen Bildern) – drängt die Süchtigen, ständig nach neuem Material zu suchen. Das könnte erklären, warum das Surfen auf Sexseiten im Internet zu einem Zwang werden kann. Es ist schwer, den Forderungen des Dopaminsystems zu widerstehen, vor allem wenn es um etwas geht, was aus evolutionärer

Sicht so wichtig ist wie Sex. Die Wissenschaftler, die die Studie durchführten, fanden auch eine Diskrepanz zwischen Verlangen und Mögen, ähnlich wie bei der Drogensucht: »Bei Sexsüchtigen nahm das Verlangen zu, wenn sie Pornografie betrachteten, aber sie bewerteten besonders explizite Videos nicht unbedingt höher, wenn es um das Mögen ging.«

## MACHEN AUCH VIDEOSPIELE SÜCHTIG?

Nicht nur Pornografie kann Menschen an den Computer fesseln. Manche Wissenschaftler behaupten, Videospiele könnten ebenfalls süchtig machen. In mancher Hinsicht ähneln Videospiele den Spielen im Kasino. Wie Spielautomaten überraschen auch Videospiele den Spieler mit unvorhergesehenen Belohnungen. Aber sie tun noch mehr, und das kann sie zu noch stärkeren Dopaminstimulanzien machen. Als der Psychologe Douglas Gentile von der Iowa State University dieses Problem untersuchte, stellte er fest, dass nahezu einer von zehn Spielern im Alter zwischen 8 und 18 Jahren süchtig war, was zu großen familiären, gesellschaftlichen, schulischen oder psychischen Beeinträchtigungen führte. Diese Suchtquote ist über fünfmal höher als bei Kasinospielern, gibt der US-amerikanische Forschungsrat für krankhaftes Spielen an. Wie ist dieser große Unterschied in der Zahl der Süchtigen zu erklären?

Zum Teil liegt es daran, dass Gentile heranwachsende Spieler untersuchte. Bei erwachsenen Spielern kommen schwere negative Folgen selten vor. Das Gehirn eines Heranwachsenden ist hingegen nicht vollständig entwickelt, sodass sie sich möglicherweise wie Erwachsene mit einem Hirnschaden verhalten. Vor allem die Frontallappen der Jugendlichen unterscheiden sich von denen der Erwachsenen; sie sind erst mit

Anfang 20 vollständig entwickelt. Das ist ein Problem, denn erst die Frontallappen bieten Erwachsenen ein gutes Urteilsvermögen. Sie wirken wie eine Bremse, die uns warnt, wenn wir etwas Riskantes tun wollen. Ohne einwandfrei arbeitende Frontallappen handeln Heranwachsende impulsiv und treffen häufiger unkluge Entscheidungen, selbst wider ihr besseres Wissen.

Doch das ist nicht alles. Videospiele sind komplexer als Spielautomaten und deshalb haben die Programmierer mehr Möglichkeiten, Funktionen einzubauen, die zu einer Dopaminausschüttung führen, damit es den Spielern schwerfällt aufzuhören.

Bei Videospielen geht es allein um die Fantasie. Wir tauchen in eine Welt ein, in der unsere Träume wahr werden können und in der das realitätsscheue Dopamin sich in endlosen Möglichkeiten aalen kann. Wir können Territorien erkunden, die sich ständig ändern und dafür sorgen, dass die Überraschungen nie aufhören. Wir beginnen vielleicht in der Wüste und wandern anschließend durch einen Regenwald und danach durch eine finstere Gasse in einer düsteren Vorstadthölle. Dann befinden wir uns plötzlich in einer Rakete, die auf einen fremden Planeten zurast.

Aber die Spieler erkunden nicht nur. Bei Videospielen geht es um den Fortschritt. Die Spieler wollen die Zukunft besser machen als die Gegenwart. Sie steigen von einer Ebene zur nächsten auf, während ihre Kraft und ihre Fähigkeiten zunehmen. So werden Dopaminträume wahr. Damit ein Spieler immer bestrebt ist weiterzukommen, zeigt der Bildschirm stets die Punkte an, die er angesammelt hat, oder er kann anhand von Balkendiagrammen ablesen, wie weit er gekommen ist. So wird er dazu gebracht, *mehr* zu wollen.

Videospiele verheißen viele Belohnungen. Die Spieler sammeln Münzen, gehen auf Schatzsuche oder fangen magische Einhörner, um die nächste Ebene zu erreichen. Ihre Erwartungen befinden sich nie im Gleichgewicht, weil sie nie wissen, wo die nächste Belohnung kommen wird. In manchen Spielen muss man Ungeheuer töten, um Punkte zu verdienen, in anderen öffnet man Schatztruhen.

Wenn ein Spieler eine neu entdeckte Truhe öffnet, enthält sie vielleicht etwas, wonach er sucht – aber nicht immer. Angenommen, Sie müssen sieben Edelsteine sammeln und jede Truhe, die Sie öffnen, enthält einen, dann ist das völlig vorhersehbar. Es gibt keine Überraschungen, keinen Belohnungsvorhersagefehler, kein Dopamin. Wenn Sie jedoch 1000 Truhen öffnen müssten, um einen einzigen Edelstein zu finden, dann wäre das so frustrierend, dass jeder aufgäbe. Wie entscheidet ein Spieleentwickler, wie viele Truhen einen Edelstein enthalten müssen? Anhand von Daten. Sehr vielen Daten.

Onlinespiele sammeln ständig Daten zu den Spielern. Wie lange spielen sie? Wann hören sie auf? Welche Erfahrungen bewirken, dass sie länger spielen oder aufgeben? Dem Spieltheoretiker Tom Chatfield zufolge haben die größten Onlinespiele Milliarden von Einzeldaten über ihre Spieler angehäuft. Sie wissen genau, was das Dopamin aktiviert und was es abschaltet. Allerdings denken Spieleentwickler dabei nicht an Dopamin; sie interessiert nur, »was funktioniert«.

Was also sagen uns die Daten über den idealen Anteil an Schatztruhen, die Edelsteine enthalten sollten? Es hat sich herausgestellt, dass die magische Quote ein Viertel beträgt. Dann spielen die Leute am längsten. Und es gibt keinen Grund, die restlichen drei Viertel leer zu lassen. Spieleentwickler legen in die Truhen ohne Edelsteine geringwertige Belohnungen, sodass jede einzelne Truhe eine Überraschung enthält. Es kann eine kleine Münze oder ein Zielfernrohr für Ihr Gewehr sein. Vielleicht ist es eine Sonnenbrille, mit der Ihre Onlinefigur cool aussieht. Oder es ist etwas derart Mächtiges, dass es Ihnen im Spiel ganz neue Möglichkeiten eröffnet. Chatfield meint, eine Belohnung dieser Art solle nur in einer von 1000 Schatzkisten enthalten sein. (Übrigens lässt das Spiel wahrscheinlich nicht zu, dass Sie mit nur sieben Edelsteinen die nächsthöhere Ebene erreichen. Aus den Milliarden Daten lässt sich schließen, dass 15 die optimale Zahl ist; sie bringt die Spieler dazu, so lange wie möglich zu spielen.)

Videospiele bieten darüber hinaus auch Hier-und-jetzt-Spaß, der sie noch attraktiver macht. Viele Spiele können Sie mit Freunden spielen. Der Spaß, den wir haben, wenn wir allein deshalb Kontakte pflegen, weil wir mit anderen zusammen sein wollen, ist eine Hier-und-jetzt-Erfahrung. Wenn wir hingegen zusammenkommen, um ein gemeinsames Ziel zu erreichen, aktivieren wir Dopamin, weil wir auf eine bessere Zukunft hinarbeiten (selbst wenn es nur darum geht, den Stützpunkt des Feindes zu erobern). Videospiele bieten uns beide Arten von sozialem Spaß.

Viele Videospiele sind zudem schön, und auch das fördert den Hier-und-jetzt-Genuss. Einige sind sogar überwältigend, weil viele talentierte Menschen unter hohen Kosten angeworben wurden, um sie zu kreieren. Die *Los Angeles Times* berichtete, an der Entwicklung des Spiels *Star Wars: The Old Republic* hätten mehr als 800 Menschen auf vier Kontinenten mitgewirkt und die Kosten dafür hätten mehr als 200 Millionen US-Dollar betragen. Die Welt dieses Spiels ist riesig. Man müsste mehr als 1600 Stunden lang spielen, um allen Handlungsfäden zu folgen. Es ist riskant, so viel Geld für die Entwicklung eines Spiels auszugeben, aber der mögliche Gewinn ist groß. *Grand Theft Auto*, eine der erfolgreichsten Videospielserien, brachte bei der Veröffentlichung seiner fünften Generation innerhalb von nur drei Tagen eine Milliarde US-Dollar ein. Amerikaner geben mehr als 20 Milliarden US-Dollar im Jahr für Videospiele aus. Für Kinokarten gaben sie 2016, im erfolgreichsten Kinojahr der Geschichte, nur halb so viel Geld aus.

## DOPAMIN KONTRA DOPAMIN

Es ist ganz natürlich, das Habenwollen mit dem Mögen zu verwechseln. Ist es nicht selbstverständlich, dass wir die Dinge haben wollen, die wir mögen? Das träfe zu, wenn wir rationale Geschöpfe wären, und trotz aller Beweise für das Gegenteil glauben wir immer noch, wir seien rational. Aber wir sind es nicht. Wir wünschen uns oft Dinge, die wir nicht mögen. Unser Verlangen kann uns dazu bringen, Dinge zu tun, die unser Leben zerstören können, zum Beispiel Drogen zu nehmen, exzessiv zu spielen oder sich anderen nicht beherrschbaren Verhaltensweisen zu ergeben.

Das dopamingesteuerte System des Verlangens ist mächtig. Es fokussiert die Aufmerksamkeit, es motiviert und erregt uns. Es hat einen tief greifenden Einfluss auf unsere Entscheidungen. Aber es ist nicht allmächtig. Süchtige werden clean. Wer Diät hält, nimmt ab. Manchmal schalten wir den Fernseher aus, klettern vom Sofa und gehen laufen. Welches System im Gehirn ist so mächtig, dass es sich dem Dopamin widersetzen kann? Das Dopaminsystem. Dopamin kämpft gegen Dopamin. Wir können das System, das sich dem System des Verlangens widersetzt, *Dopamin-Kontrollsystem* nennen.

Vielleicht erinnern Sie sich daran, dass das zukunftsorientierte Dopamin in vielen Situationen die Aktivität des Hier-und-jetzt-Systems hemmt und umgekehrt. Wenn Sie überlegen, wo Sie heute Abend essen gehen sollen, schmeckt Ihnen das Sandwich, das Sie zu Mittag haben, wahrscheinlich nicht. Aber es gibt auch Widerstände im zukunftsorientierten Dopaminsystem selbst.

Warum entwickelt das Gehirn Systeme, die gegeneinander arbeiten? Wäre es nicht sinnvoller, alle an einem Strang ziehen zu lassen? Nein. Systeme, die gegensätzliche Kräfte enthalten, sind leichter zu steuern. Deshalb haben Autos sowohl ein Gaspedal als auch eine Bremse und deshalb gibt es im Gehirn unterschiedliche Schaltkreise oder Systeme, die gegeneinander arbeiten.

Es überrascht nicht, dass am Dopamin-Kontrollsystem auch die Frontallappen beteiligt sind, also der Teil des Gehirns, der auch *Neokortex* genannt wird, weil er sich am spätesten entwickelt hat. Durch ihn sind Menschen einzigartig. Er stellt uns die Fantasie zur Verfügung, mit der wir uns noch weiter in die Zukunft versetzen können, als es dem System des Verlangens gelingt. Darum können wir langfristige Pläne schmieden. Zudem hilft er uns, in dieser Zukunft unsere Ressourcen zu maximieren, indem wir neue Werkzeuge erfinden und abstrakte Konzepte verwenden, Konzepte, die sich über das Hier und Jetzt der Sinne erheben, zum Beispiel Sprache, Mathematik und Wissenschaft. Es ist äußerst rational. Es fühlt nicht, weil Gefühle ein Phänomen im Hier und Jetzt sind. Wie wir im folgenden Kapitel sehen werden, ist es kalt, berechnend und skrupellos. Es tut alles, was notwendig ist, um sein Ziel zu erreichen.

*Triebkraft ohne Vernunft ist nicht genug und Vernunft ohne Triebkraft ist ein schlechter Notbehelf.*

William James

*Ein kühles Urteil ist so viel wert wie ein Dutzend hastige Ratschläge.*

Woodrow Wilson

Kapitel 3

# HERRSCHAFT

**Wie weit gehen Sie?**

*In diesem Kapitel zeigen wir, wie Dopamin uns dazu bringt, Schwierigkeiten, Widerstände, Gefühle und Schmerzen zu überwinden, damit wir unsere Umgebung beherrschen können.*

## PLANEN UND BERECHNEN

Verlangen allein hilft Ihnen selten weiter. Sie müssen herausfinden, wie Sie das Gewünschte bekommen und ob es sich überhaupt lohnt, es zu besitzen. Wenn wir handeln, ohne über das *Wie* und *Was nun* nachzudenken, ist Scheitern nicht einmal die schlimmste mögliche Folge. Vielleicht essen wir dann nur ein wenig zu viel, es kann aber auch sein, dass wir hemmungslos spielen oder Drogen konsumieren – oder Schlimmeres.

Dopamin weckt unser Verlangen. Es ist die Quelle der Gier: *Gebt mir mehr!* Aber wir sind unserem zügellosen Verlangen nicht ausgeliefert.

Wir haben auch ein komplementäres Dopaminsystem, das abwägt, welches *Mehr* lohnend ist. Es verleiht uns die Fähigkeit, Pläne zu schmieden, Strategien zu entwerfen und unsere Umwelt so zu beherrschen, dass wir bekommen, was wir haben wollen. Wie kann eine einzige chemische Substanz beides bewirken? Denken Sie an den Raketentreibstoff, der die Haupttriebwerke eines Raumschiffs mit Energie versorgt. Derselbe Treibstoff, der die Rakete vorantreibt, versorgt auch die Düsen, mit denen man die Richtung ändern kann, und die Bremsraketen, die das Raumschiff verlangsamen. Alles hängt davon ab, welchen Weg der Treibstoff nimmt, bevor er gezündet wird. Die unterschiedlichen Funktionen arbeiten zusammen, um das Schiff an sein Ziel zu bringen. Ähnlich verhält es sich mit dem Dopamin: Es fließt durch verschiedene Schaltkreise im Gehirn mit unterschiedlichen Funktionen, aber einem gemeinsamen Ziel: unablässig daran zu arbeiten, die Zukunft zu verbessern.

Verlangen wird ausgelöst, wenn das Dopamin durch das mesolimbische System strömt, das wir *Dopaminsystem des Verlangens* nennen. Berechnung und Planung – die Mittel, mit denen wir Situationen beherrschen – erfolgen im mesokortikalen System, das wir *Dopamin-Kontrollsystem* nennen (Abbildung 3). Warum Kontrollsystem? Weil es den Zweck hat, den vom Dopamin ausgelösten unbeherrschbaren Drang in den Griff zu bekommen und die rohe Energie einem lohnenden Ziel zuzuführen. Zudem nutzt es abstrakte Konzepte und zukunftsorientierte Strategien, damit wir unsere Umwelt kontrollieren und dominieren können.[1]

---

1 Wir verwenden das Wort *Umwelt* anders als üblich. Die meisten Menschen denken dabei an die natürliche Welt, die wir schützen müssen. Neurowissenschaftler benutzen das Wort für alles in der äußeren Welt, was unser Verhalten und unsere Gesundheit beeinflusst, im Gegensatz zum Einfluss unserer Gene. Zur Umwelt gehören also nicht nur Berge, Bäume und Gras, sondern auch Menschen, Beziehungen, Nahrung und Schutz.

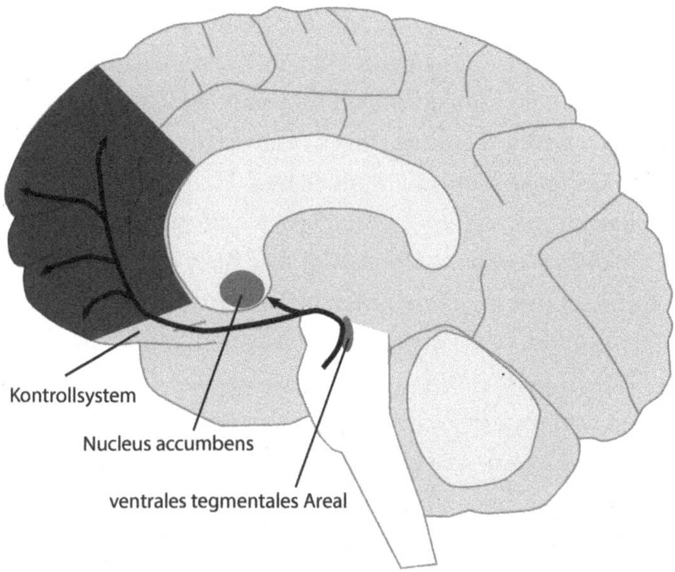


Abbildung 3

Außerdem ist das Dopamin-Kontrollsystem die Quelle der Fantasie. Es lässt uns in die Zukunft blicken und zeigt uns die Folgen der Entscheidungen, die wir jetzt treffen. Damit hilft es uns zu wählen, welche Zukunft wir bevorzugen. Und schließlich befähigt es uns zu planen, wie wir diese imaginäre Zukunft Realität werden lassen können. Wie das System des Verlangens, das sich nur um Dinge kümmert, die wir nicht haben, arbeitet das Dopamin-Kontrollsystem in der irrealen Welt des Möglichen. Beide Systeme beginnen an derselben Stelle, doch das System des Verlangens endet in einem Hirnareal, das Erregung und Begeisterung auslöst, während das Kontrollsystem bis in die Frontallappen reicht, die sich auf logisches Denken spezialisiert haben.

Beide Systeme ermöglichen es uns somit, »Phantome« in Betracht zu ziehen, etwas, das physisch nicht existiert. Für das System des Verlangens sind diese Phantome Dinge, die wir haben wollen, aber jetzt noch nicht haben – Dinge, die wir uns für die Zukunft wünschen. Für das Dopamin-Kontrollsystem sind die Phantome die Bausteine der Fantasie und des kreativen Denkens: Ideen, Pläne, Theorien, abstrakte Konzepte wie Mathematik und Schönheit und Welten, die erst noch entstehen sollen.

Das Dopamin-Kontrollsystem trägt uns über das primitive *Ich will* hinaus. Es bietet uns die Hilfsmittel, mit denen wir unsere Umwelt begreifen, analysieren und formen können. Wir können Möglichkeiten vorwegnehmen, vergleichen und gegeneinander abwägen und dann Wege finden, um unsere Ziele zu erreichen. Bei diesem Kontrollsystem handelt es sich um eine erweiterte und komplexe Umsetzung der evolutionären Notwendigkeit, sich so viele Ressourcen wie möglich zu sichern. Im Gegensatz dazu ist das System des Verlangens das Kind auf dem Rücksitz, das seinen Eltern jedes Mal, wenn es eine Imbissbude, einen Spielzeugladen oder einen Hund auf dem Gehweg sieht, »Guckt mal! Guckt mal!« zuruft. Das Dopamin-Kontrollsystem ist die Mutter am Lenkrad, die jede Aufforderung hört und überlegt, ob es sich lohnt, deswegen anzuhalten – und die entscheidet, was zu tun ist, wenn sie angehalten hat. Das Dopamin-Kontrollsystem nutzt die Erregung und Motivation, die das System des Verlangens zur Verfügung stellt, wägt die Möglichkeiten ab, wählt die geeigneten Mittel aus und entwirft eine Strategie, um zu bekommen, was es haben will.

Angenommen, ein junger Mann will sein erstes Auto kaufen. Wenn er nur ein System des Verlangens hätte, würde er das erste Auto kaufen, das ihm ins Auge sticht. Doch weil er auch ein Kontrollsystem besitzt, kann er diesen Impuls verfeinern. Es gibt viele Gründe, ein bestimmtes Auto einem anderen vorzuziehen. Nehmen wir an, der junge Mann ist geizig und will das beste Auto kaufen, das er sich leisten kann, aber zum niedrigsten Preis. Er zapft die Energie aus dem Dopaminsystem des Verlangens an, verbringt Stunden im Internet, studiert Webseiten, die

Autos bewerten, und entwickelt sein Verhandlungsgeschick weiter. Er will jedes Detail kennen, um den Wert seines Kaufes zu maximieren. Beim Gespräch mit dem Autohändler ist er so gut vorbereitet, dass niemand ihn überrumpeln kann. Er fühlt sich gut: Weil er alle verfügbaren Informationen besitzt, hat er die Situation in Griff. Er beherrscht die Situation.

Stellen wir uns nun eine Frau auf dem Weg zur Arbeit vor. Sie fährt auf Umwegen zum Bahnhof, um den morgendlichen Berufsverkehr zu meiden. Am Bahnhof fährt sie in eine freie Ecke des Parkhauses, die nur wenige Leute kennen, und findet sofort einen Parkplatz. Sie wartet auf dem Bahnsteig genau an der Stelle, wo sich, wie sie weiß, die Tür des Pendlerzuges öffnen wird, sodass sie als Erste einsteigen kann und einen der wenigen freien Sitzplätze für die lange Fahrt in die Innenstadt ergattert. Sie fühlt sich gut: Sie hat ihren Weg zur Arbeit im Griff. Sie beherrscht die Situation.

Es macht Spaß, knifflige Probleme zu lösen und Strategien umzusetzen, die man entwickelt hat, um »die Unwägbarkeiten eines Autokaufs und der täglichen Fahrt zur Arbeit auszutricksen. Warum? Wie immer aktivieren die evolutionär eingeimpften Notwendigkeiten wie der Selbsterhaltungstrieb die Dopaminausschüttung. Dopamin ermutigt uns, unsere Ressourcen zu maximieren, indem es uns belohnt, wenn wir das tun. Wenn wir gute Arbeit leisten und unsere Zukunft besser und sicherer machen, erleben wir einen kleinen Dopaminschub.

## BEHARRLICHKEIT

*Ich bin nicht gescheitert. Ich habe 10 000 Wege gefunden, die nicht zum Ziel führen.*
**Thomas A. Edison**

*Ein junger Mann, der vor Kurzem seinen Collegeabschluss gemacht hatte, suchte einen Psychologen auf, weil er sich in seiner neuen Welt nicht zurechtfand. Er war kein sehr guter Schüler gewesen, hatte es aber geschafft, innerhalb der üblichen vier Jahre sein Examen abzulegen. Seiner Meinung nach hatten die klaren Regeln der Schule und der Zwang, alles rechtzeitig zu erledigen, ihm geholfen, Kurs zu halten. Jetzt fühlte er sich verloren.*

*Er hatte keinen Job und wusste nicht, was er tun wollte. Alles, was ihn interessierte, war Marihuana. Eine Zeit lang hatte er als Bedienung gearbeitet, war aber entlassen worden, weil er immer wieder zu spät oder gar nicht zur Arbeit erschienen war. Sein Vater besorgte ihm einen Bürojob, aber er verlor auch diesen, weil alle im Büro merkten, dass er kein Interesse an der Arbeit hatte, die man ihm gab. Er war nachlässig und gelangweilt und schließlich mieden ihn die Leute.*

*Mit seinen Beziehungen war es genauso. Im College hatte er eine langfristige Beziehung mit einer jungen Frau gehabt, doch nach dem Abschluss hatte sie sich von ihm getrennt. Sein Therapeut hielt das für gut, weil sie ihn ausgenutzt hatte. Sie brachte ihn dazu, Geschenke für sie zu kaufen und Pflichten aller Art für sie zu erledigen, ohne eine Spur von Zuneigung zu zeigen. Der junge Mann wusste, dass sie sich nichts aus ihm machte, trotzdem kehrte er immer wieder zu ihr zurück und hoffte auf einen Neuanfang der Beziehung. Sie weigerte sich, nutzte ihn aber weiter aus, wann immer sich ihr eine Gelegenheit bot. Sie bat ihn beispielsweise, vier*

*Stunden lang zu fahren und ihr eine Tischlampe zu bringen, die sie für ihre Wohnung haben wollte.*

*Die Therapie scheiterte. Eine Therapie ist harte Arbeit und die lag dem jungen Mann nicht. Er versuchte es mit vier Therapeuten, die verschiedene Methoden ausprobierten, doch nichts änderte sich. Drei Jahre später wusste er immer noch nicht, was er mit seinem Leben anfangen wollte. Er rauchte immer noch Marihuana und versuchte weiter, seine frühere Freundin zurückzugewinnen.*

Nicht alles im Leben läuft so, wie wir es erwarten. Wir lernen früh, dass wir mit einem Klebeband zerrissenes Papier flicken können, dass es sich aber nicht so gut dafür eignet, kaputtes Spielzeug und zerbrochene Teller zu reparieren. Ein Unternehmer, der in seiner Garage eine fantastische technische Neuerung entwickelt, muss oftmals feststellen, dass ihm niemand die Tür einrennt. Erfolg setzt jahrelange harte Arbeit voraus und so viele Änderungen an der ursprünglichen Idee, dass sie kaum noch erkennbar ist, wenn sie auf den Markt kommt. Es genügt nicht, sich die Zukunft nur vorzustellen. Um eine Idee in die Tat umzusetzen, müssen wir mit den knallharten Realitäten der materiellen Welt kämpfen. Wir brauchen nicht nur Wissen, sondern auch Beharrlichkeit. Dopamin, der chemische Stoff des zukünftigen Erfolges, hilft uns dabei.

## DER FALL DER RESOLUTEN RATTEN

Eine Möglichkeit, den Grad von Beharrlichkeit im Labor zu untersuchen, besteht darin zu messen, wie hart eine Ratte dafür arbeitet, Futter zu bekommen. Meist zählt man, wie oft sie einen Hebel betätigt, der dafür sorgt, dass ein Futterpellet in den Käfig rutscht. Vergrößert man die Zahl der notwendigen Hebelbetätigungen, kann man herausfinden, ob die Ratten entschlossen sind, ihre Anstrengungen entsprechend zu vergrößern.

Forscher der University of Connecticut wollten wissen, ob sie die Beharrlichkeit von Ratten beeinflussen konnten, wenn sie die Aktivität des Dopamins in ihrem Gehirn veränderten. Sie gaben Ratten so lange kalorienarmes Futter, bis die Tiere 15 Prozent ihres Gewichts verloren hatten – das entspricht etwa 11 Kilogramm bei einem durchschnittlichen Menschen. Als die Ratten richtig hungrig waren, gaben die Wissenschaftler ihnen die Gelegenheit, für Belohnungen in Form von Bio-Serv-Tabletten zu arbeiten. Für Ratten sind das Leckerbissen. Man bekommt sie in verschiedenen Geschmacksrichtungen, zum Beispiel Schokolade-Marshmallow, Piña Colada und Speck.

Zunächst teilten sie die Tiere in zwei Gruppen ein. Die erste war die Kontrollgruppe, die, abgesehen von der vorangegangenen Diät, nicht weiter manipuliert wurde. Den Tieren in der zweiten Gruppe injizierten die Forscher ein Neurotoxin ins Gehirn, das einen Teil der Dopaminzellen zerstörte. Dann begann das Experiment.

Das erste Experiment war einfach. Um einen Leckerbissen zu bekommen, musste jede Ratte den Hebel einmal drücken. Da sie dafür kaum arbeiten – also nicht beharrlich sein – mussten, legte dieser Versuch eine notwendige Bedingung fest: Er bewies, dass Ratten mit Dopamindefizit das Futter ebenso mochten wie normale Ratten. Das war wichtig; denn wenn die Tiere mit Dopamindefizit an den Leckerbissen kein Interesse mehr gehabt hätten, wäre es unmöglich gewesen zu testen, wie hart sie dafür arbeiten würden.

Wenn keine Arbeit notwendig war, drückten die Ratten mit Dopamindefizit den Hebel ebenso oft wie die normalen Ratten und fraßen die Tabletten, die sie bekommen hatten. Das war keine Überraschung, weil nicht zu erwarten war, dass sich am Mögen und Genießen wegen des Dopaminmangels etwas ändern würde. Als die Ratten jedoch härter arbeiten mussten, änderte sich doch einiges:

> Wenn die Zahl der notwendigen Hebelbetätigungen von eins auf vier erhöht wurde, drückten die normalen Ratten den Hebel im Laufe von 30 Minuten fast 1000-mal. Die Ratten mit Dopamindefizit waren nicht so motiviert; sie drückten den Hebel nur etwa 600-mal.
>
> Wenn die Tiere den Hebel 16-mal betätigen mussten, drückten die normalen Ratten ihn fast 2000-mal, während die Ratten mit Dopamindefizit sich kaum zusätzlich anstrengten. Sie bekamen nur ein Viertel der Tabletten, aber sie wollten trotzdem nicht härter arbeiten.
>
> Zum Schluss wurde die notwendige Zahl der notwendigen Hebelbetätigungen für eine einzige Tablette auf 64 erhöht. Die normalen Ratten schafften etwa 2500 Betätigungen, mehr als eine pro Sekunde während der vollen 30 Minuten. Die Ratten mit Dopaminmangel erhöhten ihre Anstrengungen kein bisschen. Sie drückten den Hebel sogar noch seltener als zuvor. Sie gaben einfach auf.

Der Dopaminmangel verringerte offenbar den Arbeitswillen der Ratten. Und ein weiteres Experiment bestätigte, dass die Zerstörung der Dopaminzellen die Beharrlichkeit verringerte, nicht das Mögen.

Eiscreme schmeckt immer gut, aber wenn Sie gerade erst eine große Mahlzeit beendet haben, möchten Sie wahrscheinlich nicht so viel Nachtisch, als wenn Sie nichts gegessen hätten. Wie viel Eiscreme Sie haben wollen, hängt nicht davon ab, wie hart Sie arbeiten oder wie faul Sie sind. Essen bedeutet Ihnen ganz einfach nicht so viel, wenn Sie nicht hungrig sind. Deshalb änderten die Forscher das Experiment: Sie manipulierten den Hunger.

Die Wissenschaftler stellten eine neue Rattengruppe zusammen, gaben den Tieren eine sättigende Mahlzeit und führten anschließend mit ihnen das Experiment durch. Auf allen Stufen der Anstrengung – selbst wenn sie nur einmal drücken mussten – betätigten die satten Tiere den Hebel nur halb so oft wie die hungrigen. Als für einen Leckerbissen die doppelte Leistung verlangt wurde, verdoppelten sie auch ihre Anstrengung. Wurde die Zahl der notwendigen Hebelbetätigungen vervierfacht, strengten sie sich viermal mehr an. Aber sie hörten immer auf, wenn sie ungefähr halb so viel gedrückt hatten wie die hungrigen Ratten. Sie bummelten nicht und sie gaben nicht auf. Sie wollten einfach nicht so viele Pellets fressen, weil sie nicht hungrig waren.

Die Ergebnisse enthüllen einen feinen, aber sehr wichtigen Unterschied. Das Hungergefühl (oder die Sattheit) bestimmte, wie sehr die Ratten die Pellets mochten, aber es verringerte nicht ihre Bereitschaft zu arbeiten. Hunger ist ein Hier-und-jetzt-Phänomen, eine unmittelbare Erfahrung, nicht eine vorwegnehmende, vom Dopamin gesteuerte. Wenn wir den Hunger oder eine andere sinnliche Erfahrung manipulieren, beeinflussen wir damit den *Wert* der Belohnung, die durch Arbeit verdient wird. Aber das Dopamin macht die Arbeit überhaupt erst möglich: kein Dopamin, keine Anstrengung.

Mit diesem Wissen fällt es uns leichter zu verstehen, wie Dopamin uns beeinflusst, wenn wir entscheiden, ob wir hart arbeiten oder es uns lieber einfach machen wollen. Manchmal wünschen wir uns ein extravagantes Essen und sind bereit, viel Zeit und Mühe in die Vorbereitung zu investieren. Ein andermal wollen wir nur entspannen – wir reißen vor dem Fernseher eine Tüte Chips auf, anstatt auch nur ein paar Minuten für eine einfache Mahlzeit zu arbeiten. Deshalb bestand der nächste Schritt im Experiment darin, eine Wahlmöglichkeit einzubauen.

Die Wissenschaftler stellten einen Bio-Serv-Automaten und eine Schale mit Laborfutter in einen Käfig. Das Laborfutter war fade, aber frei zugänglich – Arbeit war nicht nötig. Um die viel schmackhafteren Bio-Serv-Tabletten zu ergattern, mussten die Ratten viermal den Hebel drücken – ein minimaler Aufwand, aber immerhin ein Aufwand. Die Ratten mit normalem Dopamin stürzten sich sofort auf die leckeren

Pellets. Sie waren bereit, ein wenig zu arbeiten, um etwas Besseres zu bekommen. Die Ratten mit Dopaminmangel begnügten sich hingegen mit dem mühelos erreichbaren Laborfutter.

Die Fähigkeit, sich anzustrengen, ist vom Dopamin abhängig. Die Qualität dieser Anstrengung kann von vielen anderen Faktoren beeinflusst werden, doch ohne Dopamin gibt es erst gar keine Anstrengung.

## SELBSTWIRKSAMKEIT: DOPAMIN UND DIE MACHT DES SELBSTVERTRAUENS

Ein Pellet mit Speckaroma mag reichen, um eine Ratte zu motivieren, aber Menschen sind komplizierter. Wir müssen *glauben*, dass wir erfolgreich sein können, bevor wir *fähig* sind, erfolgreich zu sein. Das beeinflusst die Beharrlichkeit. Wir sind hartnäckiger, wenn wir früh Erfolg haben. Manche Diäten helfen Ihnen, in den ersten paar Wochen sechs oder sieben Pfund abzunehmen. Das ist so geplant, denn wenn Sie im selben Zeitraum nur ein oder zwei Pfund abnähmen, dann gäben Sie wahrscheinlich auf. Sie bleiben eher am Ball, wenn Sie sehen, dass Sie es schaffen können. Die Überzeugung, auch schwierige Herausforderungen aus eigener Kraft meistern zu können, nennen Wissenschaftler *Selbstwirksamkeit.*

Drogen wie Kokain und Amphetamin kurbeln die Dopaminproduktion an und eine Folge davon ist zunehmende Selbstwirksamkeit, oft in krankhaftem Ausmaß. Menschen, die diese Drogen missbrauchen, übernehmen bisweilen voller Zuversicht so viele Pflichten, dass es unmöglich ist, sie alle zu erfüllen. Bei schwer Süchtigen ist sogar Größenwahn möglich. Sie glauben vielleicht ohne jeden Grund, dass sie die beste wissenschaftliche Abhandlung aller Zeiten schreiben oder einen Apparat erfinden können, der die Probleme der Welt löst.

Unter normalen Umständen ist eine robuste Selbstwirksamkeit nützlich. Bisweilen wirkt sie wie eine sich selbst erfüllende Prophezeiung. Wenn Sie fest darauf vertrauen, dass Sie Erfolg haben werden, so kann das Hindernisse vor Ihren Augen schmelzen lassen.

## Beherrschung dank Tablette: Nebenwirkungen umfassen Optimismus, Gewichtsabnahme und Tod

Anfang der Sechzigerjahre verschrieben Ärzte in großen Mengen Amphetamin, das einen Dopaminschub auslöst, damit ihre Patienten »fröhlich, wach und optimistisch« wurden, wie es in einer zeitgenössischen Anzeige hieß. Die meisten Rezepte wurden für Frauen ausgestellt. Ihnen wurde doppelt so oft wie Männern Amphetamin verschrieben, um »ihren seelischen Zustand zu regulieren«. Ein Arzt erklärte, Amphetamin ermögliche es den Frauen, »nicht nur ihre Pflichten zu erfüllen, sondern sie sogar zu genießen«. Mit anderen Worten: Wenn Sie nicht gern kochen oder putzen, kann Speed Ihnen helfen.

Aber das ist nicht alles. Amphetamin machte Hausfrauen nicht nur glücklich und produktiv, es sorgte auch dafür, dass sie schlank blieben. Die Zeitschrift *Life* berichtete, in den Sechzigerjahren seien allein für diesen Zweck jährlich zwei Milliarden Tabletten verschrieben worden. Aber die Menschen nahmen nur vorübergehend ab und die Folgen waren oft dramatisch. Wer die Droge absetzt, nimmt sofort wieder zu. Wer sie weiter konsumiert, gewöhnt sich an sie und muss die Dosis ständig erhöhen, um die gleiche Wirkung zu erzielen. Das ist gefährlich. Zu viel Amphetamin kann die Persönlichkeit verändern und zu Psychosen, Herzinfarkten, Schlaganfällen und zum Tod führen.

»Ich fühlte mich charmant, witzig und schlau und unterhielt mich mit jedem«, schrieb eine Amphetaminkonsumentin. »Ich spürte einen Zwang, bei der Arbeit subtile, herablassende Bemerkungen gegenüber den eher dummen Kunden zu machen, unter dem Vorwand, ich wolle aufrichtig und hilfsbereit sein. Auch meine Familie hat mir gesagt, ich sei viel arroganter, höhnischer und herablassender geworden, und mein Bruder findet, dass ich mich in letzter Zeit für ›hammergeil‹ halte. Aber vielleicht ist er neidisch auf mich.« Ein anderer Konsument sagte einfach: »Wenn ich Speed nahm, fühlte ich mich wie ein junger Gott.« Allerdings leiden junge Götter nicht an tödlichen Nebenwirkungen.

*Eine Collegestudentin musste zum Flughafen, weil sie in den Frühjahrsferien nach Hause fliegen wollte. Wie die meisten Studenten war sie knapp bei Kasse, deshalb reservierte sie einen Platz in einem Shuttlebus, der sie für nur 15 US-Dollar zum Flughafen bringen sollte. Der Shuttle hielt regelmäßig an bestimmten Orten, und sie vereinbarte, dass man sie mittags um halb eins vor einem nahe gelegenen Hotel abholen sollte.*

*Erst um ein Uhr wurde sie unruhig. Als um halb zwei immer noch kein Bus kam, wusste sie, dass etwas nicht stimmte. Um zwei Uhr begann sie zu schwitzen. Sie hatte mehrere Male bei dem Service angerufen und man hatte ihr jedes Mal versichert, der Fahrer sei unterwegs. Das freundliche Angebot des Hotelportiers, ihr ein Taxi zu rufen, hatte sie bisher abgelehnt, aber jetzt wurde die Zeit knapp.*

*30 Minuten und 40 US-Dollar später stieg sie am Flughafen aus einem Taxi und lief sofort zum Schalter des Shuttleservice, wo sie die Differenz zwischen den Kosten für das Taxi und denen für den Shuttlebus verlangte. Es war eindeutig die Schuld der Firma. Man hatte ihr versprochen, sie um halb eins abzuholen, und diese Abmachung nicht eingehalten. Es war nicht fair, dass sie den Differenzbetrag bezahlen sollte. Das war eine Frage der Gerechtigkeit. Die Mitarbeiterin am Schalter war nicht berechtigt, ihr das Geld zu geben, aber die Kundin beharrte auf ihrem Standpunkt. Für sie war es unvorstellbar, dass sie sich nicht durchsetzen würde. Es dauerte nicht lange, bis die Angestellte des Shuttleservice ihre Kasse öffnete und der Studentin 25 US-Dollar überreichte.*

Wie ist das zu erklären? Warum veranlasst die zuversichtliche Erwartung, Erfolg zu haben, andere zum Nachgeben, selbst wenn es offenbar nicht in ihrem Interesse liegt? Meist hat das Ursachen, die den Betroffenen nicht bewusst sind.

Forscher im Fachbereich Betriebswirtschaft der Stanford University wollten herausfinden, welchen Einfluss subtiles, nonverbales Verhalten darauf hat, wie Menschen einander wahrnehmen. Sie stellten fest, dass Menschen, die sich breit machen, also eine Menge Raum einnehmen, als dominant wahrgenommen werden. Wenn sie sich dagegen klein machen und so wenig Raum wie möglich beanspruchen, werden sie als unterwürfig wahrgenommen.

Um zu erforschen, welche Wirkungen diese nonverbale Zurschaustellung von Dominanz beziehungsweise Unterwürfigkeit hat, setzten die Wissenschaftler zwei Personen des gleichen Geschlechts in einen Raum und forderten sie auf, sich über Fotos von berühmten Gemälden zu unterhalten. Damit wollten sie den wahren Zweck der Studie verbergen. Nur einer der beiden Menschen war eine echte Teilnehmerin. Die andere arbeitete für die Forscher. Sie nahm entweder eine dominante Körperhaltung ein (ein Arm lag auf der Lehne des benachbarten Stuhls, die Beine waren gekreuzt, sodass der rechte Knöchel auf dem linken Oberschenkel lag) oder aber eine unterwürfige Körperhaltung (Beine geschlossen, Hände im Schoß, leicht vorgebeugt). Die Frage war nun: Würde die Versuchsperson die Haltung der Mitarbeiterin imitieren oder eine gegensätzliche Haltung einnehmen?

Meist »spiegeln« wir das Verhalten der Menschen, mit denen wir reden. Wenn eine Person das Gesicht berührt oder gestikuliert, tut ihr Gegenüber das auch. Doch dieses Mal war es anders. Wenn die Mitarbeiterin sich dominant oder unterwürfig verhielt, nahmen die Versuchspersonen mit größerer Wahrscheinlichkeit die gegensätzliche Haltung ein – sie »spiegelten« die Haltung der anderen also nicht. Dominanz löste Unterwürfigkeit aus und Unterwürfigkeit löste Dominanz aus.

Das war jedoch nicht immer so. Eine Minderheit der Teilnehmer imitierte die Mitarbeiterin. Was sagte das über die zugrunde liegende Beziehung zwischen den beiden aus? Die Forscher gaben den Teilnehmern einen Fragebogen zum Ausfüllen. Sie wollten wissen, wie sie die Interaktion mit der Mitarbeiterin erlebten. Mochten sie sie? Fühlten sie sich wohl in ihrer Gegenwart? Es spielte keine Rolle, ob die Mitarbeiterin sich unterwürfig oder dominant gab. Teilnehmer, die eine gegensätzliche Haltung einnahmen, fanden sie nicht nur sympathischer, sie fühlten sich in ihrer Gesellschaft auch wohler als die Teilnehmer, die sie imitierten.

Zum Schluss stellten die Wissenschaftler den Teilnehmern eine Reihe von Fragen, um herauszufinden, ob ihnen klar war, wie sie auf die Mitarbeiterin reagierten. Wussten sie, dass ihre Körperhaltung von der Körperhaltung der anderen Person im Raum beeinflusst wurde? Wie sich zeigte, hatten sie keine Ahnung. Alles spielte sich unbewusst ab.

Ohne dass es uns bewusst wäre, wissen wir es, wenn ein Mensch von seinem Erfolg überzeugt ist, und wir legen uns nicht mit ihm an. Wir unterwerfen uns seinem Willen, dem überwältigenden Ausdruck seiner Selbstwirksamkeit, angefeuert vom Dopamin. Unser Gehirn hat sich aus gutem Grund so entwickelt: Es ist nicht ratsam zu kämpfen, wenn man nicht gewinnen kann. Wenn Sie Signale empfangen, die Ihnen sagen, dass Ihr Gegner fest von seinem Erfolg überzeugt ist, sollten

Sie einen Kampf wahrscheinlich besser vermeiden. Dieses Verhalten ist bei nichtmenschlichen Primaten ebenfalls klar zu sehen. Unterwürfige Schimpansen ziehen sich zusammen, um so klein wie möglich zu erscheinen. Wenn Schimpansen auf dominantes Verhalten jedoch ihrerseits mit dominantem Gehabe reagieren, ist dies meist der Beginn einer langen Phase voller Konflikte, die oft mit Gewalt enden.

## An einem beliebigen Sonntag

Im Sport gibt es viele Geschichten über tapfere Außenseiter: Menschen, die aus schwierigen Verhältnissen kommen und diese überwinden, die ewigen Verlierer, die schließlich die Meisterschaft gewinnen, der Niemand, der es bis zum Profi schafft – kurz gesagt, Geschichten über den völlig unerwarteten Sieg über einen anderen Spieler, eine andere Mannschaft oder das Leben selbst. In Sportfilmen geht es fast nur um dieses Thema: *Gegen jede Regel*, *Touchdown – sein Ziel ist der Sieg*, *Rocky*, *Hoop Dreams*, *Karate Kid*. Aber die Frage bleibt: Wie können Spieler oder Teams Gegner besiegen, die ihnen nachweislich überlegen sind? Es geschieht zu oft, als dass man es nur auf Glück zurückführen könnte. Die Antwort lautet: Selbstwirksamkeit. Eines der eindrucksvollsten Beispiele für Selbstwirksamkeit im Sport ereignete sind am 3. Januar 1993 in einem Play-off-Spiel der NFL, das Fans »The Comeback« nennen.

Im dritten Viertel lagen die Buffalo Bills gegen die Houston Oilers 3:35 zurück. Bills-Fans strömten bereits aus dem Stadion und ein Rundfunkreporter verkündete, die Lichter im Stadion hätten seit dem Morgen gebrannt, doch nun könne man sie getrost abschalten, denn für die Bills sei eh alles zu spät.

Doch während die Zeit auf der Uhr weiter herunterlief, änderte sich die Situation nach und nach. Glück spielte auch eine Rolle – ein schlechter Kick, eine zweifelhafte Entscheidung zugunsten der Bills –, doch selbst das erklärt nicht das plötzliche Erfolgserlebnis des Teams. Als ihr Comeback begann, erzielten die Bills in zehn Minuten 21 Punkte. Ein Spieler berichtete später: »Wir punkteten nach Belieben.« Da die Oilers es nicht schafften, die Bills aufzuhalten, schrie ein Spieler der Bills an der Seitenlinie: »Sie wollen es nicht! Sie wollen es nicht!« Der Wille der Buffalo Bills – ihr Glaube daran, dass der Sieg ihnen bestimmt war, also ihre *Selbstwirksamkeit* – war an diesem Tag stärker als die Fähigkeiten der Gegner. Die Bills schafften es in die Verlängerung und gewannen nach einem 32-Yard-Feldtor mit 41:38. Dieser Sieg sollte die größte Aufholjagd nach einem derartigen Rückstand in der Geschichte der NFL werden.

Bemerkenswert ist, dass Jim Kelly, der Star-Quarterback der Bills, sich eine Woche zuvor eine Verletzung zugezogen hatte und im Spiel gegen die Oilers durch Frank Reich ersetzt wurde. Damals hielt Reich den Rekord für das größte Comeback in der Geschichte des Collegefootballs. Ein Jahrzehnt früher hatte er die Maryland Terrapins nach einem Rückstand von 0:31 in der ersten Halbzeit zu einem 42:40-Sieg über die ungeschlagenen Miami Hurricanes geführt. Vier Jahre nach dem Sieg der Bills über die Oilers holte das Team, geführt von Quarterback Todd Collins, einen 26-Punkte-Rückstand gegen die Indianapolis Colts auf und siegte. Das war der zweithöchste Punktgewinn bei einer Aufholjagd während eines regulären Saisonspiels. Die Selbstwirksamkeit der Buffalo Bills schien sich selbst zu reproduzieren: Erfolg inspirierte Selbstvertrauen und Selbstvertrauen erzeugte Erfolg.

## VERSUCHEN SIE DOCH MAL, NETT ZU SEIN!

*James wurde von seinem Chef zu einer Therapie verdonnert, nachdem er in einem Wutanfall einen Tacker quer durch den Raum geworfen hatte. Er war ein Mann im mittleren Alter, der in einem großen Unternehmen zum Vizepräsidenten aufgestiegen war. Niemand mochte ihn und sein Erfolg beruhte ausschließlich auf Entschlossenheit und harter Arbeit. Seiner Therapeutin sagte er, man hätte ihn längst gefeuert, wenn er sich nicht selbst nahezu unentbehrlich gemacht hätte. Das Problem bestand darin, dass er immer wütend war.*

*Er war als Kind missbraucht worden und war nie darüber hinweggekommen. Er erzählte niemandem davon und redete sich ein, es spiele keine Rolle mehr, weil es so lange her sei. James war zweimal geschieden und verzichtete inzwischen auf Beziehungen, um sich ganz seiner Arbeit zu widmen.*

*Seine Wut war im Laufe der Jahre immer schlimmer geworden. Einmal warf man ihn aus einem Lebensmittelladen, weil er einer Frau, die gegen seinen Einkaufswagen geprallt war, Obszönitäten an den Kopf geworfen hatte. Ein andermal wurde er festgenommen, nachdem er einen Taxifahrer wegen eines Streits über den Fahrpreis geschubst hatte. Die Anklage wurde fallen gelassen und James behauptete, sein Verhalten sei für völlig rechtmäßig erklärt worden. Nun aber machte er sich Sorgen. Sein Job bedeutete ihm alles und er würde alles tun, um ihn zu behalten. Er war sogar bereit, sich mit seiner Vergangenheit auseinanderzusetzen.*

*James war emotional kaum belastbar, daher machte sich seine Therapeutin Sorgen, denn in seinem Trauma herumzuwühlen, könne verstörende Gefühle in James wecken und möglicherweise sein Verhalten zunächst verschlimmern, bevor es sich bessern wür-*

*de. Statt sich also gleich der Vergangenheit zu widmen, sprachen sie zunächst über Möglichkeiten, die Gegenwart für ihn weniger stressig zu gestalten. Dazu wollte die Therapeutin den ständigen Konflikt lindern, den James mit fast allen Leuten hatte, denen er begegnete. Also brachte sie James bei, andere zu manipulieren.*

*Es dauerte lange, bis James jemandem trauen konnte, aber er war nicht dumm. Er lernte schnell, dass er seinen Willen leichter durchsetzen konnte, wenn er Menschen anlächelte, anstatt sie wütend anzustarren. Er begann, seine Mitarbeiter morgens zu grüßen – nicht weil er sie mochte, sondern weil er sie dann leichter dazu bringen konnte, Projekte rechtzeitig fertigzustellen. Er bestellte Pizza für sein Team, wenn es abends länger arbeiten musste, und machte Menschen Komplimente für ihr Aussehen. Er wurde zum Meistermanipulator.*

*Und er genoss es. Die neue Machtquelle, die er entdeckt hatte, gefiel ihm. Aber es gefiel ihm auch, wenn sein Lächeln erwidert wurde. Der Wendepunkt kam, als eine der Verwaltungsassistentinnen weinend in sein Büro platzte und ihm erzählte, jemand habe in ihrem Namen ein Kreditkartenkonto eröffnet und jetzt werde sie von einer Inkassofirma bedroht. Sie hatte sich ihn ausgesucht, um sich trösten und beraten zu lassen. Noch in derselben Woche begannen seine Therapeutin und er über seine Vergangenheit zu reden.*

Bisher haben wir Herrschaft als das Bestreben einer einzelnen Person betrachtet. Aber wir können nicht jedes Ziel allein erreichen. Manchmal müssen wir mit anderen Menschen zusammenarbeiten.

Für eine Beziehung, die geknüpft wird, um ein Ziel zu erreichen, gibt es den Fachbegriff *agentisch*. Eine solche Beziehung wird vom Dopamin gesteuert. Die andere Person handelt wie eine Erweiterung von Ihnen, wie ein »Agent«, der Ihnen hilft, Ihr Ziel zu erreichen. Beispielsweise sind Beziehungen, die wir beim Knüpfen von Geschäftskontakten eingehen, hauptsächlich agentisch und meist profitieren beide Partner davon. *Affiliative* Beziehungen knüpfen wir hingegen, um soziale Interaktionen zu genießen. Die schlichte Freude am Zusammensein mit einem anderen Menschen, im Hier und Jetzt erlebt, hängt mit Hier-und-jetzt-Neurotransmittern wie Oxytocin, Vasopressin, Endorphinen und Endocannabinoiden zusammen.

Die meisten Beziehungen haben sowohl affiliative als auch agentische Elemente. Freunde, die gern im Hier und Jetzt miteinander abhängen (affiliativ), arbeiten vielleicht auch zusammen an Zukunftsprojekten. Beispielsweise könnten sie eine Wildwasserfahrt oder eine Tour durch die Bars planen (agentisch). Kollegen mit primär agentischen Beziehungen genießen meist die Gesellschaft des jeweils anderen. Manche Menschen fühlen sich in agentischen Beziehungen wohler, weil diese besser strukturiert sind; andere ziehen affiliative Beziehungen vor, weil sie ihnen mehr Spaß machen. Manche Menschen kommen mit beiden Beziehungstypen zurecht, andere mit keinem von beiden.

Es gibt Persönlichkeitstypen für jede Art von Beziehungspräferenz. Agentische Menschen sind eher kühl und distanziert. Affiliative Menschen sind liebevoll und warmherzig. Sie sind auch gesellig und bitten andere um Unterstützung. Menschen, denen sowohl affiliative als auch agentische Beziehungen leichtfallen, sind freundliche, zugängliche Führungspersönlichkeiten wie Bill Clinton und Ronald Reagan. Diejenigen, denen es schwerer fällt, mit agentischen Beziehungen umzugehen, sind eher freundliche, zugängliche Anhänger. Wer Schwierigkeiten mit affiliativen Beziehungen hat, nicht aber mit agentischen, gilt vielleicht als kalt und rücksichtslos, während diejenigen, die Probleme mit beiden haben, einen unnahbaren und isolierten Eindruck machen.

Agentische Beziehungen werden geknüpft, um die Umwelt zu beherrschen und die verfügbaren Ressourcen möglichst gut zu nutzen –

die Domäne des Dopamins. Obwohl wir uns das Streben nach Herrschaft üblicherweise als aktives, sogar aggressives Tun vorstellen, muss es nicht so sein. Dopamin kümmert sich nicht darum, wie wir etwas erreichen. Es will nur haben, was es begehrt. Darum kann eine agentische Beziehung ganz und gar passiv sein, zum Beispiel wenn ein Manager, der eine Mitarbeiterbesprechung leitet, das Ergebnis, das er anstrebt, dadurch erzielt, dass er schweigt.

Agentische Beziehungen können leicht ausbeuterisch werden, etwa wenn ein Wissenschaftler Versuchspersonen für ein gefährliches Experiment anwirbt, ohne sie über die Risiken zu informieren, oder wenn ein Arbeitgeber einer Bewerberin falsche Versprechungen macht, nur um ihre Bereitschaft zu harter Arbeit auszunutzen. Doch auch eine agentische Beziehung kann wunderbar menschlich sein. Der amerikanische Dichter Ralph Waldo Emerson schrieb: »Soll ich euch das Geheimnis eines wahren Gelehrten enthüllen? Es lautet: Jeder Mensch, dem ich begegne, ist in mancher Hinsicht mein Lehrmeister und insofern lerne ich von ihm.«

Ganz gleich, wie unwissend, heruntergekommen oder einfältig ein Mensch ist, es gibt etwas, das er weiß und das er gemeistert hat – und genau das schätzte Emerson. Er suchte in allen Menschen einen intellektuellen Wert, ungeachtet ihrer Lebensumstände. Eine solche Beziehung ist agentisch, weil es darum geht, etwas hinzuzugewinnen, nämlich Wissen. Es geht nicht darum, hier und jetzt Spaß an menschlicher Gesellschaft zu haben. Besonders interessant an diesem dopaminergen Zitat ist, dass Emerson diesen Menschen »meinen Lehrmeister«, seinen Meister nennt. Er schrieb über das Streben nach Herrschaft durch Unterordnung – freiwilliges Unterordnen in Form von Ehrerbietung, Demut und Gehorsam.

## UNTERWÜRFIGE AFFEN, DEMÜTIGE SPIONE

Als Forscher des psychiatrischen Instituts der staatlichen Universität von Illinois Stumpfschwanzmakaken ein Medikament injizierten, das die Dopaminproduktion anregte, beobachteten sie eine Zunahme unterwürfiger Gesten, zum Beispiel Schmatzen, Grimassenschneiden (das Lächeln der Affen) und das Ausstrecken eines Arms zu einem anderen Affen, damit der sanft zubeißen konnte. Oberflächlich betrachtet, ergibt das keinen Sinn. Warum sollte Dopamin, der Neurotransmitter des dominanten Verhaltens, unterwürfiges Verhalten auslösen? Ist das nicht ein Widerspruch? Keineswegs. Im Kontrollsystem treibt uns das Dopamin dazu an, unsere Umwelt zu beherrschen, nicht unbedingt die Menschen darin. Dopamin will mehr, einerlei, wie wir es bekommen. Moralisch oder unmoralisch, dominant oder unterwürfig, dem Dopamin ist das gleichgültig, solange es in eine bessere Zukunft führt.

Stellen Sie sich einen Spion in einem feindlichen Land vor, der versucht, in ein Regierungsgebäude einzudringen. Als er in einer finsteren Seitengasse herumschleicht, trifft er auf den Hausmeister. Der Spion behandelt ihn wie seinesgleichen, vielleicht sogar wie jemanden, der über ihm steht, um ihn als Komplizen zu gewinnen. Er verhält sich unterwürfig mit dem Ziel, die Umwelt zu beherrschen und sein Ziel zu erreichen.

Unterwürfiges Verhalten kann bisweilen einen negativen Eindruck hinterlassen – als ließen wir uns »schikanieren –, doch der Spielraum unterwürfigen Verhaltens ist deutlich größer. In einer modernen Gesellschaft ist Unterwürfigkeit oft ein Zeichen für einen höheren sozialen Status. Denken Sie an die strenge Etikette, die gesellschaftlichen Bräuche und die gegenseitigen Respektbezeugungen in Gesprächen der Menschen, die wir vielleicht »Elite« nennen. Die übliche Bezeichnung für dieses Verhalten ist *Höflichkeit*, ein Wort das mit »Hof« und »höfisch« verwandt ist und auf das Benehmen des Adels zurückzuführen ist. Im Gegensatz dazu könnte dominantes Verhalten, das Gegenteil der Höflichkeit, auf Unsicherheit oder schlechter Erziehung beruhen.

Planung, Beharrlichkeit und Willenskraft durch persönliche Anstrengung oder Zusammenarbeit mit anderen, das sind die Methoden, mit denen das Dopamin-Kontrollsystem uns dazu bringt, unsere Umwelt zu beherrschen. Doch wie verhalten wir uns – und wie fühlen wir uns –, wenn das System aus dem Gleichgewicht gerät? Genauer gesagt: Was geschieht, wenn zu viel oder zu wenig Kontrolldopamin vorhanden ist?

## HERAUSFORDERUNGEN IM WELTRAUM UND DER KAMPF IM INNERN

**GQ-Magazin:** Wie fühlt es sich an, zum Mond zu fliegen?
**Buzz Aldrin:** Ach, wir wussten gar nicht, was wir fühlten. Wir fühlten nichts.
**GQ:** Was fühlten Sie, als Sie auf dem Mond spazieren gingen?
**BA:** Kampfpiloten haben keine Gefühle.
**GQ:** Aber Sie sind doch ein Mensch!
**BA:** Wir hatten Eis in den Adern.
**GQ:** Haben Sie je gesagt: »Ich werde in diese [fragile Mondlandefähre] steigen und auf dem Mond landen?« Hat Sie das jemals verblüfft?
**BA:** Ich kannte ihre Konstruktion. Sie hatte ein Fahrgestell. Sie hatte Stützen, die sich zusammenziehen konnten. Sie hatte Messsonden, die herabhingen. Sie war ein Wunder der Technik.

*Interview mit Buzz Aldrin*

Anstatt die ehrfürchtige Anerkennung dafür, dass er auf dem Mond herumspaziert war, zu genießen, sagte Colonel Buzz Aldrin zu seinen Bewunderern: »Wir haben es eben getan. Jetzt sollten wir etwas anderes tun.« Anscheinend war er darauf nicht stolzer, als wenn er einen Zaun gestrichen hätte. Er wollte sich nicht in seinem Ruhm sonnen, sondern »etwas anderes tun« – die nächste große Herausforderung angehen, die sein Interesse wachhalten könnte. Dieses anhaltende Bedürfnis, ein Ziel zu definieren und dann einen Weg zu finden, es zu erreichen, war vielleicht der wichtigste Grund für seinen historischen Erfolg. Doch es ist nicht einfach, wenn so viel Dopamin durch das Kontrollsystem kreist, das für das Erreichen von Zielen, für die Erlangung von Herrschaft zuständig ist. Dopamin spielte mit hoher Wahrscheinlichkeit eine wichtige Rolle in Aldrins postlunarem Kampf gegen Depression, Alkoholsucht und Suizidgedanken sowie bei seinen drei Scheidungen und einem Aufenthalt in der Psychiatrie, worüber er in seiner freimütigen Autobiografie *Magnificent Desolation: The Long Journey Home from the Moon* schrieb.

So wie das Dopamin des Verlangens die Drogensucht fördert – der Süchtige sucht das High, doch sein Dopaminrausch wird immer schwächer –, besitzen manche Menschen so viel Kontrolldopamin, dass sie süchtig nach Erfolgen werden, aber unfähig sind, im Hier und Jetzt Erfüllung zu finden. Denken Sie an die Menschen, die Sie kennen, die unablässig arbeiten, um ihre Ziele zu erreichen, und nie eine Pause einlegen, um die Früchte ihrer Leistungen zu genießen. Sie brüsten sich nicht einmal damit. Sie erreichen etwas und wenden sich sofort dem nächsten Ziel zu.

Eine Frau übernahm eine Führungsposition in einer Unternehmensabteilung, in der es chaotisch zuging. Dank jahrelanger harter Arbeit gelang es ihr, Ordnung zu schaffen – und sofort langweilte sie sich. Ein paar Monate lang versuchte sie, die neue, entspannte Umgebung zu genießen, die sie erschaffen hatte, aber sie hielt es nicht aus und beantragte deshalb ihre Versetzung in eine Abteilung, in der es drunter und drüber ging.

Bei solchen Menschen besteht ein Ungleichgewicht zwischen dem zukunftsorientierten Dopamin und den Neurotransmittern, die auf das Hier und Jetzt konzentriert sind. Sie fliehen vor den emotionalen und sinnlichen Erlebnissen in der Gegenwart. Das Leben dreht sich bei ihnen um die Zukunft, um Verbesserungen, um Innovationen. Trotz des Reichtums und sogar trotz des Ruhmes, den sie erworben haben, sind sie meist unglücklich. Ganz gleich, wie viel sie erledigen, es reicht ihnen nie. Das Familienwappen von James Bond, dem einfallsreichen, unnachgiebigen, oft skrupellosen Geheimagenten, enthält das Motto *Orbit Non Sufficit:* Die Welt ist nicht genug.

Buzz Aldrin sah sich diesem Problem stärker ausgesetzt als vermutlich jeder andere Mensch: *Ich bin auf dem Mond spazieren gegangen. Womit könnte ich das wohl jemals übertreffen?*

## DOPAMIN ERKLÄRT DAS RÄTSEL DER ADHS

Was ist mit den Menschen am anderen Ende des Spektrums, deren Dopamin-Kontrollsystem schwach ist? Ihr Kampf um innere Beherrschung äußert sich als Impulsivität und Konzentrationsmangel bei komplexen Aufgaben. Dieses Problem kann zu einer bekannten Krankheit führen, die man *Aufmerksamkeitsdefizit-Hyperaktivitätsstörung* oder *ADHS* nennt.[2] Schlechtes Konzentrationsvermögen und eine

2 Diese Krankheit wird meist Aufmerksamkeitsdefizit-Syndrom oder ADS genannt, weil Erwachsene meist nicht an der Hyperaktivität leiden, die wir bei Kindern sehen. Wir verwenden dennoch den wissenschaftlichen Begriff ADHS.

schwache Impulskontrolle können das Leben der Betroffenen erheblich beeinträchtigen und dazu führen, dass sie im zwischenmenschlichen Umgang als schwierig wahrgenommen werden. Manchmal achten sie nicht auf Details oder sie führen ihre Arbeit nicht zu Ende. Sie fangen beispielsweise an, Rechnungen zu bezahlen, dann kümmern sie sich um ihre Wäsche, dann wechseln sie eine Glühbirne, dann setzen sie sich vor den Fernseher und alles liegt noch quer in der ganzen Wohnung verteilt herum. In einem Gespräch lassen sie sich leicht ablenken und hören anderen nicht zu. Manchmal verlieren sie das Zeitgefühl und kommen zu spät und sie verlieren Dinge wie Autoschlüssel, Handys und sogar ihren Ausweis.

ADHS trifft meist Kinder. Das hat einen guten Grund. Die Frontallappen, die maßgeblich am Dopamin-Kontrollsystem beteiligt sind, entwickeln sich zuletzt und verbinden sich erst dann vollständig mit dem Rest des Gehirns, wenn ein Mensch ins Erwachsenenalter eintritt. Eine der Aufgaben des Kontrollsystems besteht darin, das System des Verlangens in Schach zu halten. Das erklärt das Problem mit der Impulskontrolle bei der ADHS. Wenn das Kontrolldopamin schwach ist, stellen die Betroffenen Dingen, die sie haben wollen, nach, ohne an die langfristigen Folgen zu denken. Kinder mit ADHS grabschen nach Spielsachen und drängeln sich vor. Erwachsene mit ADHS kaufen impulsiv und unterbrechen andere.

Am häufigsten wird ADHS mit Ritalin und Amphetamin behandelt, also mit Stimulanzien, die die Dopaminproduktion im Gehirn ankurbeln. Wenn man diese Medikamente Menschen mit ADHS verabreicht, entwickelt sich meist keine Toleranz wie bei jenen, die sie einnehmen, um abzunehmen, high zu werden oder ihre Leistung zu steigern. Trotzdem machen Stimulanzien süchtig. Die US-amerikanische Arzneimittelbehörde FDA steckt sie in die gleiche Schublade wie Opioide, zum Beispiel Morphin und Oxycontin. Diese gelten als hochgefährlich, weil sie das größte Suchtpotenzial haben und am ehesten zum Missbrauch führen, und deshalb dürfen Ärzte sie nur unter strengsten Bedingungen verordnen.

Menschen mit ADHS sind sehr suchtgefährdet, vor allem als Heranwachsende, weil ihre Frontallappen unterentwickelt sind. Vor Jahren, als die Krankheit noch unzureichend verstanden wurde, zögerten Ärzte und Eltern, diesen verletzlichen Kindern süchtig machende Medikamente wie Ritalin und Amphetamin zu geben. Das klang vernünftig: Gebt Menschen, die stark suchtgefährdet sind, keine süchtig machenden Medikamente. Aber gründliche Tests wiesen eindeutig nach, dass Jugendliche, die man mit stimulierenden Mitteln behandelt, seltener süchtig werden. Tatsächlich hatten sogar diejenigen, die mit der Therapie am frühesten begannen und die höchsten Dosen einnahmen, am seltensten Probleme mit illegalen Drogen. Der Grund dafür ist folgender: Wenn wir das Dopamin-Kontrollsystem stärken, ist es viel einfacher, kluge Entscheidungen zu treffen. Wenn wir jedoch auf eine wirksame Therapie verzichten, werden die Schwächen des Kontrollsystems nicht beseitigt. Das System des Verlangens vergrößert dann widerstandslos die Wahrscheinlichkeit für hochriskantes, nach reinem Lustgewinn strebendes Verhalten.

## EIN ÜBERRASCHENDES RISIKO BEI ADHS-PATIENTEN

Drogensucht stellt nicht die einzige Gefahr für diese Kinder dar. Einem Kind mit ADHS fällt es schwer, gute Noten zu bekommen, wenn es sich nicht konzentrieren oder seine Impulse nicht steuern kann. Doch schlechte Noten sind nur der Anfang. Für junge Menschen mit ADHS ist es nicht einfach, Freundschaften zu schließen. Wer will mit jemandem zusammen sein, der andere unterbricht, nach Dingen grabscht und nicht wartet, bis er an der Reihe ist? Diese Kinder müssen Hausaufgaben oft viele Male lesen, bis sie sie verstehen. Sie lassen sich immer wieder ablenken. Da sie so viel Zeit für Hausaufgaben brauchen, haben sie für andere Aktivitäten, etwa für Sport und Vereine, wenig Zeit. Da Kinder mit unbehandelter ADHS oft wenig Freunde und schlechte Noten haben und von gesunden Vergnügungsaktivitäten abgeschnitten sind, gehen sie häufiger ungesunden Vergnügungen nach. Sie nehmen Drogen, werden zu früh sexuell aktiv und essen zu viel, vor allem Junkfood, das viel Salz, Fett und Zucker enthält.

Eine umfangreiche Studie mit 700 000 Kindern und Erwachsenen, darunter 48 000 mit ADHS, stellte fest, dass das Risiko, fettleibig zu werden, bei Kindern mit ADHS um 40 Prozent und bei Erwachsenen mit ADHS um 70 Prozent erhöht war. Mit fast einer Dreiviertelmillion Teilnehmern und Daten aus vielen Kulturen der Welt war diese Studie nicht nur größer als die meisten anderen vergleichbaren Studien, sondern auch erheblich vielfältiger. Daher konnten die Wissenschaftler die Ergebnisse aus verschiedenen Ländern mit unterschiedlichen Ernährungsweisen und Esskulturen miteinander vergleichen. Trotz der unterschiedlichen Kost in Katar, Taiwan, Finnland und anderen Ländern waren die Befunde die gleichen. Der Wohnort beeinflusste den Zusammenhang zwischen ADHS und Fettleibigkeit nicht. Es gab auch keinen Unterschied zwischen Männern und Frauen.

Neben der Aussagekraft dieser Studie hat sie aber auch Schwächen. Dass Menschen mit ADHS häufiger fettleibig werden, muss nicht bedeuten, dass ADHS Fettleibigkeit *verursacht.* Ist es vielleicht umgekehrt? Beeinflusst Übergewicht womöglich das Gehirn so, dass ADHS entsteht? Wissenschaftler drücken es gern so aus: *Ein Zusammenhang impliziert keine Kausalität.* Dass zwei Faktoren gemeinsam auftreten, heißt nicht unbedingt, dass der eine den anderen verursacht hat.

Wir wären eher davon überzeugt, dass ADHS zu Fettleibigkeit führt, wenn wir nachweisen könnten, dass sich ADHS-Symptome *vor* der

Fettleibigkeit entwickeln. Forscher an den Universitäten von Chicago und Pittsburgh untersuchten fast 2.500 Mädchen, um herauszufinden, ob es einen Zusammenhang zwischen ungesundem Gewicht und Problemen mit Impulsivität gab. Der Studienleiter schrieb: »Kinder werden von Werbespots, Süßigkeitenautomaten und so weiter ständig zum Essen verleitet. Deshalb kann man sich leicht vorstellen, dass es einem Kind mit wenig Hemmungen schwerfällt, diesen Verlockungen zu widerstehen.«

Die Ergebnisse waren so wie erwartet. Mädchen, die im Alter von zehn Jahren Probleme mit Impulsivität und Planung hatten, nahmen in den folgenden sechs Jahren stärker zu. Die Wissenschaftler berichteten, ein erheblicher Teil der Gewichtszunahme sei auf Essorgien aufgrund mangelnder Selbstbeherrschung zurückzuführen.

Aus einem ähnlichen Grund werden übergewichtige Kinder häufiger von einem Auto erfasst, wenn sie die Straße überqueren, als normalgewichtige. Das liegt nicht daran, dass sie langsamer sind, sondern daran, dass sie impulsiv sind. Forscher der University of Iowa baten 240 sieben oder acht Jahre alte Kinder, eine belebte Straße zu überqueren, um zu erheben, wie lange sie warteten und wie oft ein Kind angefahren wurde.[3]

Obwohl manche Übergewichtige langsamer gehen, hatte das Gewicht in diesem Experiment keinen Einfluss darauf, wie schnell die Kinder die Straße überquerten. Es bestand jedoch ein unmittelbarer Zusammenhang zwischen dem Ausmaß des Übergewichts und wie schnell ein Kind sich in den Straßenverkehr begab. Weniger übergewichtige Kinder warteten länger als jene mit größerem Übergewicht. Zudem war die Pufferzone zwischen übergewichtigen Kindern und

3 Niemand wurde tatsächlich angefahren. Die Forscher arbeiteten mit virtueller Realität.

dem Verkehr kleiner – die Kinder ließen die Autos also näher an sich heran. Es überrascht daher nicht, dass sie öfter angefahren wurden.

Wir dürfen aber nicht vergessen, dass die Biologie kein Schicksal ist. Menschen, deren Dopamin-Kontrollsystem extrem aktiv oder extrem schwach ist, können sich ändern. Medikamente, Psychotherapie und manchmal sogar allein die Zeit können bei Menschen mit ADHS eine einschneidende Besserung bewirken. Colonel Buzz Aldrin, der einem anderen Problem gegenüberstand, fand schließlich Methoden, mit der Intensität seines schöpferischen Dranges umzugehen. Nach seiner Rückkehr vom Mond schrieb er ein Dutzend Bücher, teils als Co-Autor. Er entwarf ein Computerstrategiespiel und schlug eine revolutionäre Raumfahrttechnik vor, die eine bemannte Reise zum Mars praktikabler gestalten könnte. Außerdem fand er Zeit, in zahlreichen Fernsehshows aufzutreten, darunter *Dancing with the Stars*, *The Price is Right*, *Top Chef* und *The Big Bang Theory*.

## DIE CHEMIE DES BETRUGES

*Ich weiß, dein edles Wesen hasst den Gedanken an Verrat oder Betrug. Doch welch glorreicher Preis ist der Sieg!*
Sophokles, Philoktetes

*Ich gewinne gern, aber vor allem verabscheue ich den Gedanken zu verlieren. Zu verlieren bedeutet für mich den Tod.*
Lance Armstrong

*Im Jahr 1999, nach seinem siegreichen Kampf gegen fortgeschrittenen Krebs, gewann Lance Armstrong die Tour de France zum ersten Mal. Ein Reporter der* New York Times *beschrieb ihn so, wie es in den folgenden Jahren typisch werden sollte: »Ein Mann mit starkem Willen und starker Konzentration«, der »die Tour beherrschte«. Armstrong gewann die Tour siebenmal hintereinander und dominierte nicht nur dieses berühmte Radrennen, sondern den gesamten Radsport.*

*Armstrongs Zielstrebigkeit war legendär. Er zog es vor, gegen den Wind zu fahren, weil die Rennstrecke dann schwieriger zu bewältigen war und er mehr Chancen hatte, den Gegnern davonzufahren. Die Autorin Juliet Macur beschrieb Armstrongs Entschlossenheit anhand einer Geschichte: »Auf der anderen Seite seines Grundstücks stand ein Baum, 45 Meter westlich des Hauses. Armstrong wollte ihn neben der Treppe zum Eingang haben. Das Umpflanzen kostete 200 000 US-Dollar. Seine Freunde sagen scherzhaft, Armstrong, ein Agnostiker, habe damit beweisen wollen, dass er keinen Gott brauche, um Himmel und Erde zu bewegen.«*

*»Ich glaube, ich würde den Verstand verlieren, wenn ich mit 35 oder 40 Jahren keinerlei Wettkampf in meinem Leben hätte«, sagte Armstrong.*

*Im Jahr 2012 wurden dem Weltklasseradfahrer alle sieben Tour-de-France-Titel aberkannt, als herauskam, dass er leistungssteigernde Mittel eingenommen hatte. Warum betrog dieser legendäre Sportler, ein Mann von stählerner Entschlusskraft, der niemals aufgab, nicht einmal im Angesicht einer Krebserkrankung? So seltsam es klingen mag, er betrog vielleicht gerade deshalb, weil er so erfolgreich war.*

Dopamin hat kein Gewissen. Gespeist vom Verlangen, kann es vielmehr dazu führen, sich gerissen und durchtrieben zu verhalten. Wenn es angekurbelt wird, unterdrückt es Schuldgefühle, die sich im Hier und Jetzt einstellen. Beim Streben nach seinen Zielen kann es zu ehrenhaften Anstrengungen inspirieren, aber auch zur Täuschung und sogar zur Gewalt.

Dopamin will *mehr*, nicht *Moral*. Für das Dopamin sind Gewalt und Betrug nichts weiter als Hilfsmittel.

Israelische Wissenschaftler dachten sich ein Experiment aus, um besser zu verstehen, warum Menschen betrügen. Sie verwendeten dafür zwei Spiele für jeweils zwei Personen. Das erste war ein Ratespiel, bei dem die Spieler raten mussten, welche Bilder auf einem Computerbildschirm erscheinen würden. Hier war Betrügen unmöglich. Das zweite Spiel war anders: Der erste Spieler warf zwei Würfel und teilte das Ergebnis dem Zweiten mit. Je höher die Augenzahl war, desto mehr Geld bekam der erste Spieler und desto weniger bekam sein Gegner. Bei diesem Spiel war Schwindeln nicht nur möglich, sondern einfach. Da der zweite Spieler die Augenzahl nicht sah, konnte der erste ihm sagen, was er wollte. Der Gewinner und der Verlierer des ersten Spiels würfelten abwechselnd.

Wenn beide ehrlich waren, musste die durchschnittliche Augenzahl etwa sieben betragen. Die Verlierer des ersten Spiels berichteten im Durchschnitt von etwas mehr als sechs Augen, was dem Zufallswert entsprach. Die Gewinner des ersten Spiels behaupteten hingegen, sie hätten im zweiten Spiel durchschnittlich fast neun Augen gewürfelt. Wie die statistische Analyse enthüllte, war es extrem unwahrscheinlich, dass dieses Ergebnis auf Zufall beruhte. Die Wahrscheinlichkeit dafür, dass die Gewinner des ersten Spiels beim zweiten mogelten, betrug mehr als 99 Prozent.

In der zweiten Phase des Experiments veränderten die Forscher die Situation. Das erste Spiel war nun kein Wettkampf mehr, sondern eine Lotterie. Dieser Versuch lieferte ein ganz anderes Ergebnis. Die Spieler, die die Lotterie gewonnen hatten, schwindelten beim zweiten Spiel überhaupt nicht. Offenbar gaben sie sogar eine geringere Augenzahl an, sodass ihre Gegner den Gewinn einheimsten.

Die Wissenschaftler fanden keine plausible Erklärung dafür. Sie glaubten, die Sieger eines Wettbewerbs, im Gegensatz zu denen einer Lotterie, hielten es vielleicht für ihr Recht, beim nächsten Spiel zu mogeln. Doch wenn wir daran denken, dass Dopamin uns motiviert, unsere Umwelt zu beherrschen, finden wir eine bessere Erklärung.

Siege in Wettkämpfen sind ebenso wie Essen und Sex wichtig für den evolutionären Erfolg. Tatsächlich verschaffen uns Siege den Zugang zu Nahrung und zu Partnern für die Fortpflanzung. Daher überrascht es nicht, dass Siege die Dopaminproduktion ankurbeln. Dieses Mehr an Dopamin äußert sich in der Freude, die wir empfinden, wenn wir den Tennisball übers Netz schlagen, eine gute Note für einen Aufsatz bekommen oder vom Chef gelobt werden. Der Dopaminschub fühlt sich gut an, aber er unterscheidet sich von der Lust im Hier und Jetzt, die eine Woge der Zufriedenheit auslöst. Und dieser Unterschied ist der Schlüssel: Der Dopaminschub, den ein Sieg hervorruft, weckt unser Verlangen nach mehr.

## SIEGEN, UM NICHT ZU VERLIEREN

Es genügt nicht, die Tour de France zu gewinnen. Es genügt auch nicht, sie zweimal oder gar siebenmal zu gewinnen. Siegen ist nicht genug. *Nichts* ist für das Dopamin jemals genug. Wichtig ist nur die Jagd nach dem Sieg, auch der Sieg selbst, aber es gibt keine Ziellinie und es wird sie nie geben. Siege können ebenso süchtig machen wie Drogen.

Doch der lustvolle Rausch, der nie satt macht, ist nur eine Hälfte der Gleichung. Die andere Hälfte ist der Dopaminkollaps, der sich schrecklich anfühlt.

Jedes Jahr wählen Ärzte im Bundesstaat Washington die besten Ärzte in verschiedenen Fachgebieten. Die Ergebnisse werden dann in der berühmten »Top Doctors«-Ausgabe der Zeitschrift *Washingtonian* veröffentlicht. Das ist die meistverkaufte Ausgabe. Es ist eine Ehre, zum »Top Doctors« gewählt zu werden, und es fühlt sich gut an. Die Kollegen lesen es, Freunde und Angehörige lesen es, alle erfahren davon. Doch wenn die wohltuende Woge der Befriedigung abebbt, stellen sich unbequeme Fragen: *Werde ich nächstes Jahr wieder gewinnen? All die Leute, die mich beglückwünscht haben – was werden sie denken, wenn mein Name von der Liste verschwindet? Niemand bleibt ewig auf der Liste. Wie soll ich die Demütigung ertragen, wenn ich gestrichen werde?* Niemand verliert gern, aber eine Niederlage nach einem Sieg ist zehnmal schlimmer. Wenn Sie die Zeitschrift öffnen und erwarten, Ihren Namen zu sehen, aber er steht nicht da, dann spüren Sie einen unangenehmen Druck in der Magengrube.

Sieger schwindeln aus dem gleichen Grund, aus dem Süchtige Drogen konsumieren: Das High ist großartig, doch der Entzug ist schrecklich. Beide wissen, dass sie mit ihrem Verhalten ihr Leben zerstören können, doch dem System des Verlangens ist das egal. Es will nur immer mehr. Mehr Drogen, mehr Erfolg. Wahrer Erfolg entspringt jedoch nicht dem Betrug. Wenn Sie einen Fehler machen, wird man Ihnen verzeihen, aber wenn Sie unehrlich sind, bleibt das lange an Ihnen haften. Deshalb ist das Kontrollsystem so wichtig. Es ist vernünftig. Es ermöglicht kühle, logische Entscheidungen, die dafür sorgen, dass es Ihnen nicht nur heute, sondern auch in ferner Zukunft noch möglichst gut geht. Dennoch ist Betrug für viele Menschen eine mächtige, manchmal überwältigende Versuchung, wenn sie nach dem Rausch des Sieges streben. Betrug funktioniert, zumindest kurzfristig.

Oder Sie ballen einfach eine Faust und schlagen jemanden zu Boden.

# HEISSE UND KALTE GEWALT

*Dr. Jones stand im Aufzug und fürchtete sich vor dem Patientengespräch, das ihr bevorstand. Es war ein Uhr nachts und man hatte sie in die Notaufnahme gerufen, um einen Patienten zu untersuchen und zu bewerten, der sagte, er wolle jemanden umbringen. Sie musste alles richtig machen. Wenn ein psychiatrischer Patient eine Morddrohung in die Tat umsetzt, dann stirbt das Opfer, der Mörder muss geschnappt werden – und die Ärztin, die ihn freigelassen hat, kann zur Verantwortung gezogen werden.*

*Der Patient, ungepflegt und übel riechend, starrte Dr. Jones an, ohne zu blinzeln. Er war bereits mehrmals hier gewesen und hatte sich nicht kooperativ verhalten. Während eines Aufenthalts wurde ihm vorgeworfen, eine Frau unsittlich berührt zu haben, die wegen Schizophrenie behandelt wurde. Er behauptete, er sei gegen alle Psychopharmaka außer Xanax (Alprazolam) allergisch. Abgesehen vom Kokainmissbrauch fehlte ihm aus psychiatrischer Sicht nicht viel. Aber heute bestand er darauf, in der Klinik aufgenommen zu werden. Er erwähnte mehrere Festnahmen und eine dreijährige Gefängnisstrafe. Wenn man ihn nicht auf »die Station« bringe, sagte er, werde er seinen Plan ausführen und jemanden töten.*

*»Sagen wir einfach, es geht um jemanden, der mir etwas angetan hat, okay?«, meinte er.*

*Paranoia gehört bei Menschen, die mit Gewalt drohen, zu den am leichtesten zu behandelnden psychischen Erkrankungen. Sie flößt den Betroffenen Angst ein und kann dazu führen, dass diese glauben, die einzige Methode, sich zu schützen, bestehe darin, die Leute zu töten, die sich ihrer Meinung nach gegen sie verschworen haben. Wenn man ihnen Antipsychotika verabreicht, verschwinden die Wahnvorstellungen und die Gewalttätigkeit meist innerhalb einer Woche.*

*Doch der Patient, der Dr. Jones gegenübersaß und sie immer noch anstarrte, war nicht psychotisch.*

*Dr. Jones steckte in einer Zwickmühle. Sie wusste, dass der Patient von einem Aufenthalt in der Klinik nicht profitieren würde, außerdem würden dadurch andere Patienten gefährdet. Andererseits hatte er bereits Gewalttaten begangen. Also nahm sie ihn auf, weil sie sich Sorgen um das potenzielle Opfer machte, dessen Namen er nicht nennen wollte, obwohl sie dabei ein schlechtes Gewissen hatte, weil sie möglicherweise die Patienten auf der Station in Gefahr brachte.*

*Gewalt ist manchmal die Folge einer Fehlfunktion oder einer Krankheit. Meist aber ist sie eine bewusste Entscheidung, eine kalkulierte Methode, um durch Zwang zu bekommen, was man haben will.*

Gewalt ist das ultimative Werkzeug der Herrschaft. Aber ist Dopamin der Auslöser? Gewalt gibt es in zwei Ausprägungen: geplante Gewalt, die zu einem bestimmten Zweck ausgeübt wird, und spontane Gewalt, ausgelöst durch Leidenschaft. Gewalt, die der Täter ausübt, um etwas zu bekommen, das er haben möchte, kann so banal sein wie ein Handtaschenraub, aber auch so erderschütternd wie ein Weltkrieg. In beiden Fällen ist eine effektive Strategie entscheidend, die im Voraus geplant wird, manchmal qualvoll detailliert, und die immer darauf abzielt, Ressourcen oder Kontrolle zu gewinnen. Das ist dopamingesteuerte Aggression, die meist kaum von Emotionen geprägt ist. Sie ist kalte Gewalt.

Stellen Sie sich die dopamingesteuerte Berechnung und die instinktive Reaktion als die beiden Enden einer Wippe vor: Wenn das eine oben ist, dann ist das andere unten. Die Fähigkeit, Emotionen wie Furcht, Wut oder überwältigendes Verlangen zu unterdrücken, ist inmitten eines Konflikts von Vorteil. Emotionen sind fast immer eine Last, die kalkuliertes Handeln stört. Daher besteht eine häufig angewandte Strategie, die Herrschaft über eine Situation zu erlangen, darin, beim Gegner emotionale Reaktionen auszulösen, damit er seine Pläne nicht ausführen kann. Ein Beispiel im Sport sind Provokationen auf dem Basketballfeld oder zwischen Offense und Defense im American Football.

Von Leidenschaft ausgelöste Aggression ist ein Auskeilen nach einer Provokation. Dabei handelt es sich nicht um kalkuliertes Handeln, das vom Dopamin-Kontrollsystem gesteuert wird – im Gegenteil. Wenn Leidenschaft eine Aggression als Reaktion auf eine Provokation antreibt, unterdrückt das Hier-und-jetzt-System die Dopaminproduktion. Menschen, die diesen Typ der Aggression an den Tag legen, schaden meist ihrem eigenen künftigen Wohlergehen. Sie können verletzt oder verhaftet werden oder sich einfach blamieren. Denken Sie an einen Vater, der bei einem Hockeyspiel seines Sohnes die Beherrschung verliert. Ein Wutanfall oder ein Fausthieb ist keine kalkulierte Handlung, sondern eine gedankenlose emotionale Reaktion. Aus dem Blickwinkel des Dopamins gibt es hier nichts zu gewinnen, keine Ressourcen zu maximieren, keinen Vorteil zu erringen. Emotionen überwältigen die Überlegung, die Vorsicht und die Berechnung des Kontrolldopamins.

Anthony Trollope, ein englischer Romanautor, stellte diese beiden Ausprägungen von Gewalt einander gegenüber, um eine politische Debatte zwischen seinen Figuren Daubeny und Gresham zu schildern, den Vorsitzenden zweier gegnerischer Parteien im Parlament:

> Während Mr Daubeny immer so hart zuschlug, wie er konnte, nachdem er jeden Schlag zuvor überdacht und dessen Folgen abgewogen hatte, sogar die Wirkung eines Schlages in eine bereits zugefügte Wunde, schlug Mr Gresham nach rechts und nach links und nach vorn … und hätte seinen Gegner in seinem Zorn vielleicht sogar umgebracht, noch bevor ihm bewusst geworden wäre, dass er ihm schon eine blutende Wunde beigebracht hatte.

Gewalt kann uns zur Herrschaft verhelfen; doch um erfolgreich zu sein, muss sie aus dem kalten System des Kontrolldopamins stammen.

### Was ist eine dopamingesteuerte Persönlichkeit?

Manche Menschen haben ein aktiveres Dopaminsystem als andere. Forscher haben eine Reihe von Genen identifiziert, die zur Entwicklung dieses Persönlichkeitstyps beitragen. Wichtig ist, dass eine erhöhte Dopaminaktivität sich auf unterschiedliche Weise äußern kann. Ein Mensch mit einem sehr aktiven System des Verlangens ist vielleicht impulsiv oder schwer zu befriedigen – er strebt ständig nach *mehr*. Sein Gegenstück gibt sich schnell zufrieden. Anstatt einen Schnaps nach dem anderen in einem lauten Nachtklub hinunterzukippen, zieht er es vor, den Tag mit Gartenarbeit zu verbringen und früh zu Bett zu gehen.

Ein Mensch mit einem sehr aktiven Kontrollsystem ist vielleicht kalt und berechnend, skrupellos und gefühllos. Sein Gegenstück wäre ein warmherziger, großzügiger Mensch, der stärker an Freundschaft interessiert ist als am Sieg in einem Wettkampf. Das Gehirn ist kompliziert, und wie die Aktivität eines Systems oder Schaltkreises in Verhalten umgesetzt wird, hängt von der Aktivität vieler anderer Systeme ab, die alle zusammenarbeiten. Eine dopamingesteuerte Persönlichkeit kann sich aber auch anders ausdrücken als in den hier gegebenen Beispielen dargestellt. Darauf gehen wir später noch ein. All diese Menschen haben jedoch eines gemeinsam: Sie sind davon besessen, die Zukunft angenehmer zu gestalten, auch auf Kosten der Freude an der Gegenwart.

## DAS UNTERDRÜCKEN VON GEFÜHLEN

*Wenn du einen klaren Kopf behältst, während alle um dich herum*
*ihren verlieren und dich dafür verantwortlich machen …*
*Wenn du dein Herz und deine Nerven und deine Sehnen*
*dazu zwingen kannst,*
*Dir zu dienen, lange nachdem sie verschwunden sind,*
*Sodass du durchhältst, wenn nichts mehr in dir ist*
*Außer dem Willen, der zu ihnen sagt: »Haltet durch!« …*
*Dann gehören die Welt und alles, was in ihr ist, dir.*
Rudyard Kipling, If

Gefühle sind Erfahrungen im Hier und Jetzt. Wir brauchen sie, um die Welt zu verstehen. Doch manchmal können sie uns überwältigen. Wenn das geschieht, treffen wir weniger logische Entscheidungen. In komplexen Situationen sind Menschen, die »einen kühlen Kopf« bewahren und eher dopamingesteuert sind, in der Lage, diese Reaktion zu unterdrücken und bewusstere Entscheidungen zu treffen, die oft vernünftiger sind. Einer unserer evolutionären Vorfahren, der ein besonders robustes Dopamin-Kontrollsystem besaß, unterdrückte vielleicht seine Panik, als ein Löwe auf ihn zukam, und versuchte nicht, ihm davonzulaufen. Stattdessen zog er ganz ruhig einen brennenden Ast aus dem Feuer, um dem Löwen damit Angst einzujagen, sodass er floh. Wenn mitten im Chaos kühnes Handeln gefragt ist, hat derjenige die besten Karten, der ruhig bleiben, die verfügbaren Ressourcen kritisch prüfen und rasch einen Aktionsplan erstellen kann.

### Wie man einem Fausthieb ausweicht

In der komplexen modernen Gesellschaft kann die automatische Entscheidung zwischen Kampf oder Flucht zwar kontraproduktiv sein, doch unter eher primitiven Bedingungen ist sie äußerst nützlich. Ein junger Arzt, der in der Notaufnahme mit einem gereizten Drogenkonsumenten sprach, der von ihm Drogen erhalten wollte, konnte ihm diesen Wunsch nicht erfüllen. Als der Patient merkte, dass er nicht bekommen würde, was er haben wollte, schlug er zu. Zum Glück duckte sich der Arzt, und bevor der Patient Zeit für einen zweiten Schwinger hatte, kam Hilfe in Gestalt von zwei Wachleuten, die den Mann beruhigen konnten. Als alles vorbei war, sagte der Arzt: »Ich hatte keine Ahnung, was vor sich ging. Ich hatte keine Zeit nachzudenken. Es passierte einfach.« Er freute sich, der glückliche Besitzer eines Hier-und-jetzt-Systems zu sein, das wusste, wann man sich ducken muss, ganz ohne dopamingesteuerte Berechnungen.

*Ich segelte mit einem Besatzungsmitglied auf meinem zwölf Meter langen Boot aufs offene Meer hinaus. Bald hatten wir mit Windböen zu kämpfen, die eine Geschwindigkeit von 56 Kilometern in der Stunde erreichten, sowie mit Wellen, die drei Meter hoch waren. Keiner von uns beiden machte sich Sorgen. Ein solches Wetter hatten wir schon oft erlebt.*

*Ich übernahm das Steuerrad, um das Boot längsseits zu bringen. Während ich drehte, hörte ich einen lauten Knall und sofort wirbelte das Rad frei herum. Ich hatte keine Kontrolle mehr über das Ruder und fürchtete mich mehr als jemals zuvor in meinem Leben.*

*Wir befanden uns innerhalb eines L-förmigen Riffs. Die Korallen waren knapp über der Wasseroberfläche zu sehen und die Wellen schoben uns darauf zu. Mein erster Gedanke war, von Bord zu springen. Ich wollte eine Schwimmweste anziehen und versuchen, aus der Gefahrenzone zu schwimmen. Aber ich erkannte schnell, dass das unmöglich sein würde. Entweder würden mich die Wellen gegen das Riff schmettern oder die Strömung würde mich noch weiter hinaus aufs Meer ziehen. Ich spürte Panik in mir aufsteigen und ich wusste, dass ich nicht mehr klar denken können würde, wenn sie mich überwältigte. Das alles geschah innerhalb von etwa zehn Sekunden.*

*Um mich zu retten, musste ich nachdenken. Ich schickte einen Notruf ab, dann arbeiteten mein Begleiter und ich an den Segeln und benutzten sie, um das Boot vom Riff wegzusteuern. Wir fanden dann heraus, dass wir das Ruder mit den Füßen steuern konnten, und drehten das Boot so, dass sein Bug zur Küste zeigte. Sobald ich zu planen und handeln begann, legte sich die Panik und ich konnte vernünftig denken.*

*Wir schafften es ans Ufer. Während ich zurück zu meinem Zimmer ging, begann ich unkontrolliert zu zittern und weinte hemmungslos.*

Diese wahre Geschichte ist ein vorzügliches Beispiel für das Zusammenspiel zwischen Dopamin und Norepinephrin, der Hier-und-jetzt-Substanz des Kampfes und der Flucht. Als der Steuermechanismus kaputtging, wurde Norepinephrin ausgeschüttet. Furcht, eine Hier-und-jetzt-Emotion, überwältigte den Segler. Er wollte nur noch fliehen. Zuerst verdrängte die Flut des Hier-und-jetzt-Neurotransmitters die dopaminabhängige Fähigkeit zu planen. Allerdings ist die Tatsache, dass er spürte, wie Panik in ihm aufstieg, und dass er sie unterdrücken konnte, ein Zeichen dafür, dass sein Dopaminsystem nicht völlig lahmgelegt war.

Nach wenigen Sekunden war das Kontrolldopamin vollständig aktiviert und er konnte vernünftige Pläne schmieden. Das Hier-und-jetzt-Norepinephrin wurde deaktiviert und die Furcht legte sich. Das ermöglichte ein leidenschaftsloses, vom Verstand gesteuertes Handeln und sicherte sein Überleben. Als die Krise vorbei war und er sich am sicheren Ufer befand, ließ die Dopaminausschüttung nach und das Hier-und-jetzt-Norepinephrin überflutete ihn erneut. Deshalb zitterte und weinte er.

Die meisten Leute würden das Überleben des Seglers einem Adrenalinstoß zuschreiben. Doch das Gegenteil stimmt. Er stand nicht unter Adrenalin, sondern unter Dopamin. Als er das Boot rettete, führte Dopamin die Regie und Adrenalin (das Norepinephrin genannt wird, wenn es sich im Gehirn befindet) wurde unterdrückt.

Im 18. Jahrhundert fasste Samuel Johnson den Sachverhalt wie folgt zusammen: »Wenn ein Mann weiß, dass er in 14 Tagen gehängt wird, kann er sich wunderbar konzentrieren.« In unserer heutigen Zeit hat Dr. David Caldicott, der im Calvary Hospital in Canberra, Australien, in der Notaufnahme arbeitet, es so ausgedrückt: »Notfallmedizin ist wie das Fliegen von Flugzeugen. Stundenlang geschieht wenig, doch ab und zu herrscht reine Panik. Aber wer etwas taugt, fürchtet sich dann nicht, sondern ist hoch konzentriert.«

## ES IST LEICHTER, AUS DER FERNE ZU TÖTEN

Im Science-Fiction-Klassiker *Dune* von Frank Herbert muss der Held beweisen, dass er ein Mensch ist, indem er seinen animalischen Instinkt, im Hier und Jetzt zu handeln, unterdrückt. Seine Hand wird in einen teuflischen Apparat gesteckt, in eine schwarze Kiste, die unvorstellbare Schmerzen auslöst. Wenn er die Hand herauszieht, wird ihn die alte Frau, die den Test leitet, mit einer vergifteten Nadel in den Hals stechen und er wird sterben. Sie sagt zu ihm: »Hast du schon mal von Tieren gehört, die sich ein Bein abbeißen, um einer Falle zu entkommen? Das ist ein tierisches Verhalten. Ein Mensch würde in der Falle bleiben, die Schmerzen ertragen und seinen Tod vortäuschen, sodass er vielleicht den Fallensteller töten kann, um seinesgleichen vor ihm zu schützen.«

Manche Menschen können Gefühle von Natur aus besser unterdrücken als andere. Sie werden so geboren. Das liegt zum Teil an der Zahl und der Art der Dopaminrezeptoren im Gehirn, die reagieren, sobald Dopamin ausgeschüttet wird. Diese Menschen besitzen also andere Gene als andere Menschen. Forscher haben die Dichte der Dopaminrezeptoren (wie viele es gibt und wie eng sie zusammenliegen) im Gehirn einiger Menschen bestimmt und die Ergebnisse mit Tests verglichen, die die »emotionale Distanz« des Probanden gemessen hatten.

Der Distanztest maß Charakterzüge wie die Neigung, persönliche Informationen für sich zu behalten und sich auf andere Menschen einzulassen.

Die Wissenschaftler fanden einen direkten Zusammenhang zwischen der Rezeptorendichte und dem persönlichen Engagement. Eine hohe Dichte ging mit starker emotionaler Distanz einher. In einer anderen Studie beschrieben sich Menschen mit den höchsten Distanzwerten als »kalt, gesellschaftlich reserviert und in ihren Beziehungen nachtragend«. Im Gegensatz dazu erklärten Menschen mit den niedrigsten Distanzwerten, sie seien »übermäßig fürsorglich und leicht auszunutzen«.

Die meisten Menschen haben eine Persönlichkeit, die zwischen dem höchsten und dem niedrigsten Wert auf der Distanzskala liegt. Wir sind weder zu reserviert noch zu fürsorglich. Wie wir reagieren, hängt von den Umständen ab. Wenn wir im peripersonalen Raum agieren –

im Nahbereich, im direkten Kontakt, konzentriert auf den gegenwärtigen Moment –, werden die Hier-und-jetzt-Systeme aktiviert und die warmen, emotionalen Charakterzüge unserer Persönlichkeit kommen zum Vorschein. Sind wir hingegen im extrapersonalen Raum aktiv – distanziert, abstrakt denkend, auf die Zukunft konzentriert –, drücken wir eher die rationalen, emotionslosen Teile unserer Persönlichkeit aus. Diese beiden Denkweisen illustriert das ethische Dilemma, das »Trolley-Problem« genannt wird:

*Ein Waggon, der sich vom Zug gelöst hat, rast auf eine Gruppe von fünf Arbeitern zu. Wenn niemand eingreift, werden sie allesamt sterben. Sie können den Waggon jedoch aufhalten, wenn Sie einen Passanten aufs Gleis stoßen. Das würde seinen Tod bedeuten, aber er würde den Waggon stark genug verlangsamen, dass die fünf Arbeiter gerettet wären. Würden Sie den unbeteiligten Passanten aufs Gleis stoßen?*

In einem solchen Szenario wären die meisten Menschen unfähig, den Passanten aufs Gleis zu schubsen; sie könnten einen anderen Menschen nicht mit eigenen Händen töten, nicht einmal, um fünf andere zu retten. Der Grund dafür sind die Hier-und-jetzt-Neurotransmitter, die aktiv sind. Sie erzeugen Mitgefühl für andere und überwältigen bei den meisten Menschen die kalkulierende Vernunft des Dopamins. Die Hier-und-jetzt-Reaktion ist in dieser Situation so stark, weil wir so nah dran sind, genau in der peripersonalen Zone. Wir müssten das Opfer tatsächlich mit unseren Händen berühren, wenn wir es in den Tod schickten. Das würde nur ein überaus distanzierter Mensch fertigbringen.

Das Hier-und-jetzt-System ist im peripersonalen Raum – in der unmittelbaren Zone, über die unsere fünf Sinne uns Auskunft geben – am einflussreichsten. Was würde also geschehen, wenn wir zurückträten, einen Schritt nach dem anderen, und dadurch den Einfluss des Hier-und-jetzt-Systems auf unsere Entscheidungen verringerten? Nähme unsere Bereitschaft – und unsere Fähigkeit – zu, ein Leben für fünf zu opfern, wenn wir uns aus dem peripersonalen Raum des Hier und Jetzt in den extrapersonalen Raum des Dopamins begäben?

Beginnen wir damit, die Hier-und-jetzt-Empfindung des körperlichen Kontakts aus der Gleichung zu nehmen. Angenommen, Sie stehen etwas entfernt und beobachten die Ereignisse. Sie können einen Schalter umlegen, der den Waggon vom Gleis mit den fünf Menschen auf ein Gleis mit einem Menschen umlenkt. Dann stirbt nur ein Mensch. Wenn Sie nichts tun, sterben fünf Menschen. Legen Sie den Schalter um?

Treten Sie nun noch weiter zurück. Stellen Sie sich vor, Sie sitzen in einer weit entfernten Stadt an einem Schreibtisch. Das Telefon klingelt und ein verzweifelter Eisenbahnarbeiter schildert Ihnen die Situation. Sie können den Waggon vom Schreibtisch aus steuern. Wenn Sie einen Schalter umlegen und den Waggon umleiten, stirbt nur ein Mensch. Tun Sie es nicht, müssen fünf Menschen sterben. Legen Sie den Schalter um?

Abschließend gestalten wir das Szenario so abstrakt wie möglich: Wir legen das gesamte Hier-und-jetzt-System lahm und aktivieren ausschließlich das Dopaminsystem. Stellen Sie sich vor, Sie wären ein Ingenieur, der die Sicherheitsstandards der Eisenbahngleise plant. An der Seite der Gleise werden Kameras installiert, die darüber Auskunft geben, wer wo steht. Sie schreiben ein Computerprogramm, das den Schalter steuert. Das Programm entscheidet mithilfe der Kamerainformationen, auf welcher Bahnstrecke der Waggon am wenigsten Menschen tötet. Werden Sie eine Software entwickeln, die *in der Zukunft* möglicherweise fünf Menschen rettet, indem sie einen tötet?

Die Szenarien ändern sich, doch der Ausgang bleibt gleich: Ein Mensch wird geopfert, damit fünf gerettet werden, oder fünf Menschen verlieren ihr Leben, um das unmittelbare Töten eines Menschen zu vermeiden. Nur sehr wenige Menschen würden einen Unschuldigen mit eigenen Händen in den Rücken stoßen und damit in den Tod schicken. Doch sehr wenige Menschen würden zögern, die Software zu entwickeln, die den Schalter so steuert, dass möglichst wenig Menschen sterben müssen. Es ist fast so, als würden zwei verschiedene Gehirne die Situation bewerten. Eines ist rational und entscheidet nur auf der Grundlage der Vernunft. Das andere ist mitfühlend und unfähig, einen Menschen zu töten, unabhängig davon, welche Folgen das hat. Ein Gehirn versucht, die Situation in den Griff zu bekommen, indem es möglichst viele Menschenleben rettet. Das andere tut das nicht. Ob ein Mensch die eine oder die andere Entscheidung trifft, hängt zum Teil von der Aktivität innerhalb des Dopaminsystems ab.

## SCHWERE ENTSCHEIDUNGEN IN DER REALEN WELT

Dieses Problem ist nicht nur theoretischer Natur. Die Entwickler von selbstfahrenden Autos sind damit konfrontiert. Wenn ein Zusammenstoß zweier Autos unvermeidlich ist, was soll das selbstfahrende Auto dann tun? Soll es auf jeden Fall in die eine Richtung ausweichen und dadurch das Leben seines Eigentümers schützen oder soll es in die andere Richtung schwenken und den eigenen Fahrer töten, wenn dadurch im entgegenkommenden Auto weniger Menschen ums Leben kommen? Ein Verbrauchertipp: Wenn Sie ein selbstfahrendes Auto kaufen möchten, dann fragen Sie den Verkäufer, wie es programmiert wurde.

Ein weiteres Beispiel für dieses Problem finden wir in dem Film *Eye in the Sky* (2016). Terroristen in Kenia bereiten zwei Selbstmordattentäter auf einen Angriff vor, der bis zu 200 Menschen töten soll. Die Zeit, sie aufzuhalten, ist sehr knapp. Auf der anderen Seite des Erdballs ist ein Soldat im Begriff, die Terroristen mit der ferngesteuerten Rakete einer Drohne zu töten. Unmittelbar bevor er feuern will, stellt ein junges Mädchen neben dem Haus der Terroristen einen Tisch auf, um Brot zu verkaufen. Wenn der Soldat nichts tut, sterben Hunderte Menschen. Um sie zu retten, muss er jedoch das kleine Mädchen gemeinsam mit den Terroristen töten. Der Film dokumentiert die intensive Debatte über die richtige Entscheidung in dieser realistischen Schilderung des »Trolley-Problems«.

Manchmal handeln wir kalt und berechnend und versuchen, die Umwelt zu beherrschen, um in Zukunft davon zu profitieren. Ein andermal handeln wir warmherzig und mitfühlend und teilen, was wir haben – für die Freude im Hier und Jetzt, andere glücklich zu machen. Das Dopamin-Kontrollsystem und das Hier-und-jetzt-System arbeiten gegensätzlich; sie sorgen für ein Gleichgewicht, das es uns erlaubt, menschlich mit anderen umzugehen und gleichzeitig unser Überleben zu sichern. Weil das Gleichgewicht wichtig ist, verdrahtet das Gehirn die Schaltkreise oft gegensätzlich. Das funktioniert so gut, dass bisweilen sogar ein Gegensatz in dasselbe Neurotransmittersystem eingearbeitet wird. So arbeitet das Dopaminsystem. Was also geschieht, wenn Dopamin sich gegen Dopamin wendet?

## RADIESCHEN ODER KEKSE?

Der Neurotransmitter Dopamin ist die Quelle des Verlangens (über das System des Verlangens) und der Beharrlichkeit (über das Kontrollsystem); er ist die Leidenschaft, die uns den Weg zeigt, und die Willenskraft, die uns zum Ziel bringt. Meist arbeiten die beiden zusammen, doch wenn das Verlangen auf Dinge fixiert ist, die uns langfristig schaden – ein drittes Stück Kuchen, eine außereheliche Affäre oder eine Heroinspritze –, dreht sich die dopamingesteuerte Willenskraft herum und streitet sich mit ihrem Gefährten.

Willenskraft ist nicht das einzige Werkzeug im Arsenal des Kontrolldopamins, wenn es sich einem Verlangen entgegenstellen muss. Es kann auch planen, Strategien entwerfen und abstrahieren. Zum Beispiel können wir uns die langfristigen Folgen alternativer Entscheidungen vorstellen. Doch wenn wir einem schädlichen Drang widerstehen müssen, ist Willenskraft unser erstes Mittel der Wahl. Das ist nicht immer sinnvoll. Willenskraft kann einem Alkoholiker helfen, einmal ein Getränk abzulehnen, sie nützt aber wahrscheinlich nichts, wenn er monate- oder jahrelang immer wieder Nein sagen muss. Die Willenskraft gleicht einem Muskel. Sie wird mit jeder Beanspruchung müder und versagt nach ziemlich kurzer Zeit. Eines der besten Experimente, die die Grenzen der Willenskraft aufzeigten, war die berühmte Radieschen-Keks-Studie. Sie stützte sich auf eine Täuschung. Den Versuchspersonen wurde mitgeteilt, es ginge um einen Geschmackstest. Und so beschrieb einer der Forscher den Ablauf:

> *Der Laborraum wurde sorgfältig hergerichtet, bevor die Teilnehmer eintrafen. In einem kleinen Herd im Raum waren Schokoladenkekse gebacken worden und deshalb war das Labor mit dem köstlichen Aroma frischer Schokolade und frischer Kekse gefüllt. Zwei Teller standen auf dem Tisch, an den der Teilnehmer gesetzt wurde. Auf einem Teller lagen Schokoladenkekse und ein paar Schokoladenbonbons. Auf dem anderen lagen rote und weiße Radieschen.*

Als die Teilnehmer ankamen, waren sie hungrig. Man hatte sie angewiesen, vor der Fahrt zum Labor eine Mahlzeit auszulassen. Deshalb waren der Anblick und der Geruch der frisch gebackenen Schokoladenkekse besonders verführerisch. Die Teilnehmer wurden einzeln ins Labor geführt, wo die Schokoladenkekse eben aus dem Herd genommen worden waren, und man bat sie, zwei oder drei Kekse beziehungsweise zwei oder drei Radieschen zu probieren, je nachdem, welcher Gruppe sie zugeteilt worden waren. Bevor der Teilnehmer zu essen begann, verließ der Wissenschaftler den Raum, nicht ohne den Teilnehmer daran zu erinnern, dass er nur essen durfte, was ihm zugeteilt worden war.

Keiner der Teilnehmer, die Radieschen essen sollten, brach die Regel und aß einen Keks, aber sie gerieten offensichtlich in Versuchung. Die Wissenschaftler beobachteten hinter einem Vorhang, was sie taten. »Mehrere von ihnen sahen den Teller mit den Keksen sehnsüchtig an und einige nahmen sogar einen Keks in die Hand und schnupperten daran.«

Nach etwa fünf Minuten kehrte der Wissenschaftler zurück und erklärte, beim nächsten Schritt der Studie handele es sich um etwas ganz anderes: um einen Test der Fähigkeit, Probleme zu lösen. Er sagte den Versuchspersonen nicht, dass das Problem unlösbar war. Die Frage lautete: Wie lange würden die einzelnen Teilnehmer an der unlösbaren Aufgabe herumknobeln?

Die Teilnehmer, denen man erlaubt hatte, Kekse zu essen, arbeiteten etwa 19 Minuten lang an dem Problem. Diejenigen, die nur Radieschen hatten essen dürfen, die sich also hatten zusammennehmen müssen, um ihre Lust auf Kekse zu unterdrücken, hielten nur acht Minuten durch, also weniger als halb so lange, ehe sie aufgaben. Die Forscher schlossen daraus: »Wer einer Versuchung widerstehen muss, zahlt anscheinend einen Preis dafür. Die Teilnehmer neigten danach angesichts ihrer Frustration eher dazu aufzugeben.« Je öfter Sie einer Versuchung widerstehen müssen, wenn Sie eine Diät machen, desto größer ist die Wahrscheinlichkeit, bei der nächsten Versuchung zu scheitern. Willenskraft ist eine begrenzte Ressource.

## DAS WILLENSKRAFT-TRAININGSGERÄT

Wenn die Willenskraft einem Muskel gleicht, kann man sie dann durch Training stärken? Ja, aber dafür braucht man ein Hightechtrainingsgerät. Wissenschaftler am Zentrum für kognitive Neurowissenschaft der Duke University benutzten ein solches Gerät, um herauszufinden, ob sie damit den Teil des Gehirns stärken könnten, der für die Willenskraft zuständig ist.

Zuerst machten sie es den Versuchspersonen leicht. Diese bekamen Geld, wenn sie eine Aufgabe lösten. Eine sofortige Belohnung ist eine starke Motivation. Mit einem Gehirnscanner beobachteten die Forscher, ob die ventrale tegmentale Zone des Gehirns aktiviert wurde, wo sowohl das System des Verlangens als auch das Kontrollsystem entspringen. Dann baten sie die Teilnehmer, Mittel und Wege zu finden, sich selbst zu motivieren, und schlugen einige Strategien vor, zum Beispiel die Aufforderung »Ich schaffe das!«. Sie ermutigten die Versuchspersonen, kreativ zu sein und die Strategie anzuwenden, die sie ihrer Meinung nach am stärksten motiviere. Manche Teilnehmer stellten sich Trainer vor, die sie anfeuerten. Andere dachten an Situationen, in denen ihre Bemühungen belohnt wurden. Währenddessen lagen sie in einem Gehirnscanner und die Forscher beobachteten, was in der Motivationsregion des Gehirns geschah. Sie waren überrascht – denn es geschah nichts. Geld wirkte zwar, aber wenn die Teilnehmer sich selbst zu motivieren versuchten, scheiterten sie.

Anschließend gaben die Wissenschaftler ihnen eine kleine Hilfe in Form eines Biofeedbacks. Dabei bekommt die Versuchsperson Informationen darüber, wie ihr Körper und ihr Gehirn arbeiten. Das hilft ihnen, effektive Methoden zu finden, um Vorgänge zu steuern, die normalerweise unbewusst ablaufen. Biofeedback wirkt am besten als Entspannungsmethode. Ein Gerät, das winzige Mengen Schweiß misst, wird am Finger der Versuchsperson befestigt. Je weniger Schweiß, desto größer ist die Entspannung. Das Signal wird als Ton gegeben und die

Versuchsperson versucht, den Ton in Richtung Entspannung zu verändern. Das funktioniert.

Im Motivationsexperiment zeigte man den Teilnehmern eine Messskala mit zwei Linien. Die eine gab die aktuelle Aktivität in der Motivationsregion an, die andere das höhere Ziel, das sie erreichen sollten. Jetzt konnten die Teilnehmer sehen, welche Strategie funktionierte und welche nicht. Nach einer Weile hatten sie sich einige imaginäre Szenen zurechtgelegt, die die Aktivität in der Motivationsregion effektiv steigerten. Diese Strategien wirkten selbst dann noch, wenn die Messskala entfernt wurde. Es war also möglich, die Willenskraft zu stärken, aber das setzte ein Hightechfenster voraus, das es den Teilnehmern ermöglichte, tief in ihr Gehirn zu blicken.

## DOPAMIN KONTRA DOPAMIN

Es ist also möglich, die Willenskraft zu trainieren, allerdings lassen sich mit ihr allein keine langfristigen, dauerhaften Veränderungen herbeiführen. Was funktioniert dann? Diese Frage ist sehr wichtig für Ärzte, die Menschen helfen, eine Sucht zu überwinden. Man kann eine Drogensucht nicht allein mit dem Willen besiegen. Es gibt Medikamente, die bei einigen Süchten hilfreich sind, aber auch sie wirken als alleinige Therapie nicht. Man muss sie mit Psychotherapie kombinieren.

Das Ziel der Suchtpsychotherapie besteht darin, einen Teil des Gehirns gegen einen anderen auszuspielen. Ein Teil des Dopaminsystems des Verlangens läuft bei einer Drogensucht aus dem Ruder und zwingt den Süchtigen zu einem zwanghaften, nicht beherrschbaren Konsum. Man muss ihm also eine ebenso starke Kraft entgegensetzen. Wir wissen, dass Willenskraft nicht genügt. Welche anderen Ressourcen können wir nutzen, um diesen Kampf zu gewinnen?

Diese Frage ist intensiv untersucht worden und das gesammelte Wissen kam einer Reihe verschiedener Psychotherapien zugute. Zu den am besten untersuchten gehören die *Motivationsverstärkungstherapie*, die *kognitive Verhaltenstherapie* und das *12-Schritte-Programm*. Jede dieser Therapieformen nutzt die Ressourcen des menschlichen Gehirns auf ihre Weise, um den schädlichen Impulsen des gestörten Dopaminsystems des Verlangens entgegenzuwirken.

## DIE MOTIVATIONSVERSTÄRKUNGSTHERAPIE: DOPAMIN DES VERLANGENS KONTRA DOPAMIN DES VERLANGENS

Süchtige haben ein Verlangen nach Drogen. Sie nehmen sogar dann Drogen, wenn sie wissen, dass sie sich damit selbst schaden und ihr eigenes Leben zerstören. Die Drogen können sie also nicht vollständig täuschen. Die Abhängigen sind zwiegespalten: Ein Teil von ihnen sehnt sich nach nichts anderem mehr, als Drogen zu konsumieren, aber sie empfinden auch weitere, schwächere Arten des Verlangens. Diese kann man stärken. Vielleicht wünschen sie sich, ein besserer Ehepartner oder Vater zu sein oder im Beruf mehr Erfolg zu haben. Der Drogensüchtige könnte feststellen, dass sein Bankkonto dahinschmilzt, und sich nach dem Seelenfrieden sehnen, den finanzielle Sicherheit bringt. Oder er fühlt sich jeden Tag krank, wenn er aufwacht, und er wünscht sich zurück in die Zeit, als er stark und gesund war.

Keiner dieser Wünsche kann die Dopaminausschüttung so stark ankurbeln wie eine Droge, aber Verlangen motiviert uns nicht nur zum Handeln, sondern auch zum Durchhalten. In der Motivationsverstärkungstherapie (oft wird der englische Begriff *motivational enhancement therapy* oder MET benutzt) tolerieren die Patienten ihren Groll, das

Gefühl, benachteiligt zu sein, die Strafe durch das enttäuschte Dopamin, weil sie wissen, dass all das zu etwas Besserem führen wird. Das Ziel der Therapie besteht darin, das Feuer des Verlangens nach einem besseren Leben anzufachen.

MET-Therapeuten bauen Motivation auf, indem sie ihre Patienten ermuntern, über ihre gesunden Wünsche zu reden – getreu einem alten Sprichwort: »Wir glauben nicht, was wir hören, wir glauben, was wir sagen.« Wenn Sie beispielsweise einen Vortrag über Ehrlichkeit halten und die Teilnehmer dann zu einem Spiel auffordern, in dem Mogeln belohnt wird, hat der Vortrag wahrscheinlich keine große Wirkung. Wenn Sie jedoch jemanden auffordern, *Ihnen* einen Vortrag über Ehrlichkeit zu halten, ist die Wahrscheinlichkeit, dass er oder sie bei dem Spiel mogelt, deutlich geringer.

Die MET ist ein wenig manipulativ. Wenn der Patient etwas sagt, was dem Therapeuten gefällt (weil es eine positive Veränderung fördert), zum Beispiel: »Manchmal fällt es mir schwer, pünktlich zur Arbeit zu kommen, wenn ich am Abend zuvor eine Menge getrunken habe«, reagiert der Therapeut mit einer positiven Verstärkung oder der Bitte: »Erzählen Sie mir mehr darüber.« Wenn der Patient jedoch etwas sagt, das eine positive Veränderung erschwert, etwa: »Ich arbeite den ganzen Tag hart, darum habe ich mir am Abend ein paar Martinis zur Entspannung verdient«, widerspricht der Therapeut nicht, weil er weitere ungünstige Aussagen provozieren würde, wenn die Debatte hin und her ginge. Stattdessen wechselt er einfach das Thema. Die Patienten merken meist nicht, was vor sich geht; deshalb umgeht die Therapie ihre bewusste Verteidigung und sie machen während der Sitzung überwiegend Aussagen, die ihre Genesung fördern.

## DIE KOGNITIVE VERHALTENSTHERAPIE: KONTROLLDOPAMIN KONTRA DOPAMIN DES VERLANGENS

Es ist besser, schlau zu sein als stark. Anstatt eine Sucht mit Willenskraft frontal anzugreifen, nutzt die kognitive Verhaltenstherapie (KVT) die Fähigkeit des Kontrolldopamins zu planen, um die rohe Kraft des Verlangens zu besiegen. Süchtige, die darum kämpfen müssen, clean zu bleiben, scheitern meist, wenn sie ihrem Verlangen nicht widerstehen können. KVT-Therapeuten bringen ihren Patienten bei, dass dieses Verlangen durch bestimmte Anreize ausgelöst wird: durch Drogen, Alkohol und durch Dinge, die den Süchtigen an Drogen und Alkohol erinnern (Menschen, Orte und Gegenstände). Reize, die einen Süchtigen plötzlich und unerwartet an Drogen erinnern, führen zu einem Belohnungsvorhersagefehler, wie bei dem Süchtigen, der ein überwältigendes Verlangen nach Heroin verspürte, wenn er eine Flasche Wäschebleiche sah. In einem solchen Fall wird Dopamin des Verlangens ausgeschüttet, was den Süchtigen zum Konsum anregt und ihm droht, sich vollständig abzuschalten, wenn es nicht bekommt, was es haben will.

Alkoholiker lernen in der KVT, sich mit verschiedenen Methoden gegen Reize zu wappnen, die Verlangen in ihnen auslösen. Beispielsweise können sie einen abstinenten Freund bitten, sie zu Veranstaltungen zu begleiten, bei denen Alkohol ausgeschenkt wird. Und sie beseitigen so viele Auslöser wie möglich. Der Patient und ein Freund werden zum »Suchen und Vernichten« ermuntert: Sie beseitigen alles im Haus, was den Patienten an Alkohol erinnert – Cocktailgläser, Mixbecher, Flachmänner, Martini-Oliven und so weiter. Alles, was der Trinker mit Alkohol verbindet, ist ein Auslöser und muss weg, weil es sonst ein Verlangen auslösen könnte, das eine hart erkämpfte Phase der Abstinenz beendet. Ein Patient, der Alkoholiker war, braute in seinem Keller Bier. Er weigerte sich, seine geliebte Ausrüstung wegzuwerfen, weil Brauen sein Hobby sei und nichts mit dem Trinken zu tun habe, wie er sagte. Das Dopamin des Verlangens gewann den Kampf, bis der Mann schließlich nachgab und alles auf den Müll warf. Heute ist er trocken.

## Sucht ist schlimmer, als Sie glauben

Süchte sind schwer zu behandeln, schwerer als viele andere psychischen Erkrankungen. Bei anderen Krankheiten, zum Beispiel Depression, wollen die Patienten gesund werden – ohne jeden Zweifel. Doch wenn ein Mensch von einer Droge abhängig ist, hat er Zweifel. Vielleicht fühlt er sich Augustinus verbunden, der eine Affäre mit einer jungen Frau hatte und betete: *Herr, gib mir Keuschheit, aber jetzt noch nicht.*

Weil Süchte so schwer zu überwinden sind, bezeichnen Ärzte und Patienten abhängig machende Substanzen wie Alkohol oft als Feinde. Es handelt sich dabei um einen Feind, den wir respektieren, weil er nicht nur stark, sondern auch schlau ist.

Einer der »Tricks«, die er nutzt, sind unerwartete Auslöser, die Verlangen hervorrufen: Fotos mit Freunden auf einer Party, ein Lieblingsglas, ein Flaschenöffner und sogar ein Küchenmesser, mit dem Zitronen in Scheiben geschnitten wurden. Diese Auslöser können so subtil sein, dass der Süchtige sie erst erkennt, wenn er der Versuchung bereits erlegen ist.

Aber es genügt nicht, die Auslöser loszuwerden. Wissenschaftler entdeckten vor Kurzem eine völlig unerwartete und etwas beängstigende Taktik des Feindes. Denken Sie an einen Alkoholiker, der eines Tages ohne ersichtlichen Grund beschließt, seinen Weg von der Arbeit nach Hause zu ändern. Zufällig fährt er an einer Kneipe vorbei, die er früher oft besuchte, und wird von Verlangen überwältigt. Wenn er dann in seiner nächsten Therapiesitzung über seinen Rückfall spricht, hat er keine Ahnung, wie es dazu gekommen ist. Er sieht nicht den Zusammenhang zwischen der scheinbar harmlosen Entscheidung, seinen Heimweg zu ändern, und seinem Rückfall.

Aber dieser Rückfall war kein Zufall. Wissenschaftler fanden kürzlich heraus, dass eine Alkoholsucht die Funktion bestimmter DNS-Abschnitte verändert, die wichtig für die normale Arbeit des Dopamin-Kontrollsystems in den Frontallappen sind. Ein Schlüsselenzym wird unterdrückt, was die Fähigkeit der Neuronen stört, Signale weiterzuleiten. Es ist, als würde ein Hacker mitten in einem Krieg die Kommunikationskanäle des Feindes lahmlegen. Das heißt, ein Alkoholiker will vielleicht nicht an seiner ehemaligen Stammkneipe vorbeifahren, doch der Feind hat seine Fähigkeit verringert, die Folgen seiner Entscheidung zugunsten einer neuen Fahrstrecke richtig einzuschätzen.

Die Forschungen, die die gefährlichen Veränderungen in der DNS entdeckten, wurden mit Ratten durchgeführt. Deshalb können wir nicht völlig sicher sein, ob für Menschen das Gleiche gilt, doch die Ergebnisse waren verblüffend. Ratten, bei denen die Sucht die DNS modifiziert hatte, tranken mehr Alkohol und sie tranken sogar, wenn der Alkohol mit Chinin versetzt war, dessen bitteren Geschmack die Ratten normalerweise nicht mögen. Dieser Befund deutet darauf hin, dass die Veränderung der DNS Trinker veranlasst, Alkohol trotz seiner unangenehmen Folgen zu trinken.

Trotzdem können Alkoholiker ihre Sucht überwinden. Aber wenn das Kontrolldopamin das System des Verlangens nicht mehr in Schach halten kann, ist das schwierig. Alkohol löst nicht nur ständiges Verlangen aus, es untergräbt auch die Zukunftsorientierung, die notwendig ist, um bis zur Heilung am Ball zu bleiben. Zum Glück wissen wir heute, dass diese Waffe existiert, und wenn wir eine Methode finden, die Veränderungen in der DNS rückgängig zu machen, können wir sie neutralisieren.

## DAS 12-SCHRITTE-PROGRAMM: HIER-UND-JETZT-NEUROTRANSMITTER KONTRA DOPAMIN DES VERLANGENS

Die Anonymen Alkoholiker (AA) sind die erfolgreichste Selbsthilfegruppe der Welt. Aber sie eignen sich nicht für alle. Sie verlangen, dass Betroffene sich als Alkoholiker bekennen, was vielen nicht gefällt. Zudem glauben sie an eine höhere Macht, an die manche Leute nicht glauben. Und sie erwarten, dass die Teilnehmer in der Gruppe ihre persönliche Geschichte erzählen, was einigen Menschen unangenehm ist. Diejenigen, die sich anpassen, können jedoch von der Therapie profitieren.

Wer eine Abhängigkeit überwinden will, muss lange darum kämpfen, manchmal sein Leben lang. Insofern haben die AA einige wichtige Vorteile gegenüber den Drogenentzugsprogrammen. Die Teilnahme ist zeitlich unbegrenzt, kostenlos und überall auf der Welt möglich. In Städten gibt es häufig mehrere Gruppen, die sich Tag und Nacht treffen.

Die AA sind eher eine Gemeinschaft als eine Therapie. Die Betroffenen machen Fortschritte dank ihrer Beziehungen zu anderen Mitgliedern und zu einer höheren Macht. Der soziale Teil des Gehirns knüpft mithilfe der Hier-und-jetzt-Neurotransmitter ein Band zu anderen

Menschen. Kaum etwas auf dieser Welt ist so mächtig wie Beziehungen. Laut Alexa, einer Firma für Internetanalysen, ist Facebook die am zweithäufigsten besuchte Seite im Internet (Google ist die Nummer eins, Pornhub, die meistbesuchte Pornoseite, kommt erst an 67. Stelle, was unseren Glauben an die Fähigkeit des Menschen, weniger gesunden Begierden zu widerstehen, stärken sollte).

Die Mitglieder der AA geben einander ihre Telefonnummern, damit Alkoholiker jemanden haben, an den sie sich wenden können, wenn sie gegen das Verlangen ankämpfen müssen und Unterstützung und Ermutigung brauchen. Wenn ein Teilnehmer einen Rückfall erleidet, verdammt ihn niemand, aber er hat unweigerlich das Gefühl, die anderen im Stich gelassen zu haben. Die Hier-und-jetzt-Erfahrung des schlechten Gewissens ist ein sehr starker Motivator (Ihre Mutter weiß das). Die Kombination aus emotionaler Unterstützung und Schuldgefühlen hilft vielen Süchtigen, dauerhaft nüchtern zu bleiben.

Ein noch deutlicheres Beispiel dafür, wie eine Aktivität im Hier und Jetzt die dopamingesteuerte Sucht unterdrückt, ist die Beobachtung, dass bei Raucherinnen, die schwanger werden, die Aufhörquote nach oben schießt. Dr. Suena Massey vom Institut für Frauengesundheit der Northwestern University, die diesen schnellen Wandel gründlich studiert hat, berichtet, dass diese Frauen die üblichen Schritte bis zur Entwöhnung vollständig überspringen. Das Hier-und-jetzt-Mitgefühl für den sich entwickelnden Fötus ist so stark, dass viele Raucherinnen sofort bis zur Ziellinie springen und das Rauchen ohne jegliche bewusste Anstrengung aufgeben. Sobald die dopamingesteuerte Ausrede »Ich schade niemandem außer mir selbst« nicht mehr zieht, öffnet sich die Tür zu einer schnellen Wiederherstellung des Gleichgewichts zwischen Hier-und-Jetztlern und Dopamin.

Das Dopaminsystem als Ganzes hat sich entwickelt, um künftige Ressourcen zu maximieren. Neben dem Verlangen und der Motivation, die den Ball ins Rollen bringen, besitzen wir auch ein raffinierteres System, das uns befähigt, langfristig zu denken, Pläne zu schmieden und abstrakte Konzepte wie Mathematik, Vernunft und Logik zu nutzen. Wenn wir in die ferne Zukunft blicken, gibt uns das auch die Beharrlichkeit, die wir brauchen, um Herausforderungen zu bestehen und langfristige Ziele zu erreichen, zum Beispiel eine Ausbildung abzuschließen oder zum Mond zu fliegen. Dann können wir auch das hedonistische System des Verlangens zähmen und auf sofortige Belohnungen verzichten, um längerfristig etwas Besseres zu erreichen. Das Kontrollsystem unterdrückt Hier-und-jetzt-Emotionen, sodass wir kühl und rational denken können. Das ist oft notwendig, wenn wir schwere Entscheidungen treffen müssen, etwa das Wohlbefinden eines Menschen im Interesse anderer zu opfern.

Das Kontrollsystem kann ziemlich gerissen sein. Manchmal stürmt es einfach vorwärts und beherrscht eine Situation dank der Macht des Selbstvertrauens. Ein andermal bringt es uns dazu, unterwürfiges Verhalten an den Tag zu legen, um andere zur Zusammenarbeit mit uns zu bewegen, sodass wir unsere Aufgaben besser erfüllen und unsere Ziele leichter erreichen können.

Dopamin bringt nicht nur Verlangen hervor, sondern verhilft uns auch zu Herrschaft. Es befähigt uns, die Umwelt und sogar andere Menschen unserem Willen zu unterwerfen. Aber Dopamin kann sogar noch mehr bewirken, als uns zur Weltherrschaft zu verhelfen: Es kann völlig neue Welten erschaffen, die vielleicht so erstaunlich sind, dass nur ein Genie – oder ein Verrückter – sie sich hätte ausdenken können.

*Kreativität ist die Macht, scheinbar Unzusammenhängendes miteinander zu verbinden.*
William Plomer, Autor

Kapitel 4

# KREATIVITÄT UND WAHNSINN

**Die Risiken und die Vorzüge eines Gehirns, das in hohem Ausmaß von Dopamin gesteuert wird**

*In diesem Kapitel reißt Dopamin die Barrieren des Gewöhnlichen nieder.*

*Immer und immer wieder jagten die gleichen Gedanken durch meinen Kopf. Ich wollte nur noch, dass sie aufhörten … Da habe ich mich gefragt: Wen rufe ich jetzt an? Dann rief ich die Ghostbusters an. Ich meine, nein, das kam falsch rüber. Ich rief nicht die Ghostbusters an, sondern die Krisenintervention … Darf ich jetzt wieder hineingehen? Ich glaube, jemand könnte versuchen, mich zu erschießen.*

Auszug aus einem Interview mit einem Mann, der mit Schizophrenie lebt

Nichts auf der Welt ist so mächtig wie ein schöpferischer Geist. Keine Ölquelle, Goldmine oder Tausend-Morgen-Farm kann mit einer kreativen Idee konkurrieren, wenn es um Möglichkeiten geht, Reichtum zu erschaffen. Kreativität ist das Beste, was das Gehirn zu bieten hat. Psychosen sind das Gegenteil. Sie sind Anzeichen eines Gehirns, das Mühe hat, selbst die gewöhnlichsten Herausforderungen des Alltags zu bewältigen. Doch Genie und Wahnsinn, das Beste und das Schlimmste, was das Gehirn hervorbringen kann, hängen beide vom Dopamin ab. Wegen dieses grundlegenden chemischen Zusammenhangs sind Genie und Wahnsinn enger miteinander verbunden, als jedes Einzelne von beiden mit der Funktion eines normalen Gehirns verbunden ist. Woher kommt diese Verbindung und was sagt sie uns über die fundamentale Natur beider Zustände? Beginnen wir mit dem Wahnsinn.

## DER BRUCH MIT DER WIRKLICHKEIT

*William musste von seinen Eltern eingeliefert werden, weil er nicht einsehen wollte, dass er psychisch krank war. Seine Eltern waren versierte Schriftsteller, die die Welt bereist und Kriegsgebiete besucht hatten, um Stoff für ihre Bücher zu sammeln. William ließ ebenfalls Anzeichen für eine hohe Intelligenz erkennen, war aber unbeständig. In seinem letzten Jahr an der Highschool versprachen seine Eltern, ihm ein Auto zu kaufen, wenn er einen guten Abschluss bekommen sollte. Er schaffte eine Eins minus im Durchschnitt.*

*Die Situation änderte sich drastisch, als er aufs College ging. Seltsame Ideen gingen ihm durch den Kopf. Er hatte sich mit einer jungen Frau angefreundet und bildete sich fälschlicherweise ein, dass sie ein romantisches Interesse an ihm habe. Als sie das bestritt, schloss er daraus, dass sie HIV-positiv sei und ihn vor einer Infek-*

*tion schützen wolle. Bald verdächtigte er mehr als ein Dutzend Menschen, die er kannte, HIV-positiv zu sein. Sie alle, dachte er, erwarteten von ihm, nach Afrika zu reisen und ein Heilmittel zu finden. Das flüsterten ihm seine tote Großmutter und Gott zu.*

*Als seine Freunde ihm rieten, einen Psychiater aufzusuchen, glaubte William, seine Eltern hätten sie bestochen, damit sie das sagten. Es war Teil einer Verschwörung, so glaubte er, mit dem Ziel, er solle sich für krank halten. Er kam zu dem Schluss, dass seine Eltern Betrüger seien, und verließ das Land, um seine echten Eltern zu suchen. Er blieb nicht lange weg. Als er zurückkehrte, beschuldigte er seine Eltern, ihn mit verborgenen Abhörgeräten zu überwachen. Er reiste nach New York, um der großen Belastung zu entfliehen, die er empfand, weil er sich für verfolgt hielt. Er sprach von »Missbrauch durch die Umwelt«. Ihm wurde alles zu viel, er brauchte eine Pause und wollte sich irgendwo verstecken, wo ihn keiner finden konnte.*

*Als er nach Hause zurückkehrte und einem Taxifahrer 600 US-Dollar für die Fahrt zahlte, reichte es seinen Eltern. Sie stellten ihn vor die Wahl, entweder auszuziehen oder einen Psychiater zu konsultieren. Um nicht obdachlos zu werden, stimmte William einer Behandlung zu. Unter der Aufsicht des Arztes begann er, Antipsychotika einzunehmen. Sein Zustand besserte sich und er beschloss, im örtlichen Community College Grafikdesign zu studieren. Doch im Anfangsstadium seiner Genesung war dieser Plan zu ehrgeizig. Nach wenigen Monaten gab er auf.*

*Nach und nach linderte das Medikament seine Symptome, aber seine Eltern mussten ihn immer wieder überreden, es regelmäßig einzunehmen. Er bezweifelte nach wie vor, psychisch krank zu sein. Sein Arzt verschrieb ihm ein neues Medikament, das er nicht jeden Tag einnehmen musste. Er musste nur noch einmal im Monat vorbeikommen und sich eine Injektion geben lassen. Auf diese Weise wurde die Therapie nicht unterbrochen. Bald ging es ihm so gut, dass er ganztags als Koch arbeiten und in einer eigenen Wohnung selbstständig leben konnte.*

Schizophrenie[1] ist eine Psychose, zu deren Symptomen Halluzinationen und Wahnvorstellungen gehören. Wer an Halluzinationen leidet, sieht Dinge, die tatsächlich nicht vorhanden sind, und glaubt sogar, sie berühren und riechen zu können. Am häufigsten hören die Betroffenen jedoch Stimmen. Es kann sein, dass eine Stimme das Verhalten des Patienten kommentiert (»Jetzt isst du zu Mittag«) oder dass sich mehrere Stimmen über ihn unterhalten (»Ist dir aufgefallen, dass alle ihn hassen?« – »Ja, weil er nicht duscht.«). Manchmal erteilen sie auch Befehle (»Bring dich um!«). Hin und wieder sind diese Stimmen freundlich und aufmunternd (»Du bist ein toller Kerl. Gute Arbeit, weiter so!«). Freundliche Halluzinationen verschwinden seltener als andere. Das kann ein Vorteil sein, weil sie im Großen und Ganzen einen positiven Einfluss haben.

Ein weiteres Symptom der Psychose sind Wahnvorstellungen. Das sind feste Überzeugungen, die mit der allgemein anerkannten Auffassung von Realität nicht übereinstimmen, zum Beispiel: »Außerirdische haben mir einen Computerchip in den Kopf implantiert.« Der Patient ist von seinen Wahnvorstellungen völlig überzeugt, so sehr, wie es bei normalen Anschauungen selten der Fall ist. Die meisten Menschen sind beispielsweise davon überzeugt, dass ihre Eltern wirklich ihre Eltern sind, doch wenn man sie fragt, ob sie sich dessen absolut sicher seien, räumen sie ein, dass sie es nicht sind. Anders bei Menschen mit Psychosen: Als ein Schizophrener gefragt wurde, ob er sicher sei, dass das FBI ihm per Funk Botschaften ins Gehirn sende, sagte er, daran be-

1 »Wahnsinn« ist keine psychiatrische Diagnose. Wir verwenden das Wort nur, weil es in Gesprächen benutzt wird. Gemeint ist eine schwere psychische Erkrankung, die beispielsweise mit Wahnvorstellungen und chaotischem oder gestörtem Denken einhergeht. Die häufigste Diagnose, die dem informellen Begriff *Wahnsinn* entspricht, ist Schizophrenie.

stehe kein Zweifel. Ganz gleich, wie viele Gegenbeweise man ihm vorlegte, er ließ sich davon nicht beirren.

Ein gutes Beispiel für dieses Phänomen stammt von John Nash, einem Mathematiker und Nobelpreisträger, der mit Schizophrenie lebte. Sylvia Nasar, die in ihrem Buch *A Beautiful Mind* über Nash schrieb, berichtete von einem Gespräch zwischen Nash und dem Harvard-Professor George Mackey:

> »Wie konnten Sie«, begann Mackey, »wie konnten Sie, ein Mathematiker, ein Mann, der der Vernunft und logischen Beweise treu ergeben ist … wie konnten Sie glauben, dass Außerirdische Ihnen Botschaften senden? Wie konnten Sie glauben, dass Außerirdische im Weltraum Sie damit beauftragt haben, die Welt zu retten? Wie konnten Sie …?«
>
> Schließlich blickte Nash auf und starrte Mackey an, ohne zu blinzeln, mit einem Blick, so kühl und leidenschaftslos wie der eines Vogels oder einer Schlange. »Weil«, sagte Nash langsam in seinem sanften, schleppenden Südstaatentonfall, als rede er mit sich selbst, »die Gedanken, die ich hinsichtlich übernatürlicher Wesen hatte, auf die gleiche Weise zu mir gekommen sind wie meine mathematischen Ideen.«

Woher kommen diese Ideen wirklich? Einen Hinweis darauf liefert das, was wir über die Therapie der Schizophrenie wissen. Psychiater verschreiben Medikamente, die man Antipsychotika nennt. Sie verringern die Aktivität des Dopaminsystems des Verlangens. Auf den ersten Blick sieht das seltsam aus. Wenn dieses System stimuliert wird, sind meist Erregung, Begehren, Begeisterung und Motivation die Folge. Wie kann eine übermäßige Stimulation zu einer Psychose führen? Die Antwort liefert das Denkmodell von der *Salienz*, eines Phänomens, das auch wichtig ist, um die Wurzeln der Kreativität zu verstehen.

## DER ZUSAMMENHANG ZWISCHEN SALIENZ UND DOPAMIN

Salienz gibt an, wie wichtig, herausragend oder ungewöhnlich etwas ist. Ein Clown auf der Straße wäre beispielsweise auffallender als ein Mann im Geschäftsanzug. Auch der Wert einer Sache ist Salienz. Eine Brieftasche mit 10 000 US-Dollar in bar besitzt mehr Salienz als eine mit 20 US-Dollar. Salienz hat für jeden Menschen eine andere Bedeutung. Eine Packung Erdnussbutter hat für einen Jungen mit Erdnussallergie eine größere Bedeutung als für einen gesunden Jungen. Für ein Mädchen, das Erdnussbutter-Sandwiches liebt, hätte sie ebenfalls mehr Salienz als für ihre Freundin, die Salat bevorzugt.

Überlegen Sie, welche Salienz folgende Dinge haben: ein Geschäft, das Sie schon Hunderte Male gesehen haben, im Vergleich zu einem Geschäft, das erst gestern eröffnet wurde; das Gesicht eines Fremden im Vergleich zu dem Gesicht der Frau, die Sie insgeheim lieben; ein Polizist, dem Sie zufällig auf dem Gehweg begegnen, im Vergleich zu einem Polizisten, der Sie verfolgt, weil Sie falsch abgebogen sind. Dinge besitzen Salienz, wenn sie wichtig für Sie sind, wenn sie Ihr Wohlbefinden oder Ihre Zukunft positiv oder negativ beeinflussen können, wenn sie das Dopamin des Verlangens aktivieren können. Sie übermitteln Ihnen die Botschaft: *Wach auf. Pass auf. Werde erregt. Das ist wichtig.* Sie sitzen an einer Bushaltestelle und lesen in der Zeitung einen Artikel über ein Handelsabkommen mit Kanada. Wenn die langweiligen Details des Abkommens Sie nicht in irgendeiner Form betreffen, bleibt Ihr Dopaminsystem des Verlangens inaktiv. Plötzlich fällt Ihr Blick auf den Namen einer Klassenkameradin in der Highschool. Sie war an den Verhandlungen beteiligt. *Peng! Salienz. Dopamin.* Während Sie weiterlesen und Ihr Interesse zunimmt, lesen Sie auf einmal Ihren eigenen Namen. Sie können sich sicherlich vorstellen, wie das Ihr Dopaminsystem beeinflussen würde.

## EIN PSYCHOTISCHER KURZSCHLUSS

Was aber geschieht, wenn die Salienzfunktion des Gehirns gestört ist, wenn sie aktiv wird, obwohl gerade nichts passiert, was für Sie wichtig ist? Angenommen, Sie verfolgen die Nachrichten. Der Moderator spricht über ein Spionageprogramm der Regierung und plötzlich legt Ihr Salienzsystem ohne jeden Grund los. Das kann dazu führen, dass Sie glauben, diese Nachricht hätte etwas mit Ihnen zu tun. Zu viel Salienz oder Salienz zur falschen Zeit kann Wahnvorstellungen auslösen. Dann wird das eigentlich unwichtige auslösende Ereignis plötzlich bedeutsam.

Eine häufige Wahnvorstellung bei Schizophrenen ist die Überzeugung, dass Leute im Fernsehen direkt zu ihnen sprechen. Eine andere ist der Glaube, von einem Geheimdienst überwacht zu werden. Ein Patient erklärte einmal, er habe ein Stoppschild gesehen und geglaubt, damit fordere seine Mutter ihn auf, sich nicht mehr nach Frauen umzuschauen. Eine andere Patientin sah am Valentinstag ein rotes Auto, das vor ihrer Wohnung parkte, und glaubte, es sei eine Liebesbotschaft ihres Psychiaters. Sogar Menschen, die nie psychotisch waren, können dazu gebracht werden, Dingen Salienz beizumessen, die anderen unwichtig erscheinen, zum Beispiel schwarzen Katzen oder der Zahl 13.[2]

Verschiedene Menschen messen verschiedenen Dingen eine unterschiedliche Salienz bei. Jeder Mensch hat allerdings eine untere Grenze. Wir müssen manchen Dingen wenig Salienz zugestehen, sie für unwichtig halten, damit wir sie ignorieren können, denn würden wir jede Einzelheit um uns herum wahrnehmen, würde uns das überwältigen.

---

2 Ist Aberglaube eine sehr leichte Form von Wahnvorstellungen oder ist er eine Entscheidung? Studien deuten darauf hin, dass abergläubische Menschen mehr dopaminerge Züge aufweisen als andere. Wahrscheinlich besteht also bei manchen Menschen eine genetisch bedingte Neigung zum Aberglauben.

## Dopaminblockade als Therapie für Psychosen

Menschen mit Schizophrenie kontrollieren ihre Dopaminaktivität mithilfe von Medikamenten, die Dopaminrezeptoren blockieren (Abbildung 4). Rezeptoren sind Moleküle an der Außenseite von Gehirnzellen. Sie fangen Neurotransmittermoleküle ein, zum Beispiel Dopamin, Serotonin und Endorphine. Gehirnzellen haben verschiedene Rezeptoren für verschiedene Neurotransmitter und jeder beeinflusst die Zelle auf andere Weise. Manche Rezeptoren stimulieren Gehirnzellen, andere versetzen sie in einen Ruhezustand. Das Gehirn verarbeitet Informationen, indem es das Verhalten seiner Zellen verändert, ähnlich wie Transistoren, die in einem Computerchip ein- und ausgeschaltet werden.

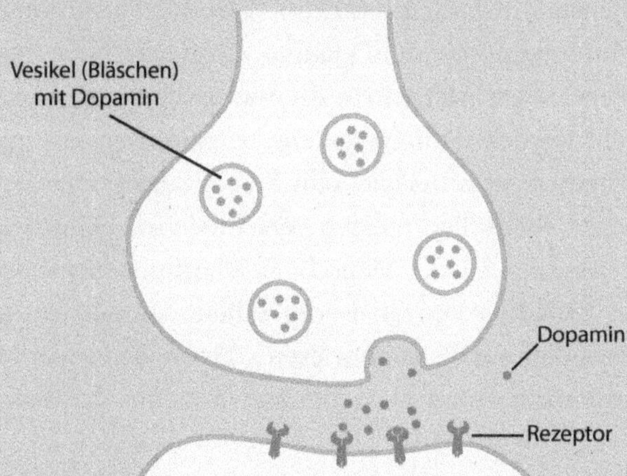


**Abbildung 4**

Wenn etwas einen Rezeptor blockiert, zum Beispiel ein Antipsychotikum, dann kann der Neurotransmitter (in diesem Fall Dopamin) sich nicht an ihn heften und sein Signal nicht weiterleiten. Es ist, als klebte jemand ein Schlüsselloch zu. Eine Dopaminblockade beseitigt meist nicht alle Schizophreniesymptome, aber sie kann Patienten von Wahnvorstellungen und Halluzinationen befreien. Leider blockieren Antipsychotika das Dopamin im ganzen Gehirn. Das heißt, sie legen auch das Kontrollsystem im Frontalhirn lahm, was einige Aspekte der Krankheit verschlimmern kann, zum Beispiel Schwierigkeiten mit der Aufmerksamkeit und dem abstrakten Denken.

Ärzte versuchen, mithilfe einer exakten Dosierung den Nutzen zu maximieren und die Schäden zu minimieren. Sie wollen die übersteigerte Aktivität des Dopamins im Salienzsystem unterdrücken, ohne das Kontrollsystem, das für die langfristige Planung notwendig ist, zu stark zu hemmen. Das Ziel besteht darin, gerade so viel von einem Medikament zu verabreichen, dass es 60 bis 80 Prozent der Dopaminrezeptoren blockiert. Wenn es zu einem Dopaminschub kommt, weil sich in der Umwelt etwas tatsächlich Wichtiges ereignet hat, wäre es zudem günstig, wenn die Moleküle des Antipsychotikums nur für einen Moment ihre Wirkung verlören, damit das Signal durchkommt. Wenn Sie ein Computerspiel spielen und versuchen, den Boss, also den stärksten Feind, zu besiegen, oder wenn Sie sich um eine neue Stelle bewerben, dann wäre ein wenig Aufregung hilfreich, weil erst mit ihr die Motivation entsteht, Dinge voranzutreiben.

Älteren Antipsychotika gelingt das nicht besonders gut. Sie klammern sich am Rezeptor fest. Wenn dann etwas Interessantes geschieht und mehr Dopamin ausgeschüttet wird, nützt das wenig, weil das Medikament so stark am Rezeptor haftet, dass kein Dopamin durchkommt. Das fühlt sich nicht gut an. Wenn natürliche Dopaminschübe ausbleiben, wird die Welt zu einem düsteren Ort und es fällt uns schwer, morgens aufzustehen. Neuere Medikamente binden sich lockerer an die Rezeptoren. Ein Dopaminschub stößt das Medikament von den Rezeptoren weg und das Gefühl *Das ist interessant* dringt durch.

## TRINKEN AUS EINEM FEUERWEHRSCHLAUCH

Bei Schizophrenen kommt es zu einem Kurzschluss im Gehirn: Es misst gewöhnlichen Dingen Bedeutung bei, obwohl der Patient sie kennen und einordnen können und daher ignorieren sollte. Man spricht hier von *niedriger latenter Hemmung*. Üblicherweise bedeutet *latent* »verborgen«. Jemand kann zum Beispiel eine »latente musikalische Begabung« haben oder es kann eine »latente Nachfrage für flugfähige Autos« geben. Eine *latente Hemmung* ist allerdings nicht von vornherein verborgen – wir *verbergen* sie, weil sie uns nicht wichtig ist.

Wir hemmen beziehungsweise blockieren unsere Fähigkeit, unwichtige Dinge zu bemerken, damit wir unsere Aufmerksamkeit nicht an sie verschwenden. Wenn wir auf der Straße darauf achten würden, wie sauber die Fenster an den Häuserfassaden sind, würden wir vielleicht die rote Ampel an der Kreuzung übersehen. Wenn wir uns mit einer Person unterhalten und der Farbe seiner Krawatte die gleiche Beachtung schenken wie seinem Gesichtsausdruck, dann entgeht uns möglicherweise etwas, das für unser künftiges Wohlbefinden sehr wichtig ist. Wenn Sie neben einer Feuerwache wohnen, wird sogar das Heulen der

Sirene gehemmt, sprich: ausgeblendet, sobald Ihr Dopaminsystem erkannt hat, dass Ihnen nie eine Gefahr droht, wenn Sie die Sirene hören. Ein Besucher fragt Sie vielleicht: »Was ist das für ein schriller Ton?«, und Sie antworten: »Welcher Ton?«

Manchmal ist Ihre Umwelt derart mit neuen Reizen gefüllt, dass die latente Hemmung unfähig ist herauszupicken, was am wichtigsten ist. Das kann aufregend oder erschreckend sein, je nachdem, in welcher Situation Sie sich befinden. Wenn Sie in einem exotischen fremden Land sind, gibt es nicht viel zu hemmen und es kann großen Spaß machen, aber auch zu Verwirrung und Orientierungslosigkeit – zu einem Kulturschock – führen. Der Autor und Journalist Adam Hochschild beschrieb es so: »Wenn ich mich in einem Land aufhalte, das sich von meiner Heimat stark unterscheidet, fällt mir viel mehr auf. Es ist, als hätte ich eine bewusstseinsverändernde Droge genommen, die es mir ermöglicht, Dinge zu sehen, die ich normalerweise nicht bemerken würde. Ich fühle mich viel lebendiger.« Sobald uns die neue Umgebung vertraut ist, gewöhnen wir uns an sie und finden uns mit der Zeit in ihr zurecht. Wir trennen die Dinge, die für uns wichtig sind, von den unwichtigen und die latente Hemmung kehrt zurück. Dann fühlen wir uns in der neuen Umgebung wohl und sicher. Wir können wieder das Wichtige vom Unwichtigen unterscheiden.

Doch was geschieht, wenn das Gehirn sich nicht anpassen kann? Wenn selbst die vertrautesten Orte sich wie eine fremde Welt anfühlen? Dieses Problem ist nicht auf Schizophrenie beschränkt. Eine Gruppe von Menschen, die unter dieser Störung leiden, schuf eine Webseite namens *Low Latent Inhibition Resource and Discovery Center.* Sie beschreiben ihre Gefühle so:

> Ein Mensch mit niedriger latenter Hemmung geht mit vertrauten Reizen möglicherweise genauso um wie mit neuen. Denken Sie an die Details, die Ihnen auffallen, wenn Sie etwas Neues sehen, und

daran, wie es Ihre Aufmerksamkeit fesselt. Dann gehen Ihnen allerlei Fragen durch den Kopf: »Was ist das, was tut es, warum ist es da, was bedeutet es, was kann man damit machen?« und so weiter.

Eine Besucherin der Webseite schilderte ihre Erfahrungen:

> Ich verliere den Verstand! In meinem Kopf schwirren einfach zu viele Informationen umher und ich schlafe sehr wenig. Ich halte es nicht aus, etwas anzusehen! Ich habe es satt, eine Beobachterin zu sein! Ich habe es satt, alles zu sehen! … Ich will tief in den Wald hineingehen und nichts sehen, nichts lesen, auf jede Technik verzichten, nichts beobachten, nichts hören. Ich will keinen Ballast haben, nichts soll sich bewegen, nichts soll sich verändern. Ich will schlafen, ohne etwas zu träumen, das mir Antworten auf Probleme gibt und mich wieder an die Arbeit treibt, kaum dass ich aufgestanden bin! Ich bin müde und will nicht mehr denken!

Mildere Formen der niedrigen latenten Hemmung sehen wir in der Kunst. Hier ist ein einfaches Beispiel aus dem Kinderbuchklassiker *Pu baut ein Haus* (Originaltitel: *The House at Pooh Corner*). Pu der Bär ist ein Poet und rezitiert für seinen kleinen Freund Ferkel ein paar Verse über Tieger, einen übermütigen Neunankömmling im Hundertsechzig-Morgen-Wald. Ferkel ist scheu und weist darauf hin, wie groß Tiger ist. Pu denkt darüber nach, dann fügt er seinem Gedicht eine letzte Strophe hinzu:

> *Doch egal, was er wiegt in Pfund, Schilling und Gramm:*
> *Er wirkt größer, denn er macht ständig Tamtam.*

> »Und das ist das ganze Gedicht«, sagte er. »Gefällt es dir, Ferkel?«
> »Alles bis auf die Schillinge«, sagte Ferkel. »Ich finde, sie haben da nichts zu suchen.«

> »Sie wollten nach den Pfunden mit rein«, erklärte Pu, »und da habe ich sie gelassen. Das ist die beste Art, Gedichte zu schreiben, indem man die Sachen einfach kommen lässt.«

Vielleicht herrscht in unserem Kopf ein Chaos, das durch die logischeren Teile des Gehirns gezähmt werden muss. Aber darin liegt auch ein Schatz. Gleichgültig, ob die »Schillinge« Pus Gedicht Ihrer Meinung nach verbessern oder nicht, eine der Hauptregeln des kreativen Schreibens lautet: Schalten Sie Ihren inneren Zensor ab, wenn Sie die erste Fassung schreiben. Wenn Sie Glück haben, bringt Ihr Unterbewusstsein Dinge hervor, die im Unterbewusstsein Ihrer Leser widerhallen, und Ihre Geschichte wird sie tief im Inneren berühren.

Hier ist ein Zitat eines Schizophrenen, bei dem das »Kommenlassen von Dingen« krankhafter ausgeprägt ist:

> Ich hab einen Fernsehzahn. So nennen sie das. Ein Fernsehzahn heißt, sie überrumpeln dich und stechen dir Nadeln in den Schädel und dann hören sie dir jahrelang zu, ob du es weißt oder nicht. Ich wusste es nicht. Sie haben eine echt fantastische, teure Ausrüstung. Sie haben mir gesagt, he, wir können deinen Kopf untersuchen, wenn, äh, wenn eine Beule blutet und die Elektrizität oben auf deinem Schädel ein wenig anders ist. Wir garantieren soziale Absicherung für diese Verletzung oder auch sonst. Es ist wie eine zerebrale Lähmung.

Der Sprecher ist hier unfähig, etwas zurückzuhalten. Wenn ihm ein Gedanke kommt, wird er sofort und ohne großen Verarbeitungsprozess in Worte übersetzt. Normalerweise wählen wir aus, was wir sagen. Wir zensieren unangemessene oder unlogische Sätze und wir beenden einen Gedanken, bevor wir zum nächsten übergehen. Wenn wir das obige Zitat genau lesen, gewinnen wir einen ungefähren Eindruck davon, was der Sprecher sagen will. Aber es ist schwierig.

Wenn ein Gedanke rasch einen anderen verdrängt und wenn ein Patient nicht imstande ist, Gedanken zurückzuhalten, redet er sehr ungeordnet. Dieses Herumspringen von einem Gedanken zum nächsten nennt man auch *Ideenflucht*. Bei einer weniger schweren Form springt der Sprecher zwar auch von einem Gedanken zum anderen, aber so, dass die Worte einen Sinn ergeben. Zum Beispiel: »Ich kann es kaum erwarten, nach Ocean City zu reisen. Dort gibt es die besten Margaritas. Ich muss eine Werkstatt finden, die heute Nachmittag mein Auto repariert. Wohin gehst du zum Mittagessen?« So sprechen wir oft, wenn wir aufgeregt sind. Das Dopamin des Verlangens wird stimuliert und es überwältigt die logischere Gesprächsführung des Kontrolldopamins.

Am anderen Ende des Spektrums ist der *Wortsalat*, die schwerwiegendste Form des unkontrollierten Sprechens. In diesem Fall sind die Äußerungen so unorganisiert, dass man überhaupt keinen Sinn darin erkennen kann. Zum Beispiel: »Wir geht es dir heute Morgen?« – »Krankenhausbleistifte und Tinte Zeitungen Intensivstation Mutter fast da.«

*Sie verkaufen Postkarten von der Hinrichtung.*
*Sie färben die Pässe braun.*
*Der Schönheitssalon ist mit Matrosen gefüllt.*
*Der Zirkus ist in der Stadt.*
**»Desolation Row«, Bob Dylan**

Wie psychisch kranke Menschen lassen auch kreative Menschen, zum Beispiel Maler, Dichter, Wissenschaftler und Mathematiker, ihren Gedanken bisweilen freien Lauf. Kreatives Denken setzt voraus, sich von konventionellen Deutungsmustern zu lösen, um die Dinge mit völlig neuen Augen zu sehen. Mit anderen Worten: Sie müssen ihre vorgefassten Modelle der Wirklichkeit zerschlagen. Aber was ist ein Modell – und warum erstellen wir es?

## EINE WELT AUSSERHALB DER SINNE

Materielle Dinge im peripersonalen Raum des Hier und Jetzt können wir mit allen fünf Sinnen erfahren. Wenn sich ein Objekt von uns entfernt, vom peripersonalen Hier und Jetzt zum extrapersonalen Dopamin, verlieren wir nach und nach die Fähigkeit, es mit unseren Sinnen wahrzunehmen. Zuerst versagt der Geschmack, dann der Tastsinn. Wenn der Gegenstand sich noch weiter entfernt, riechen, hören und schließlich sehen wir ihn nicht mehr. Nun wird es interessant. Wie nehmen wir etwas wahr, das so weit weg ist, dass wir es nicht einmal sehen können? Wir nutzen unsere Vorstellungskraft.

Modelle sind imaginäre Abbildungen der Welt, die wir erstellen, um die Welt besser zu verstehen. In gewisser Weise gleicht dieser Vorgang der latenten Hemmung. Modelle enthalten nur diejenigen Elemente der Umgebung, die der Modellentwickler für wichtig hält. Andere Details lässt er weg. Dadurch fällt es uns leichter, die Welt zu verstehen und uns später verschiedene Methoden auszudenken, sie so zu manipulieren, dass es uns den größtmöglichen Vorteil verschafft. Wir sind uns der Modellbildung nicht bewusst. Das Gehirn erstellt automatisch Modelle, während wir unserem Alltag nachgehen, und aktualisiert sie, wenn wir etwas Neues lernen.

Modelle vereinfachen nicht nur unsere Vorstellung von der Welt, sie helfen uns auch, zu *abstrahieren*, aus spezifischen Erfahrungen allgemeine Regeln zu entwickeln. Damit können wir Vorhersagen treffen und Situationen bewältigen, denen wir nie zuvor ausgesetzt waren. Ich mag noch nie einen Ferrari gesehen haben, doch sobald ich einen sehe, weiß ich, dass man damit fahren kann. Ich muss ihn nicht unter die Lupe nehmen und testen, was ich damit anfangen kann. Es würde mich lähmen, müsste ich das mit jedem Auto machen, das ich sehe. Dank meiner Erfahrungen mit echten Autos konnte ich ein Modell eines abstrakten Autos erstellen. Wenn ein Wagen, den ich nie zuvor gesehen habe, den allgemeinen Eckdaten meiner abstrakten Vorstellung entspricht, kann ich ihn schnell klassifizieren und ich weiß, dass er zum Fahren gedacht ist.

Ein Auto als solches zu erkennen, mag Ihnen banal vorkommen, aber Modellbildung hilft uns auch bei kosmischen Abstraktionen. Die Beobachtung, wie reale Objekte sich bewegen, veranlasste Newton, seine abstrakten Gesetze der universellen Gravitation zu entwickeln, die nicht nur vorhersagen, wie Äpfel von Bäumen fallen, sondern auch, wie Planeten, Sterne und Galaxien sich bewegen.

## MENTALE ZEITREISE

Modelle können hilfreich sein, wenn wir zwischen verschiedenen Möglichkeiten wählen müssen. Sie ermöglichen es uns, in unserer Vorstellung unterschiedliche Szenarien durchzuspielen, um die beste Lösung zu finden. Wenn ich beispielsweise von der US-amerikanischen Hauptstadt Washington nach New York gelangen will, kann ich per Bahn oder Bus reisen oder fliegen. Um herauszufinden, was am schnellsten geht oder was am bequemsten ist, gehe ich jede Option in meiner Fantasie durch. Dann treffe ich auf der Grundlage meiner inneren Erfahrung meine Entscheidung in der realen Welt. Diesen Vorgang nennt man *mentale Zeitreise.* Mithilfe des Vorstellungsvermögens projizieren wir uns in verschiedene mögliche Zukünfte und erleben sie im Geiste; dann entscheiden wir, wie wir aus dem, was wir auf diese Art herausgefunden haben, das Beste machen – wie wir unsere Ressourcen maximieren, je nachdem, ob uns ein geräumiger Sitzplatz, ein preisgünstiges Ticket oder eine möglichst schnelle Reise wichtig ist.

Die mentale Zeitreise ist ein mächtiges Werkzeug des Dopaminsystems. Mit ihrer Hilfe können wir eine mögliche, derzeit noch irreale Zukunft so erleben, als wäre sie bereits eingetreten. Sie ist von Modellen abhängig, weil wir Voraussagen über Situationen machen, die wir noch nicht erlebt haben. Wie würde sich mein Leben verändern, wenn ich diesen neuen Geschirrspüler kaufen würde? Mit welchen Schwierigkeiten müsste ein Astronaut rechnen, der zum Mars fliegt? Was würde geschehen, wenn ich bei Rot über diese Ampel fahren würde?

Wir nutzen die mentale Zeitreise ständig, weil wir sie für jede bewusste Entscheidung in unserem Leben benötigen. Für das Gehirn ist jede überlegte Entscheidung über die Zukunft eine Angelegenheit des Dopaminsystems und der von ihm geschaffenen Modelle, gleichgültig, ob wir überlegen, was wir in der Imbissbude bestellen wollen, oder ob der Präsident über einen Krieg entscheiden muss. Die mentale Zeitreise ist für jeden »nächsten Schritt« in unserem Leben verantwortlich.

## WIE KONNTE ICH NUR EIN DERART MIESES MODELL ERSTELLEN? KANN ICH ES GERADEBIEGEN?

*Vor der ersten Sitzung des Psychiaters mit seiner neuen Patientin, einer 20 Jahre alten Collegestudentin namens May, kam deren Vater zu ihm, um ihn auf seine erste Begegnung mit ihr vorzubereiten. »Sie hat uns nie zuvor Ärger bereitet«, sagte er. »Sie ist ein braves Mädchen.« May war eine perfekte Schülerin gewesen. Sie war die Jahrgangsbeste ihrer Highschool-Klasse und war zu einem angesehenen Studienprogramm in einer nahe gelegenen Universität zugelassen worden. Sie war nie in Schwierigkeiten geraten: keine Drogen, kein Alkohol, kein nächtliches Herumtreiben. May hatte ihre eingewanderten Eltern immer respektvoll behandelt und all ihre Erwartungen erfüllt. Jetzt wurde sie nach einem Suizidversuch aus dem Krankenhaus entlassen, wo sie eine Woche lang auf der Intensivstation verbracht hatte.*

*May kam 30 Minuten zu früh zu ihrem ersten Termin in die Praxis und wartete geduldig, bis sie an der Reihe war. Die schlanke Frau war angezogen, als ginge sie zu einem Vorstellungsgespräch. Sie sprach leise. Mitunter war sie schwer zu verstehen. Es war, als fände sie das, was sie zu sagen hatte, nicht wichtig genug, um es laut auszusprechen.*

*May berichtete dem Arzt, sie könne sich nicht konzentrieren und nicht schlafen und sie weine manchmal stundenlang. Sie ging nicht mehr zur Schule und verbrachte den ganzen Tag bei geschlossenen Rollläden in ihrem Zimmer. Es war klar, dass sie mit dem hochgradig stressigen Intensivkurs, für den sie sich eingeschrieben hatte, nicht zurechtkam. Darum hatte sie sich beurlauben lassen. Mehr als alles andere belasteten sie ihre Schuldgefühle. Sie, die stets eine perfekte Tochter gewesen war, glaubte nun, sie mache ihrer Familie Schande.*

*Als die Familie in die USA eingewandert war, war May noch ein kleines Mädchen gewesen. Aber sie lernte schnell Englisch und übernahm schon bald Verantwortung für ihre gesamte Familie. Sie achtete darauf, dass die Rechnungen bezahlt wurden. Wenn ein Abfluss verstopft war, rief sie den Klempner. Und wenn ihre Eltern sich stritten, war sie die Schiedsrichterin. May glaubte, das Glück und der Erfolg ihrer Familie hingen von ihr ab. Sie musste eine*

*Einserschülerin sein. Sie musste schlank und gut angezogen sein. Sie durfte nicht rebellieren wie andere Heranwachsende, sondern musste immer tun, was man ihr sagte, und durfte nie widersprechen.*

*Ihr Arzt erwartete, dass sie gut auf die Behandlung ansprechen würde. Sie war kooperativ und klug. Doch ganz gleich, was er tat, es änderte sich nichts. Ihre Depression wollte nicht weichen. Als ihre Beurlaubung endete, verließ May die Schule.*

*Es dauerte lange, bis May ihr Geheimnis preisgab. Sie missbrauchte Amphetamine. Nur damit hielt sie ihr Studium durch; nur damit blieb sie so schlank, wie ihre Mutter es wollte; nur damit konnte sie die familiären Pflichten bewältigen, die sie auf sich genommen hatte. Das hatte eine Zeit lang funktioniert, aber diese Bewältigungsstrategie war zum Scheitern verurteilt. Hinzu kamen emotionale Probleme. Da sie als Teenager die normale rebellische Phase ausgelassen hatte, brodelten Wut und Zorn in ihr und sie wusste nicht, wie sie mit diesen beängstigenden Gefühlen umgehen sollte. Schließlich bestand ihre einzig mögliche Therapie darin, in eine andere Stadt zu ziehen. Sie musste weit von ihrer Familie entfernt leben, bevor sie anfangen konnte herauszufinden, wer sie tatsächlich war.*

Es ist äußerst wichtig, wie gut unsere Modelle der Realität entsprechen. Wenn sie fehlerhaft sind, dann stimmen auch unsere Vorhersagen nicht und wir treffen schlechte Entscheidungen. Fehlerhafte Modelle der Wirklichkeit können viele Ursachen haben: zu wenig Informationen, Probleme mit abstraktem Denken oder stures Festhalten an falschen Annahmen. Falsche Annahmen können so schädlich sein, dass sie psychische Krankheiten hervorrufen können, zum Beispiel Angst und Depression. Wenn ein Kind mit kritischen Eltern aufwächst, kann es sein, dass es sich für unfähig hält, und diese Überzeugung beeinflusst all seine Modelle von der Welt, die es im weiteren Leben entwickelt. Therapeuten können diese falschen, oft unbewussten Annahmen durch Psychotherapie korrigieren, etwa durch eine einsichtsorientierte Psychotherapie. Dabei versuchen der Patient und der Therapeut, unterdrückte Erinnerungen aufzudecken, die möglicherweise negative Annahmen ausgelöst haben. Eine weitere hilfreiche Methode ist die kognitive Verhaltenstherapie, die die falschen Annahmen direkt angreift und dem Patienten praktische Strategien beibringt, um sie zu ändern.

Je mehr Erfahrungen wir in der Welt sammeln, desto bessere Modelle erstellen wir. Das ist die Grundlage der Weisheit. Wir schätzen Modelle, die nützlich sind, und geben diejenigen auf, die uns nicht an unsere Ziele bringen. Auch das Wissen früherer Generationen kann uns helfen, unsere Modelle zu verbessern, und zwar auf andere Weise als durch unmittelbare Erfahrung. Die Volksweisheit sagt uns zum Beispiel: »Vorbeugen ist besser als heilen«. Auch das überlieferte Wissen großer Wissenschaftler und Philosophen steht uns zur Verfügung.

## MODELLE ZERBRECHEN: DER WEG ZUR KREATIVITÄT

*Wenn man nur einen Hammer besitzt, sieht alles wie ein Nagel aus.*
Sprichwort

Modelle sind mächtige Werkzeuge, aber sie haben auch Nachteile. Mitunter zwingen sie uns eine bestimmte Denkweise auf, sodass wir Gelegenheiten verpassen, unsere Situation zu verbessern. Die meisten Menschen wissen beispielsweise, dass Computer Anweisungen brauchen, damit sie arbeiten. Programmierer geben diese Anweisungen mit der Tastatur ein. Das legt ein simples Modell nahe: *Um einen Computer zu bedienen, schreibt man mit der Tastatur Anweisungen.* Die Wissenschaftler von Xerox PARC mussten sich von diesem Modell befreien, ehe sie die Computermaus und die Grafikschnittstelle erfinden konnten. Modelle werden vom Dopamin erschaffen, und Dopamin zerschlägt sie. Beides setzt voraus, dass wir an etwas denken, das noch nicht existiert, aber in der Zukunft existieren könnte.

Bei manchen Rätseln geht es darum, Modelle zu zerschlagen. Wir müssen bereits vorhandene Modelle zerlegen, um das Problem mit neuen Augen zu sehen. Hier ist ein Beispiel:

> Ich bin im Jahr, aber nicht im Monat. Ich bin in der Woche, aber nicht im Tag. Was bin ich?

Das Rätsel ist schwierig, und wenn Sie es noch nie gehört haben oder keine niedrige latente Hemmung besitzen, finden Sie wahrscheinlich nicht heraus, dass die Antwort der Buchstabe *h* ist. Das Rätsel lockt Sie in ein Modell, das auf dem Kalender basiert, sodass Sie vermeintlich unwichtige Informationen ignorieren, zum Beispiel die Buchstaben, aus denen die Wörter bestehen.

Hier ist ein weiteres Beispiel: Für welches Wort steht die Buchstabenfolge »HIJKLMNO«? Ein Mann, der sich über dieses Problem den Kopf zerbrach, träumte mehrere Male von Wasser, entdeckte den Zusammenhang jedoch nicht. Dieser wird klar, wenn wir die Antwort kennen: $H_2O$.[3] Später in diesem Kapitel sehen wir uns die dopaminerge Macht der Träume genauer an.

Hier ist ein Rätsel, das vor Jahrzehnten einen erheblichen Modellumbau erforderte, um die Lösung zu finden. Heute ist es viel einfacher.

---

3 Dieses Rätsel erfordert Englischkenntnisse: Die Buchstabenfolge führt »von H zu O« – *H to O*, was lautmalerisch *H two O*, also $H_2O$ entspricht.

Ein Vater und sein Sohn haben einen Verkehrsunfall. Der Vater stirbt sofort, der Sohn wird ins nächste Krankenhaus gebracht. Der Chirurg kommt herein und ruft: »Ich kann diesen Jungen nicht operieren. Er ist mein Sohn!« Wie ist das möglich?[4]

## DIE QUELLE DER KREATIVITÄT ENTDECKEN …

Oshin Vartanian, ein Forscher an der York University in Toronto, wollte herausfinden, welcher Teil des Gehirns am aktivsten ist, wenn Menschen neue Lösungen für Probleme entdecken. Also scannte er die Gehirne von Versuchspersonen, die ein Problem lösten, das Kreativität erforderte. Er stellte fest, dass der vordere Teil des Gehirns an der rechten Seite aktiv war, wenn sie die Lösung fanden, und er fragte sich, ob dieser Teil des Gehirns auch am Zerschlagen eines Modells beteiligt sei.

In einem weiteren Experiment bat er die Versuchspersonen, ein Problem nicht zu lösen, sondern einfach ihre Fantasie zu nutzen. Zuerst sollten sie sich reale Dinge vorstellen, zum Beispiel »eine Blume, die eine Rose ist«. Dann bat er sie, sich Dinge vorzustellen, die es nicht gibt, die also nicht in das übliche Modell der Realität passen, etwa »ein Lebewesen, das ein Hubschrauber ist«. Als die Versuchspersonen im Scanner lagen, stellte er fest, dass der gleiche Teil des Gehirns aufleuchtete wie zuvor, jedoch nur, wenn die Versuchspersonen an Dinge dachten, die im Leben nicht existierten. Wenn sie sich die Wirklichkeit vorstellten, blieb diese Region dunkel.

4 Auch hier muss man englisch denken: *The surgeon* kann auf Deutsch »der Chirurg« oder »die Chirurgin« heißen. Die Chirurgin ist natürlich die Mutter des Jungen.

Gehirnscans von Schizophrenen zeigen Veränderungen in der gleichen Region: im rechten ventrolateralen präfrontalen Kortex. Vielleicht liegt das daran, dass wir uns, wenn wir kreativ sind, ein wenig schizophren verhalten. Wir hören auf, Aspekte der Realität zu hemmen, die wir zuvor für unwichtig gehalten und ignoriert haben, und wir messen Dingen Salienz bei, die wir früher für irrelevant hielten.

## ... UND SIE DURCH SCHOCKS ZUM LEBEN ERWECKEN

Es ist enorm wichtig, die neurale Basis der Kreativität zu finden, weil Kreativität die wertvollste Ressource der Welt ist. Dank neuer Anbaumethoden für Feldfrüchte haben Millionen Menschen genug zu essen. Von Kerzen bis hin zu Glühbirnen, Innovationen in der Art und Weise, wie Rohstoffe in Licht umgewandelt werden, haben die Kosten um das Tausendfache gesenkt. Können wir diese unbezahlbare Begabung ankurbeln? Können wir kreativer werden, wenn ein Wissenschaftler die Teile des Gehirns stimuliert, die beim schöpferischen Denken aktiv sind?

Mit Unterstützung der National Science Foundation unternahmen Wissenschaftler einen Versuch. Sie benutzten eine Technik namens transkranielle Gleichstromstimulation (TGS). Wie der Name andeutet, werden dabei bestimmte Gehirnregionen mit Gleichstrom (GS) stimuliert. Diese Art Strom bekommen Sie aus einer Batterie, im Gegensatz zum Wechselstrom (WS), der aus der Steckdose fließt. GS ist sicherer als WS und die verwendete Strommenge ist gering. Manche Geräte werden von einer einfachen Neun-Volt-Batterie gespeist, wie sie auch in Rauchmeldern steckt. TGS-Geräte können sehr einfach sein. Zwar kosten die für Forschungszwecke verwendeten Geräte mehr als tausend US-Dollar, doch ein paar mutige Menschen basteln aus Teilen, die sie für 15 US-Dollar in einem Elektrogeschäft kaufen, primitive Apparate zusammen (Verbrauchertipp: Tun Sie das nicht).

In kleinen Studien hat sich gezeigt, dass diese Geräte das Lernen und die Konzentration fördern und sogar klinische Depressionen lindern. In dem Versuch, die Kreativität zu steigern, befestigten Forscher Elektroden an der Stirn von 31 Freiwilligen und stimulierten den Teil des Gehirns, der genau hinter den Augen liegt. Die Kreativität wurde gemessen, indem man die Fähigkeit zur Analogiebildung der Teilnehmer testete.

Analogien sind eine sehr dopaminabhängige Art des Nachdenkens über die Welt. Ein Beispiel: Licht verhält sich manchmal wie eine Salve aus einzelnen Geschossen, die aus einer Pistole abgefeuert werden. Ein andermal gleicht es Wellen auf einem Teich. Eine Analogie entzieht einem Konzept die abstrakte, unsichtbare Essenz und vergleicht sie mit einer ähnlichen Essenz eines anderen Konzepts, das scheinbar nichts mit dem ersten zu tun hat. Die Sinnesorgane nehmen zwei verschiedene Dinge wahr, aber der Verstand sieht, dass sie ein und dasselbe sind. Wenn wir eine nagelneue Idee mit einer alten, vertrauten paaren, verstehen wir die neue Idee besser.

Die Fähigkeit, einen Zusammenhang zwischen zwei Dingen zu sehen, die vorher ohne jeden Zusammenhang zu sein schienen, ist ein wichtiger Aspekt der Kreativität, und es sieht so aus, als könne man sie durch Elektrostimulation fördern. Verglichen mit Versuchspersonen, denen man eine fingierte TGS verabreichte, fanden diejenigen, die mit Strom behandelt wurde, ungewöhnlichere Analogien, nämlich Analogien zwischen Dingen, die scheinbar völlig verschieden waren. Trotzdem waren diese äußerst kreativen Analogien ebenso zutreffend wie die offensichtlicheren, die Versuchspersonen entdeckten, bei denen man das Gerät heimlich abgeschaltet hatte.

Dopaminerge Medikamente haben die gleiche Wirkung. Obwohl sich bei einigen Patienten, die dopaminerge Medikamente gegen die

Parkinsonkrankheit einnehmen, schwere Zwangsstörungen entwickeln, nimmt bei anderen die Kreativität zu. So hatte beispielsweise ein Patient, der aus einer Dichterfamilie stammte, nie etwas Kreatives geschrieben. Als er anfing, wegen seiner Parkinsonkrankheit Medikamente einzunehmen, die die Dopaminausschüttung ankurbelten, schrieb er ein Gedicht, mit dem er den jährlichen Wettbewerb der International Association of Poets gewann. Maler, die mit Parkinsonmedikamenten behandelt werden, verwenden oft lebhafte Farben. Ein Patient, der nach der Therapie einen neuen Stil entwickelte, sagte: »Der neue Stil ist weniger präzise, aber dynamischer. Ich spüre das Bedürfnis, mich stärker selbst auszudrücken. Ich lasse mich einfach gehen.« So wie Pu der Bär: »Das ist die beste Art, Gedichte zu schreiben, indem man die Sachen einfach kommen lässt.«

## TRÄUME: WENN KREATIVITÄT UND WAHNSINN SICH VERMISCHEN

Nur wenige von uns sind Genies oder Wahnsinnige, doch wir alle kennen den Mittelpunkt dieses Kontinuums: Träume. Träume gleichen dem abstrakten Denken. Sie arbeiten mit Material aus der realen Welt, ordnen dieses Material jedoch ohne Rücksicht auf die physikalische Wirklichkeit an. Träume enthalten oft eine vertikale Dimension – häufig fliegen wir im Traum oder wir fallen aus großer Höhe hinab. Auch die Zukunft spielt im Traum oft eine Rolle: Beispielsweise jagen wir einem ersehnten Ziel nach, ohne es je zu erreichen. Träume sind abstrakt, losgelöst von der Realität im Hier und Jetzt – und dopamingesteuert.

Freud nannte die geistige Aktivität im Traum »Primärprozess«. Dieser ist unorganisiert und unlogisch, er untersteht nicht den Beschränkungen durch die Realität und wird von primitivem Verlangen angetrieben. Auch die Denkvorgänge von Schizophrenen werden als *Primärprozess* bezeichnet. »Der Traum [lässt sich] als ein kurzer Wahnsinn, der Wahnsinn als ein langer Traum bezeichnen«, schrieb der deutsche Philosoph Arthur Schopenhauer.

Beim Träumen wird Dopamin ausgeschüttet, ohne dass realitätsorientierte Hier-und-jetzt-Neurotransmitter seine Wirkung einschränken. Die Aktivität im Hier-und-jetzt-System wird unterdrückt, weil das Gehirn keine Sinneseindrücke aus der äußeren Welt empfängt. Dank dieser Freiheit kann das Dopaminsystem bizarre Verbindungen knüpfen, die typisch für Träume sind. Dem Trivialen, dem Unauffälligen und dem Seltsamen kann eine große Bedeutung beigemessen werden, was uns mit neuen Ideen versorgt, auf die wir sonst niemals gekommen wären.

Die Ähnlichkeit zwischen Traum und Psychose hat viele Forscher fasziniert und eine umfangreiche Fachliteratur zum Thema hervorgebracht. Eine Gruppe an der Universität Mailand suchte nach bizarren Inhalten in den Träumen gesunder Menschen und verglich sie mit Wachfantasien gesunder und schizophrener Studienteilnehmer.

Wissenschaftler stimulierten Wachfantasien[5] mithilfe des Thematischen Auffassungstests (TAT), einer Reihe von Karten, die zweideutige, manchmal emotional geladene Bilder von Menschen in verschiedenen Situationen zeigen. Zu den Themen gehören Erfolg und Scheitern, Wettbewerb und Eifersucht, Aggression und Sexualität. Die Teilnehmer werden gebeten, ein Bild zu studieren und sich dann eine Geschichte auszudenken, die die Szene erklärt.

Die italienischen Forscher verglichen die TAT-Geschichten und die Traumschilderungen der Schizophreniepatienten mit denen gesunder

5 In diesem Kontext sind mit *Fantasien* die Produkte des Vorstellungsvermögens gemeint, nicht Tagträume, zum Beispiel von großem Reichtum.

Vergleichspersonen. Dafür benutzten sie den *Bizarreness Density Index*, eine Messskala, die den Grad der Bizarrheit angibt. Die Ergebnisse bestätigten, dass Träume der Psychose sehr ähnlich sind. Der Bizarreness Density Index war bei drei Kategorien der mentalen Aktivität fast völlig gleich: 1. Träume, geschildert von Schizophrenen; 2. TAT-Geschichten von Schizophrenen; 3. Träume, geschildert von Gesunden. Die vierte Kategorie jedoch, die TAT-Geschichten gesunder Menschen, erreichte auf der Skala einen viel niedrigeren Wert. Diese Studie stützt Schopenhauers Bemerkung, ein Leben mit Schizophrenie sei wie ein Leben in einem Traum.

## WIE SIE TRÄUME NUTZEN, UM KREATIVER ZU WERDEN

Wenn Träume einer Psychose ähneln, wie kehren wir dann zu unserem normalen Selbst zurück? Geschieht das sofort oder dauert es einige Zeit, logische Denkmuster wiederherzustellen? Wenn es eine Weile dauert, sind wir dann während der Übergangsphase ein bisschen wahnsinnig? Und noch etwas ist zu berücksichtigen: Wenn wir schlafen, träumen wir manchmal, und manchmal träumen wir nicht. Wenn wir allmählich aus dem Schlaf erwachen, ist unser Denkprozess dann unterschiedlich, je nachdem, ob wir aus einem Traum oder aus einem traumlosen Schlaf erwachen?

Forscher an der New York University benutzten den TAT, um die Geschichten zu beurteilen, die Menschen erzählten, nachdem man sie aus dem Traumschlaf geweckt hatte, und verglichen sie mit TAT-Geschichten, die sie nach dem Aufwachen aus dem traumlosen Schlaf erzählten. Sie stellten fest, dass Fantasien, die sofort nach einem Traum entstanden, komplexer und länger waren und mehr Ideen enthielten. Die Bildsprache war lebhafter, der Inhalt bizarrer. Die folgende Geschichte erzählte ein gesunder Teilnehmer, den man aus dem Traumschlaf geweckt hatte. Man zeigte ihm ein Bild eines Jungen, der eine Geige betrachtete:

> Er denkt über seine Geige nach. Er sieht traurig aus. Moment mal! Er blutet aus dem Mund! Und seine Augen … Er ist anscheinend blind!

Einem anderen Freiwilligen, der aus einem Traum geweckt worden war, zeigte man das Foto eines jungen Mannes, der schlaff auf dem Boden lag. Sein Kopf ruhte auf einer Bank. Neben ihm lag eine Pistole. Hier ist die Schilderung des Teilnehmers:

> Ein Junge in einem Bett. Vielleicht hat er ein psychisches Problem. Er weint beinahe oder vielleicht lacht er, vielleicht ist es ein Spiel. Es könnte auch ein Mädchen sein. Beide sind tot. Oder ist es eine Katze? Da liegt etwas auf dem Boden – Schlüssel, eine Blume oder vielleicht ein Spielzeug, ein Schiff.

Nachdem man ihn aus einem traumlosen Schlaf geweckt hatte, zeigte man diesem Teilnehmer eine andere Karte. Diesmal gab er eine deutlich weniger bizarre Beschreibung. Er sagte nur: »Ein Junge mit Hemd, aber ohne Socken. Viel mehr sehe ich nicht.«

Viele Menschen kennen das Gefühl, zwischen zwei Welten festzustecken, wenn sie aus einem Traum erwachen. Die Gedanken sind flüssiger und springen von einem Thema zum anderen, ohne Rücksicht auf Logik. Manche Menschen berichten sogar, dass sie in diesem Spalt zwischen den beiden Welten die kreativsten Ideen haben. Der Hier-und-jetzt-Filter, der unsere Aufmerksamkeit auf die äußere Welt der Sinne lenkt, ist noch nicht aktiviert und das Dopaminsystem feuert noch immer ohne Widerstand. Daher fließen die Ideen ungehindert.

*Friedrich August Kekulé wurde dadurch berühmt, dass er die Struktur des Benzolmoleküls entdeckte. Benzol war damals eine wichtige Industriechemikalie. Die Chemiker hatten herausgefunden, dass das Molekül aus sechs Kohlenstoffatomen und sechs Wasserstoffatomen bestand. Das war eine Überraschung. In der Regel haben Moleküle dieser Art mehr Wasserstoff- als Kohlenstoffatome. Welche Struktur auch immer das Molekül haben mochte, sie musste ungewöhnlich sein.*

*Die Chemiker versuchten, die Kohlenstoff- und Wasserstoffmoleküle so anzuordnen, dass sie die Regeln der chemischen Anbindung nicht verletzten. Sie wussten, dass Kohlenstoffatome wie Perlen an einem Faden aufgereiht sein konnten und dass es Seitenzweige geben konnte, die im rechten Winkel abgingen. Doch keine der Strukturen, die sie ausprobierten, stimmte mit den bekannten Eigenschaften des Benzolmoleküls überein. Dessen wahre Form blieb ein Rätsel. Kekulé beschrieb, wie er diese Form entdeckte:*

*»Da saß ich nun und schrieb mein [Chemielehrbuch], aber ich kam nur langsam voran, meine Gedanken waren woanders. Ich drehte den Stuhl zum Kamin hin und sank in einen Halbschlaf. Wieder tanzten die Atome vor meinen Augen. Kleinere Gruppen blieben dieses Mal bescheiden im Hintergrund. Mein geistiges Auge, durch Visionen ähnlicher Art geübt, nahm nun größere Gebilde mit unterschiedlichen Formen wahr. Lange Reihen, in vieler Hinsicht enger verbunden; alles in Bewegung, sich windend und drehend wie Schlangen. Und siehe da, was war das? Eine Schlange packte ihren eigenen Schwanz und die Form wirbelte spöttisch vor meinen Augen. Wie vom Blitz getroffen wachte ich auf.«*

Die Vision von der Schlange mit dem Schwanz im Mund, der uralte Uroboros, führte zu der Einsicht, dass die sechs Kohlenstoffatome des Benzolmoleküls einen Ring bildeten. Wie die Schlange, die sich in den

Schwanz beißt – und in sich vollkommen ist –, sind Träume innere Abbildungen innerer Ideen. Von den Sinnen abgeschnitten, erlauben Träume dem Dopamin, frei zu fließen, unbehindert von den konkreten Tatsachen der äußeren Realität.

Dr. Deirdre Barrett, eine Psychologin und Traumforscherin im Fachbereich Medizin der Harvard University, ist nicht davon überrascht, dass die Antwort auf Kekulés Problem in visueller Form kam. Ein großer Teil des Gehirns ist beim Träumen ebenso aktiv wie im Wachzustand; aber es gibt wichtige Unterschiede. Die Teile des Gehirns, die scheinbar unwichtige Details herausfiltern, also die Frontallappen, sind inaktiv. Eine Region, die sekundärer visueller Kortex heißt, ist dagegen aktiver. Dieser Teil des Gehirns empfängt keine Signale unmittelbar von den Augen, weil diese während eines Traumes nichts wahrnehmen. Stattdessen ist er zuständig für die Verarbeitung visueller Reize und hilft dem Gehirn, zu verstehen, was die Augen wahrnehmen.

Träume sind hauptsächlich visuell. In ihrem Buch *The Committee of Sleep: How Artists, Scientists, and Athletes Use Dreams for Creative Problem Solving – and How You Can Too* erklärt Dr. Barrett, dass normale Menschen ebenfalls Träume nutzen können, um praktische Probleme zu lösen, so wie Kekulé die Struktur des Benzolmoleküls in einem traumähnlichen Zustand entdeckte. Wie gut Träume Probleme lösen können, testete Dr. Barrett an einer Gruppe von Harvard-Studenten.

Sie bat sie, ein Problem auszusuchen, das für sie wichtig war. Es konnte persönlicher, akademischer oder allgemeiner Natur sein. Dann brachte sie ihnen Techniken bei, die die Wahrscheinlichkeit für problemlösende Träume vergrößerten. Die Studenten schrieben ihre Träume eine Woche lang jeden Tag auf, bis sie glaubten, ihr Problem gelöst zu haben. Danach wurden die Probleme und die Träume einer Jury vorgelegt, die entschied, ob der Traum tatsächlich eine Lösung geliefert hatte.

Die Ergebnisse waren verblüffend. Etwa die Hälfte der Studenten hatte einen Traum, der mit ihrem Problem zu tun hatte, und 70 Prozent derjenigen, die vom Problem träumten, glaubten, dass ihre Träume eine Lösung enthielten. In den meisten Fällen stimmte die unabhängige Jury ihnen zu. Ihrer Meinung nach erhielt etwa die Hälfte der Studenten, die von ihrem Problem träumten, auf diesem Weg eine Lösung.

Einer der Studenten in der Studie musste entscheiden, welchen Berufsweg er nach dem Examen einschlagen sollte. Er hatte sich für zwei Graduiertenkurse in klinischer Psychologie beworben, die beide in seinem Heimatstaat Massachusetts stattfanden. Außerdem hatte er sich für zwei Kurse in Arbeitspsychologie beworben, von denen einer in Texas und der andere in Kalifornien abgehalten wurde. Eines Nachts träumte er davon, im Flugzeug über einer Karte der USA zu schweben. Das Flugzeug hatte einen Maschinenschaden und der Pilot gab bekannt, er müsse einen sicheren Landeplatz suchen. Sie befanden sich genau über Massachusetts und der Student schlug vor, dort zu landen. Doch der Pilot sagte, es sei zu gefährlich, irgendwo in diesem Staat zu landen. Als der Student aufwachte, wurde ihm klar, dass er sein ganzes Leben in Massachusetts verbracht hatte und dass es nun an der Zeit sei weiterzuziehen. Für ihn war der Ort der Graduiertenschule wichtiger als das Studienfach. Sein Dopaminsystem hatte ihm einen neuen Blickwinkel ermöglicht.

### Geträumte Geschichten und Lieder

Träume sind häufig eine Quelle künstlerischer Kreativität. Paul McCartney sagte einmal, er habe die Melodie zu »Yesterday« in einem Traum gehört. Keith Richards berichtete, der Text und der Gitarrenriff für »Satisfaction« seien ihm in einem Traum eingefallen. »Ich träume Farben, ich träume Formen und ich träume Melodien«, sagte Billy Joel in einem Interview mit dem *Hartford Courant* über seinen Song »The River of Dreams«. »Ich bin aufgewacht, während ich es sang, und dann ging es mir nicht mehr aus dem Kopf.« Michael Stipe von R.E.M. schrieb Texte für den Song »It's the End oft the World as We Know It (And I Feel Fine)«, der der Band zum Durchbruch verhalf, auf die gleiche Weise: »Ich träumte von einer Party«, sagte er der Zeitschrift *Interview*. »Alle Anwesenden hatten Namen, die mit den Initialen L. B. begannen, außer mir. Es waren Lester Bangs, Lenny Bruce, Leonard Bernstein. So kam ein Vers des Songs zustande.« Der Autor Robert Louis Stevenson nannte Träume als eine Quelle für *Der seltsame Fall des Dr. Jekyll und Mr. Hyde*, und Stephen King sagte, sein Roman *Misery* (auf Deutsch unter dem Titel *Sie* veröffentlicht) gehe ebenfalls auf einen Traum zurück.

### Trauminkubation: Wie Sie im Schlaf Probleme lösen

Wählen Sie ein Problem aus, das Ihnen wichtig ist und das Sie unbedingt lösen wollen. Je stärker der Wunsch ist, desto wahrscheinlicher ist es, dass das Problem in einem Traum auftaucht. Denken Sie an das Problem, bevor Sie zu Bett gehen, und stellen Sie es sich, wenn möglich, als visuelles Bild vor. Wenn es sich um ein Beziehungsproblem handelt, dann visualisieren Sie die Person, um die es geht. Wenn Sie nach Inspiration suchen, stellen Sie sich ein leeres Blatt Papier vor. Wenn Sie Schwierigkeiten mit einem Projekt haben, denken Sie an ein Objekt, das dieses Projekt symbolisiert. Behalten Sie dieses Bild im Kopf, sodass es das Letzte ist, woran Sie vor dem Einschlafen denken.

Legen Sie Papier und einen Stift auf Ihren Nachttisch. Sobald Sie aus einem Traum erwachen, schreiben Sie ihn auf, gleichgültig, ob er Ihrer Meinung nach mit dem Problem zu tun hat oder nicht. Träume können verzwickt sein und die Antwort ist bisweilen getarnt. Wichtig ist, dass Sie den Traum sofort aufschreiben, da die Erinnerung daran innerhalb von Sekunden verpufft, sobald Sie über etwas anderes nachdenken. Das haben schon viele Menschen erlebt: Sie wachen aus einem intensiven, für sie äußerst bedeutungsvollen Traum auf und eine Minute später haben sie sämtliche Details vergessen.

Es kann ein paar Nächte dauern, bevor Sie finden, wonach Sie suchen, und die Lösung, die Ihr Traum Ihnen zeigt, muss nicht die beste sein. Aber vermutlich wird es sich um eine originelle Lösung handeln, die Ihnen das Problem aus einem neuen Blickwinkel zeigt.

## WARUM NOBELPREISTRÄGER GERNE MALEN

Die schönen Künste und die exakten Wissenschaften haben mehr gemeinsam, als die meisten Menschen glauben, weil beide vom Dopamin angetrieben werden. Der Dichter, der Verse über eine hoffnungslose Liebe schreibt, unterscheidet sich kaum von dem Physiker, der Formeln über angeregte Elektronen aufs Papier wirft. Beide müssen imstande sein, über die durch die äußeren Sinne erfahrbare Welt hinaus in eine tiefgründigere Welt der abstrakten Ideen zu blicken. In elitären

Wissenschaftsgesellschaften finden wir viele künstlerisch begabte Menschen. Künstlerische Hobbys kommen bei den Mitgliedern der US-amerikanischen Akademie der Wissenschaften eineinhalbmal so häufig, bei den Mitgliedern der britischen Königlichen Gesellschaft doppelt so häufig und bei Nobelpreisträgern fast dreimal so häufig vor wie beim Bevölkerungsdurchschnitt. Je besser Ihr Verständnis für höchst komplexe, abstrakte Ideen ist, desto wahrscheinlicher ist es, dass Sie ein Künstler sind.

Diese Ähnlichkeit zwischen Kunst und Wissenschaft wurde besonders wichtig, als es zur Jahrtausendwende zu einer Krise bei der Entwicklung von Computerprogrammen kam. Die Programmierer hatten sich angewöhnt, Jahreszahlen in Kurzform, nämlich nur mit ihren letzten beiden Ziffern anzugeben (zum Beispiel 99 für 1999), um den damals teuren Speicherplatz (und ein paar Anschläge auf der Tastatur) einzusparen. An die bevorstehende Jahrtausendwende hatten sie nicht gedacht – doch plötzlich konnte 99 auch 2099 bedeuten. Tausende von Programmen drohten abzustürzen, nicht nur Webbrowser und Textverarbeitungssysteme, sondern auch Software, die Flugzeuge, Dämme und Atomkraftwerke steuerte. Das *Y2K-Problem*, wie es damals genannt wurde, betraf so viele Systeme, dass es nicht genügend Programmierer gab, um die Programme anzupassen. Einigen Berichten zufolge stellten manche Firmen arbeitslose Musiker ein, weil sie das Programmieren mühelos lernten.

## WARUM GENIES OFT SCHWIERIG SIND

Musik und Mathematik gehen Hand und Hand, weil ein erhöhter Dopaminspiegel oft als Pauschalangebot daherkommt: Wenn Sie auf einem Gebiet dopamingesteuert sind, dann sind Sie es wahrscheinlich auch auf einem anderen Gebiet. Wissenschaftler sind Künstler und Musiker sind Mathematiker. Aber es gibt eine Schattenseite: Manchmal ist viel Dopamin eine Belastung.

Ein hoher Dopaminspiegel unterdrückt die Funktion der Hier-und-jetzt-Neurotransmitter. Darum finden sich brillante Menschen in ihrer unmittelbaren realen Umwelt oft weniger gut zurecht und haben Probleme mit zwischenmenschlichen Beziehungen. Wir brauchen Mitgefühl im Hier und Jetzt, um zu verstehen, was in anderen Menschen vorgeht. Diese Fähigkeit ist für soziale Interaktionen unerlässlich. Der Wissenschaftler, den Sie auf einer Cocktailparty treffen, hört nicht auf, über seine Forschungen zu reden, weil er nicht merkt, wie sehr Sie sich langweilen. Albert Einstein hat einmal gesagt: »Mein leidenschaftlicher Sinn für soziale Gerechtigkeit und soziale Verpflichtung stand stets in einem eigentümlichen Gegensatz zu einem ausgesprochenen Mangel an unmittelbarem Anschlussbedürfnis an Menschen.« Und: »Ich liebe die Menschheit, aber ich hasse die Menschen.« Die abstrakten Ideen von sozialer Gerechtigkeit und Humanität bereiteten ihm keine Mühe, doch die konkrete Erfahrung, anderen Menschen zu begegnen, war ihm zu kompliziert.

Einsteins Privatleben spiegelte seine Schwierigkeiten mit Beziehungen wider. Er interessierte sich viel mehr für die Wissenschaft als für Menschen. Zwei Jahre bevor er und seine Frau sich trennten, begann er eine Affäre mit seiner Cousine, die er später heiratete. Wieder war er untreu und betrog seine Cousine mit seiner Sekretärin und vielleicht mit einem halben Dutzend anderer Frauen. Sein dopamingesteuerter Geist war Segen und Fluch zugleich. Der erhöhte Dopaminspiegel, der es ihm ermöglichte, die Relativitätstheorie zu formulieren, trieb ihn höchstwahrscheinlich auch von einer Beziehung zur anderen und hinderte ihn daran, auf eine langfristige kameradschaftliche Liebe umzuschalten.

Wenn wir verstehen, wie das Gehirn von Genies arbeitet, gewinnen wir größere Einsicht in die dopamingesteuerte Persönlichkeit und ihre verschiedenen Arten, sich auszudrücken. Wir kennen bereits den impulsiven Vergnügungssüchtigen, dem es schwerfällt, langfristige Beziehungen zu knüpfen, und der zur Sucht neigt. Wir kennen auch den abgehobenen Planer, der lieber Überstunden im Büro macht, als mit Freunden Spaß zu haben. Nun sehen wir eine dritte Möglichkeit: das kreative Genie – ob Maler, Dichter oder Physiker –, das so viele Probleme mit zwischenmenschlichen Beziehungen hat, dass es uns leicht autistisch erscheinen kann.[6] Zudem konzentrieren sich dopamingesteuerte Genies so sehr auf ihre innere Welt der Ideen, dass sie Socken mit verschiedenen Farben tragen, das Kämmen vergessen und meist alles vernachlässigen, was etwas mit der realen Welt des Hier und Jetzt zu tun hat. Platon hat darüber geschrieben, wie Sokrates einmal einen Tag und eine Nacht lang auf demselben Fleck gestanden und über ein Problem nachgedacht habe, ohne wahrzunehmen, was um ihn herum vorging.

Diese drei Persönlichkeitstypen scheinen, oberflächlich betrachtet, sehr unterschiedlich zu sein, doch alle haben etwas gemeinsam. Sie wollen unbedingt künftige Ressourcen maximieren, auf Kosten der Freude am Hier und Jetzt. Der Vergnügungssüchtige will immer mehr haben. Gleichgültig, wie viel er bekommt, es ist nie genug. Wie sehr er sich auch nach einem versprochenen Vergnügen sehnen mag, es wird ihn niemals zufriedenstellen. Sobald er bekommt, was er wollte, wendet er sich dem nächsten Ziel zu. Auch beim abgehobenen Planer befinden sich Zukunft und Gegenwart nicht im Gleichgewicht. Wie der Vergnügungssüchtige strebt er ständig nach mehr, aber er denkt langfristig und jagt eher abstrakten Belohnungen nach, zum Beispiel Ehre, Reichtum und Macht. Genies leben in der Welt des Unbekannten, des noch nicht Entdeckten. Sie sind besessen davon, die Welt durch ihre

6 Autismus geht ebenfalls mit abnorm starker Dopaminaktivität im Gehirn einher.

Arbeit besser zu machen. Genies verändern die Welt – doch ihre Besessenheit äußert sich oft als Gleichgültigkeit gegenüber anderen.

## Wohltätige Menschenfeinde

Sehr intelligente, sehr erfolgreiche und sehr kreative Menschen – das sind meist äußerst dopamingesteuerte Menschen – haben oft eine sonderbare Grundhaltung: Sie haben ein Herz für Menschen, aber wenig Geduld mit Individuen:

*Je mehr ich die Menschheit im Allgemeinen liebe, desto weniger liebe ich den einzelnen Menschen. In meinen Träumen schmiede ich oft Pläne zum Nutzen der Menschheit … Doch ich bin unfähig, mit jemandem zwei Tage lang im selben Raum zu leben … Ich entwickele eine Feindseligkeit gegenüber den Menschen, sobald sie mir nahekommen.*
**Fjodor Dostojewski**

*Ich bin ein Menschenfeind und doch ausgesprochen wohltätig. Bei mir ist mehr als eine Schraube locker, und doch bin ich ein Superidealist, der Philosophie leichter verdaut als Nahrung.*
**Alfred Nobel**

*Ich liebe die Menschheit, aber ich hasse die Menschen.*
**Edna St. Vincent Millay**

Manchmal benutzen sie fast die gleichen Formulierungen:

*Ich liebe die Menschheit … Was ich nicht ausstehen kann, sind Menschen.*
**Charles Schulz (in einem Text für Linus in *Peanuts*)**

Diese Aussagen mögen ungebührlich wirken, aber sie lassen sich erklären. Stark dopamingesteuerte Menschen ziehen das abstrakte Denken häufig der sinnlichen Erfahrung vor. Für sie ist der Unterschied zwischen der Liebe zur Menschheit und der Nächstenliebe gleich dem Unterschied, einen Welpen süß zu finden und sich um ihn kümmern zu müssen.

## DIE TRAGISCHEN FOLGEN

Einsteins dopamingesteuerte Charakterzüge hatten mit an Sicherheit grenzender Wahrscheinlichkeit eine genetische Komponente. Einer seiner zwei Söhne wurde ein international anerkannter Experte für Hydraulik. Beim anderen wurde Schizophrenie diagnostiziert, als er 20 war, und er starb in einer psychiatrischen Anstalt. Große Populationsstudien haben ebenfalls eine genetische Beteiligung bei der Entwicklung einer dopamingesteuerten Persönlichkeit festgestellt. Eine isländische Studie, die das genetische Profil von mehr als 86 000 Menschen untersuchte, stellte fest, dass Personen mit Genen, die das Risiko für Schizophrenie oder bipolare Störungen erhöhen, häufiger einem nationalen Verband von Schauspielern, Tänzern, Musikern, bildenden Künstlern oder Schriftstellern angehörten.

Isaac Newton, der die Infinitesimalrechnung und das Gravitationsgesetz entdeckte, war eines dieser gestörten Genies. Er kam mit anderen Menschen nur schwer zurecht und führte einen berüchtigten Streit mit dem deutschen Mathematiker und Philosophen Gottfried Leibniz. Er war verschlossen, paranoid und gefühlsarm bis zur Rücksichtslosigkeit. Als Leiter der königlichen Münzanstalt ließ er viele Falschmünzer aufhängen, obwohl seine Kollegen sich dagegen aussprachen.

Newton war von psychischen Störungen geplagt. Er verbrachte Stunden damit, in der Bibel verborgene Botschaften zu finden, und schrieb über eine Million Wörter über Religion und das Okkulte. Er beschäftigte sich mit der mittelalterlichen Alchemie und suchte wie besessen nach dem Stein der Weisen, einer mythischen Substanz, die nach der Überzeugung der Alchemisten magische Fähigkeiten haben und sogar Menschen unsterblich machen können sollte. Im Alter von 50 Jahren wurde Newton psychotisch und verbrachte ein Jahr in einer Irrenanstalt.

Alle Anzeichen sprechen dafür, dass Newton einen erhöhten Dopaminspiegel hatte, der zu seiner Brillanz, seinen sozialen Problemen und seinem psychotischen Zusammenbruch beitrug. Damit steht er nicht allein. Viele brillante Künstler, Wissenschaftler und Geschäftsleute waren psychisch krank oder wurden dafür gehalten. Beispiele sind Ludwig van Beethoven, Edvard Munch (der den *Schrei* malte), Vincent van Gogh, Charles Darwin, Georgia O'Keeffe, Sylvia Plath, Nikola Tesla, Vaclav Nijinsky (der größte Tänzer des frühen 20. Jahrhunderts, der einmal ein Ballett choreografierte, das einen Aufruhr auslöste), Anne Sexton, Virginia Woolf, der Schachgroßmeister Bobby Fischer und viele andere.

Dopamin macht uns kreativ. Es erlaubt uns, das Irreale zu imaginieren, scheinbar Unzusammenhängendes miteinander zu verbinden und mentale Modelle der Welt zu konstruieren, die sich einer rein physikalischen Beschreibung entziehen und über sinnliche Eindrücke hinausgehen, um so die tiefere Bedeutung unserer Erfahrungen aufzudecken. Dann, wie ein Kind, das einen Turm aus Bauklötzen umwirft, demoliert das Dopamin seine eigenen Modelle, sodass wir von vorn anfangen und im einst Vertrauten einen neuen Sinn finden können.

Aber diese Macht hat ihren Preis. Das hyperaktive Dopaminsystem kreativer Genies erhöht das Risiko für psychische Krankheiten. Manchmal durchbricht die Welt des Irrealen ihre natürlichen Grenzen und löst Paranoia, Wahnvorstellungen und die fieberhafte Erregung manischen Verhaltens aus. Zudem kann die erhöhte dopamingesteuerte Aktivität das Hier-und-jetzt-System überlasten und die Fähigkeit einschränken, menschliche Beziehungen einzugehen und sich im Alltag zurechtzufinden.

Manchen Leuten macht das nichts aus. Die Freude am kreativen Gestalten ist die größte Freude, die sie kennen, gleichgültig, ob sie Künstler, Wissenschaftler, Propheten oder Unternehmer sind. Worin auch immer sie ihre Berufung sehen, sie hören nie auf zu arbeiten. Am wichtigsten ist ihnen ihre Leidenschaft für Kunst, Entdeckungen oder Erleuchtung. Sie entspannen sich nie, machen nie eine Pause, um die guten Dinge in ihrem Leben zu genießen. Sie sind besessen davon, eine Zukunft aufzubauen, die niemals kommen wird. Denn wenn die Zukunft zur Gegenwart würde, müssten sie, um sie genießen zu können, »gefühlsbetonte« Hier-und-jetzt-Substanzen aktivieren, und das mögen stark dopamingesteuerte Menschen nicht. Sie dienen der Allgemeinheit, und das machen sie gut. Doch ganz gleich, wie reich, berühmt oder erfolgreich sie werden, sie sind fast nie glücklich und gewiss sind sie niemals zufrieden. Evolutionäre Kräfte, die das Überleben der Art begünstigen, bringen diese besonderen Menschen hervor. Die Natur treibt sie dazu, ihr eigenes Glück zu opfern, um der Welt neue Ideen und Innovationen zu schenken, die uns allen nützen.

### Meeresbrandung, Sand und Psychose

Brian Wilson von den Beach Boys ist einer der revolutionärsten bekannten Musiker. Während der ersten Jahre seiner Karriere war seine Musik trügerisch einfach: Ohrwürmer über Surfen, Autos und Mädchen. Doch mit der Zeit wagte er beispiellose akustische Experimente – Musik, die sich ebenso gut anhörte, aber immer vielschichtiger und komplexer wurde. Als Komponist, Arrangeur und Produzent führte er neue Klänge und neue Klangkombinationen in die Popmusik ein. Darunter waren auch Variationen bekannter Formen: die ungewöhnliche Intonierung gewöhnlicher Akkorde, die merkwürdige Zusammenstellung von Tönen zu Akkorden sowie Standardsequenzen, die an unerwarteten Stellen beginnen und enden. Wilson verwendete ungewöhnliche Instrumente wie das Cembalo und das Ätherofon, das zuvor verwendet worden war, um das unheimliche Summen in Horrorfilmen zu erzeugen. Außerdem benutzte er Dinge, die nicht als Musikinstrumente galten: eine Zugpfeife, Fahrradklingeln, blökende Ziegen. Diese Experimente erreichten ihren Höhepunkt in dem Album *Pet Sounds* (1966), einer von der Kritik gefeierten Kollektion kreativer Musik, die ihresgleichen suchte. Bob Dylan erhob Pop- und Rocktexte vom Knittelvers zur Poesie, Brian Wilson transformierte die Möglichkeiten der Musik selbst von drei Akkorden und einer Strophe-Refrain-Struktur zu einer »Taschensinfonie«, wie Derek Taylor, der Pressesprecher der Beach Boys, sich ausdrückte.

Die Bandbreite der ungewöhnlichen kreativen Bezüge deutet darauf hin, dass Wilson an einer niedrigen latenten Hemmung litt, verbunden mit einem hohen Dopaminspiegel, der vielleicht auch zu seiner psychischen Krankheit beitrug. »Er hört Stimmen«, sagte seine Frau Melinda Ledbetter im Jahr 2012 der Zeitschrift *People*. »An seinem Gesichtsausdruck sehe ich, ob es sich um gute oder böse Stimmen handelt. Für uns ist das schwer zu verstehen, aber für ihn sind sie sehr real.« Man diagnostizierte bei ihm zunächst Schizophrenie, später wurde die Diagnose in »schizoaffektive Störung« geändert, bei der Symptome der Schizophrenie und abnorme Stimmungen, einschließlich Halluzinationen und Paranoia, sich mischen. Im Jahr 2006 berichtete er der Zeitschrift *Ability*, er habe im Alter von 25 Jahren begonnen, Stimmen zu hören, eine Woche nachdem er psychedelische Drogen genommen habe. »In den vergangenen 40 Jahren habe ich akustische Halluzinationen im Kopf gehabt, jeden Tag, den ganzen Tag lang, und ich werde sie nicht los. Alle paar Minuten sagen die Stimmen etwas Abfälliges zu mir … Ich glaube, sie haben angefangen, auf mir herumzuhacken, weil sie neidisch sind. Die Stimmen in meinem Kopf sind neidisch auf mich.«

Wilson sagt, die Therapie, die seine Symptome lindern soll, verringere seine Kreativität kaum. Im Gegensatz zur weitverbreiteten Meinung sind die unbehandelten Leiden einer psychischen Krankheit ein Hindernis, keine Hilfe. »Früher hatte ich lange Phasen, in denen ich überhaupt nichts tun konnte, aber nun spiele ich jeden Tag.«

*Konservativer: Ein Staatsmann,*
*der von den bestehenden Übeln fasziniert ist,*
*im Gegensatz zum Liberalen, der sie durch andere ersetzen will.*
Ambrose Bierce, *Des Teufels Wörterbuch*

Kapitel 5

# POLITIK

**Warum wir einfach nicht miteinander auskommen**

*In diesem Kapitel erfahren wir, wie Supermächte und Handdesinfektionsmittel unsere politische Ideologie beeinflussen.*

## DIE AUTOREN BEDAUERN …

Im April 2002 veröffentlichte das *American Journal of Political Science* einen Forschungsbericht mit dem Titel »Korrelation, nicht Kausalität: Die Beziehung zwischen Persönlichkeitsmerkmalen und politischen Ideologien«. Geschrieben hatte ihn eine Gruppe von Forschern der Virginia Commonwealth University, die den Zusammenhang zwischen politischen Überzeugungen und Persönlichkeitsmerkmalen untersuchte. Sie stellte fest, dass beide zusammenhängen, der Zusammenhang den Genen zugeschrieben werden könne und bestimmte Persönlichkeitszüge vor allem bei Liberalen, andere bei Konservativen vorkamen.

Besonders interessiert waren die Wissenschaftler an einer Ansammlung von Persönlichkeitsmerkmalen – Psychiater sprechen von einer *Persönlichkeitskonstellation* – namens *P*. Die Autoren schrieben, Menschen mit einem niedrigen *P*-Wert seien häufiger »uneigennützig, gut sozialisiert, mitfühlend und konventionell«. Menschen mit einem hohen *P*-Wert seien dagegen »manipulativ, kompromisslos und praktisch veranlagt« sowie »risikobereit, sensationsgierig, impulsiv und autoritär«. Daraus schlossen sie: »Wir erwarten, dass höhere *P*-Werte mit einer eher konservativen politischen Einstellung einhergehen.«

Diese Erwartung erfüllte sich – die Klischees trafen zu. Konservative sind häufig impulsiv und autoritär, während Liberale eher gut sozialisiert und großzügig sind. Aber wenn Wissenschaftler genau das herausfinden, was sie erwartet haben, kann das ein Warnsignal sein. Und in der Tat veröffentlichte die Zeitschrift im Januar 2016, 14 Jahre nach dem Originalbericht, einen Widerruf:

> Die Autoren bedauern, dass sich in der veröffentlichten Version von »Korrelation, nicht Kausalität: Die Beziehung zwischen Persönlichkeitsmerkmalen und politischen Ideologien« ein Fehler befindet. Die Interpretation der Kodierung … wurde genau auf den Kopf gestellt.

Jemand hatte die Etiketten vertauscht. Die richtige Interpretation war das Gegenteil dessen, was berichtet worden war. Nicht die Konservativen, sondern die Liberalen in der Studie waren manipulativ, kompromisslos und praktisch veranlagt. Und die Konservativen, nicht die Liberalen, waren meist uneigennützig, gut sozialisiert, mitfühlend und konventionell. Viele Leute reagierten darauf überrascht. Doch wenn wir bedenken, was die Studie auf einer ganz grundlegenden Ebene herausfand und was die Ergebnisse mit dem Dopaminspiegel zu tun haben, ergeben die berichtigten Resultate absolut einen Sinn – auf jeden

Fall mehr Sinn als die ursprünglichen, die oft verkündet, aber genau auf den Kopf gestellt worden waren.

### Die Grenzen der Persönlichkeitsmessung

Psychologen arbeiten seit Jahrzehnten an Methoden der Persönlichkeitsmessung. Sie haben entdeckt, dass die Persönlichkeit in verschiedene Bereiche eingeteilt werden kann. Man kann zum Beispiel messen, wie offen ein Mensch für neue Erfahrungen ist oder wie selbstdiszipliniert er ist. Amerikanische Psychologen teilen die Persönlichkeit in fünf Bereiche ein, während ihre britischen Kollegen drei bevorzugen. Wie dem auch sei, wenn ein Wissenschaftler sich auf einen Bereich konzentriert, misst er nur einen kleinen Teil der Persönlichkeit. Stellen Sie sich zwei Krankenschwestern vor, die beide hohe Werte erreichen, was das Mitgefühl anbelangt. Auf den ersten Blick sind sie sich ähnlich. Aber es gibt auch andere Persönlichkeitsbereiche. Eine Schwester ist vielleicht kontaktfreudig und emotional, die andere introvertiert und zurückhaltend. Obwohl Krankenschwestern einige Persönlichkeitsmerkmale gemeinsam haben mögen, besteht diese Gruppe aus einzigartigen Individuen.

Hinzu kommt, dass Wissenschaftler meist den *Durchschnittswert* einer Gruppe berichten. Wenn eine Studie zu dem Ergebnis kommt, dass Liberale risikofreudiger sind als Konservative, gibt es wahrscheinlich auch in der Gruppe der Liberalen Personen, die eher nach Sicherheit streben. Persönlichkeitsstudien helfen uns vorherzusagen, was eine Gruppe von Menschen tun wird, aber sie sind weniger dazu geeignet, das Verhalten eines Individuums vorherzusagen.

## FORTSCHRITTLICHE MENSCHEN TRÄUMEN VON EINER BESSEREN ZUKUNFT

Die Merkmale, die die Studie letztlich mit Liberalen in Verbindung brachte – risikofreudig, sensationslustig, impulsiv und autoritär –, sind typisch für einen erhöhten Dopaminspiegel.[1] Aber neigen dopamingesteuerte Menschen tatsächlich dazu, liberale Politik zu unterstützen? Die Antwort lautet offenbar Ja. Liberale bezeichnen sich oft als *progressiv*. Dieser Begriff impliziert ständigen Fortschritt. Progressive lieben den Wandel. Sie träumen von einer besseren Zukunft und glauben bisweilen sogar, dass Technik und staatliches Handeln in der richtigen Kombination grundlegende Probleme der Gesellschaft lösen können, zum Beispiel Armut, Unwissenheit und Krieg. Progressive sind Idealisten, die Dopamin nutzen, um sich eine Welt auszumalen, die viel besser ist als die heutige. Der Progressivismus ist ein Pfeil, der nach vorn zeigt.

Das Wort *konservativ* steht hingegen für den Wunsch, das Beste von dem, was wir von unseren Vorfahren geerbt haben, beizubehalten. Konservative sind oft misstrauisch gegenüber Veränderungen. Sie mögen jene Experten nicht, die ihnen sagen wollen, was sie tun sollen, um die Zivilisation voranzubringen, nicht einmal dann, wenn es in ihrem

---

1 Eine Forschergruppe des psychiatrischen Instituts in London hat festgestellt, dass die Dopaminrezeptoren im Gehirn von Menschen mit hohem *P*-Wert enger zusammensitzen als bei Menschen mit niedrigerem *P*-Wert. Eine größere Rezeptorendichte führt zu stärkeren Dopaminsignalen, die ihrerseits typische Persönlichkeitsmerkmale hervorrufen. Der Zusammenhang zeigt sich auch, wenn wir daran denken, wofür *P* steht: für *Psychotizismus*. Hohe *P*-Werte sprechen für ein erhöhtes Schizophrenierisiko. Das bedeutet jedoch nicht, dass alle Liberalen der Gefahr unterliegen, psychotisch zu werden. Aber viele von ihnen weisen ähnliche Merkmale auf wie hochgradig kreative Menschen, die bisweilen in den Bereich der Psychose abgleiten.

eigenen Interesse ist, zum Beispiel eine Helmpflicht für Motorradfahrer oder Regeln für eine gesunde Ernährung. Konservative misstrauen dem Idealismus der Progressiven, den sie als untauglichen Versuch kritisieren, ein Utopia zu schaffen. Ihrer Meinung nach führt der Idealismus eher zum Totalitarismus, in dem eine Elite das gesamte öffentliche und private Leben bestimmt. Im Gegensatz zum Pfeil des Progressivismus ist ein Kreis das geeignete Symbol für den Konservatismus.

Matt Bai, der ehemalige Chefkorrespondent für das Politikressort des *New York Times Magazine*, erkannte unbeabsichtigt die unterschiedlichen Dopaminsysteme der Linken und der Rechten, als er schrieb: »Demokraten gewinnen, wenn sie für Modernisierung eintreten. Der Liberalismus triumphiert nur, wenn er eine Reform der Regierung anstrebt … Amerikaner brauchen keine Demokraten, um für Nostalgie und Restauration einzutreten. Dafür haben sie schon die Republikaner.«

Betrachtet man bestimmte Gruppen von Menschen, so unterstreicht das den Zusammenhang zwischen Dopamin und Liberalismus. Dopamingesteuerte Menschen sind meist kreativ und arbeiten gut mit abstrakten Konzepten. Sie treten gern für das Neue ein und sind mit dem Status quo unzufrieden. Gibt es Beweise dafür, dass sie politisch liberal sind? Start-ups im Silicon Valley ziehen genau diese Menschen an: kreativ, idealistisch und mit einem Talent für abstrakte Fachgebiete wie Technik, Mathematik und Design. Sie sind Rebellen, die nach Wandel streben, selbst wenn sie riskieren, dabei pleitezugehen. Unternehmer im Silicon Valley und die Menschen, die für sie arbeiten, sind größtenteils ziemlich dopamingesteuert. Sie sind eigensinnig, risikofreudig, sensationsgierig und praktisch veranlagt. Diese Persönlichkeitsmerkmale hängen laut der berichtigten Fassung des Artikels im *American Journal of Political Science* mit Liberalismus zusammen.

Was wissen wir über die Politik des Silicon Valley? Eine Umfrage unter Firmenneugründern ergab, dass 83 Prozent von ihnen die vom

Fortschrittsgedanken geprägte Meinung vertraten, Bildung und Ausbildung könnten alle oder die meisten Probleme der Gesellschaft lösen. In der Allgemeinbevölkerung halten das nur 44 Prozent für richtig. Die Gründer von Start-ups waren häufiger als die Allgemeinbevölkerung der Ansicht, die Regierung solle zu klugen persönlichen Entscheidungen ermutigen. 80 Prozent von ihnen glaubten, Veränderungen würden sich langfristig betrachtet fast immer auszahlen. Und bei der Präsidentschaftswahl 2012 flossen die Spenden der Mitarbeiter führender Hightechfirmen zu über 80 Prozent an Barack Obama.

## VON HOLLYWOOD NACH HARVARD

Ein weiteres Beispiel für den Zusammenhang zwischen Dopamin und Liberalismus finden wir in der Unterhaltungsindustrie. Hollywood ist das Mekka der amerikanischen Kreativität und das Beispiel schlechthin für dopamingesteuerte Exzesse. Unsere größten Stars streben fieberhalt nach *mehr:* mehr Geld, mehr Drogen, mehr Sex und mehr von dem, was zufällig neueste Mode ist. Sie langweilen sich schnell. Nach einer Studie der britischen Marriage Foundation ist die Scheidungsrate bei den Stars fast doppelt so hoch wie in der Allgemeinbevölkerung. Noch schlimmer ist es im ersten Jahr der Ehe, wenn Paare den Übergang von der leidenschaftlichen zur kameradschaftlichen Liebe bewältigen müssen. Bei neu verheirateten Stars ist die Scheidungsrate im Vergleich zu normalen Menschen fast sechsmal so hoch.

Viele Probleme, mit denen Schauspieler konfrontiert sind, hängen mit Dopamin zusammen. Eine Studie über australische Schauspieler kam 2016 zu dem Ergebnis, dass diese stark zu psychischen Krankheiten neigten, und zwar trotz »des Gefühls, sich persönlich weiterentwickelt zu haben und einer sinnvollen Arbeit nachzugehen«. Die Schauspieler machten einige besonders wichtige Probleme aus, zum Beispiel »Probleme mit der Selbstständigkeit, mit ihrer Umwelt zurechtzukommen, mit komplexen zwischenmenschlichen Beziehungen und mit heftiger Selbstkritik«. Das sind Herausforderungen, mit denen stark dopamingesteuerte Menschen die größten Schwierigkeiten haben, weil sie ihre Umgebung im Griff haben wollen und oft Probleme mit komplexen zwischenmenschlichen Beziehungen haben.

Was die Politik anbelangt, wird Hollywood von liberalen Ansichten dominiert. Laut CNN haben die Stars 800 000 US-Dollar für Präsident Obamas Wiederwahlkampagne gespendet, aber nur 76 000 Dollar für den republikanischen Herausforderer Mitt Romney. Das Center for Responsive Politics, das die Webseite Opensecrets.org führt, berichtet, während dieser Wahlperiode hätten Mitarbeiter der sieben großen Medienunternehmen den Demokraten sechsmal so viel gespendet wie den Republikanern.

Werfen wir nun einen Blick in die akademische Welt. Sie ist ein Tempel des Dopamins. Akademiker leben angeblich in einem *Elfenbeinturm* (im Gegensatz beispielsweise zu einer Lehmhütte). Sie widmen ihr Leben der immateriellen, abstrakten Welt der Ideen. Und sie sind sehr liberal. Unter Akademikern finden Sie leichter einen Kommunisten als einen Konservativen. In einem Meinungsbeitrag in der *New York Times* hieß es, nur zwei Prozent der Englischprofessoren seien Republikaner, während sich 18 Prozent der Sozialwissenschaftler als Marxisten bezeichneten.

Der Zwang zu liberalen Ansichten ist in Universitäten weiter verbreitet als in jedem anderen Umfeld. Der Komiker Chris Rock sagte einem Reporter des *Atlantic*, er trete nicht in Colleges auf, weil das Publikum dort zu leicht Anstoß an Aussagen nehme, die nicht mit der liberalen Ideologie übereinstimmten. Jerry Seinfeld erklärte in einem Radiointerview, andere Komiker hätten ihm geraten, um Colleges einen Bogen zu machen. »Dort sind sie so überaus politisch korrekt«, warnten sie ihn.

## SIND LIBERALE SCHLAUER?

Eine akademische Karriere ist meist ein Zeichen für höhere Intelligenz – aber gilt das auch für Liberale im Allgemeinen, für Menschen, die eher ein sehr aktives Dopaminsystem haben? Wahrscheinlich ja. Tests, die die Fähigkeit messen, mit abstrakten Ideen umzugehen – dank des Dopamin-Kontrollsystems –, sind ein wichtiger Bestandteil von Intelligenztests.

Um herauszufinden, wie intelligent Liberale und Konservative sind, befragte Satoshi Kanazawa, ein Wissenschaftler an der London School of Economics and Political Science, eine Gruppe von Männern und Frauen, die früher an der Highschool einen Intelligenztest abgelegt hatten. Die Ergebnisse wurden je nach der politischen Einstellung gemittelt und der Trend war erstaunlich klar. Erwachsene, die sich als *sehr liberal* bezeichneten, hatten höhere IQ-Werte als Erwachsene, die sich nur für liberal hielten. Die Liberalen hatten höhere Werte als jene, die sich *der politischen Mitte zugehörig* fühlten, und die Progression setzte sich stetig fort bis zu denjenigen, die sich als *sehr konservativ* bezeichneten. Sehr liberale Erwachsene hatten einen IQ von 106 und sehr konservative einen IQ von 95, wobei ein Wert von 100 für den Durchschnitt steht.

Ein weniger ausgeprägter, aber ähnlicher Trend ergab sich in Bezug auf die Religiosität. Atheisten hatten einen IQ von 103, sehr religiöse Menschen einen IQ von 97. Wichtig ist der Hinweis, dass es sich hierbei um Durchschnittswerte handelt. Innerhalb der großen Gruppen gibt es brillante Konservative und weniger kluge Liberale. Zudem sind die Unterschiede insgesamt gering. Die »normale« Spannbreite reicht von 90 bis 109. »Hohe Intelligenz« beginnt bei 110, »Genie« bei 140.

Mentale Flexibilität – die Fähigkeit, als Reaktion auf sich verändernde Umstände das eigene Verhalten zu ändern – ist ebenfalls ein Merkmal der Intelligenz. Um die mentale Flexibilität zu bestimmen, erdachten Wissenschaftler an der New York University ein Experiment, bei dem sie die Teilnehmer baten, einen Knopf zu drücken, sobald sie den Buchstaben W sahen, und ihn wieder loszulassen, wenn sie ein M sahen. Die Versuchspersonen mussten schnell denken. Wenn die Buchstaben gezeigt wurden, hatten sie nur eine halbe Sekunde Zeit, um zu entscheiden, ob sie den Knopf drücken sollten oder nicht. Um den Test noch schwieriger zu machen, änderten die Forscher bisweilen die Regel: Drücke bei M, lasse bei W los.

Konservative hatten dabei mehr Schwierigkeiten als Liberale, vor allem wenn einer Reihe von »Drücken«-Signalen ein Signal »Nicht drücken« folgte. Als die Regel umgekehrt wurde, hatten sie Schwierigkeiten, ihr Verhalten entsprechend anzupassen.

Um besser zu verstehen, was vor sich ging, brachten die Wissenschaftler Elektroden an den Köpfen der Teilnehmer an und maßen die Gehirnaktivität während des Tests. Es gab kaum Unterschiede zwischen Liberalen und Konservativen, wenn das Symbol für »Drücken« erschien. Doch wenn das Symbol für »Nicht drücken« erschien und die Teilnehmer eine halbe Sekunde Zeit hatten, sich zu entscheiden, wurde bei den Liberalen sofort ein Gehirnareal aktiv, das für Fehlersuche zuständig ist (daran beteiligt sind Voraussehen, Aufmerksamkeit und Motivation). Bei den Konservativen war das nicht der Fall. Wenn die Umstände sich ändern, werden neuronale Systeme bei den Liberalen schneller aktiviert und die Reaktion auf die neue Herausforderung erfolgt schneller.

## Was ist Intelligenz?

Es gibt viele Definitionen für Intelligenz. Die meisten Experten stimmen darin überein, dass ein IQ-Test nicht die allgemeine Intelligenz misst, sondern die Fähigkeit, aus unvollständigen Informationen allgemeine Schlüsse zu ziehen und mithilfe abstrakter Regeln neue Informationen zu sammeln. Anders ausgedrückt: Ein IQ-Test misst die Fähigkeit eines Menschen, aufgrund vergangener Erfahrungen imaginäre Modelle zu erstellen und diese dazu zu nutzen, Voraussagen zu treffen. Dabei spielt das Kontrolldopamin eine große Rolle.

Aber es gibt auch andere Möglichkeiten, Intelligenz zu definieren, zum Beispiel als Fähigkeit, im Alltag gute Entscheidungen zu treffen. Für diese Art der mentalen Aktivität sind Gefühle (Hier-und-jetzt-Substanzen) sehr wichtig. Antonio Damasio, ein Neurowissenschaftler an der University of Southern California und Autor des Buches *Descartes' Irrtum: Fühlen, Denken und das menschliche Gehirn*, erklärt, die meisten Entscheidungen könnten nicht rein logisch getroffen werden. Entweder hätten wir nicht genug Informationen oder wir hätten viel mehr Informationen, als wir verarbeiten könnten. Zum Beispiel: Auf welche Universität soll ich gehen? Wie sage ich ihr am besten, dass es mir leidtut? Soll ich mich mit ihm anfreunden? In welcher Farbe soll ich die Küche anstreichen? Soll ich ihn heiraten? Ist die Zeit günstig, meine Meinung zu äußern, oder soll ich lieber den Mund halten?

Bei fast jeder Entscheidung, die wir treffen, ist es äußerst wichtig, dass wir im Einklang mit unseren Gefühlen stehen und emotionale Informationen angemessen verarbeiten. Intellektuelle Fähigkeiten reichen nicht aus. Wir alle kennen das wissenschaftliche Genie oder den brillanten Autor, die sich im realen Leben wie hilflose Kinder aufführen, weil ihnen der »gesunde Menschenverstand« fehlt – die Fähigkeit, gute Entscheidungen zu treffen.

Die Bedeutung der Gefühle bei Entscheidungen wurde nicht so intensiv erforscht wie die Bedeutung des Intellekts. Es wäre jedoch nicht zu weit hergeholt anzunehmen, dass Menschen mit einem starken Hier-und-jetzt-System in diesem Bereich einen Vorteil haben. Ein hoher IQ mag eine gute Voraussetzung für akademischen Erfolg sein, aber für ein glückliches Leben dürfte emotionale Reife wichtiger sein.

## Der Unterschied zwischen Gruppentrends und Einzelfällen

Wissenschaftler arbeiten meist mit großen Gruppen von Menschen. Sie messen Merkmale, die sie interessieren, und berechnen Durchschnittswerte. Dann vergleichen sie diese mit einer Kontrollgruppe, die aus gewöhnlichen Menschen, gesunden Menschen oder der Allgemeinbevölkerung bestehen kann. Eine Studie könnte beispielsweise zu dem Ergebnis kommen, dass Krebs bei Rauchern im Vergleich zu allen anderen Menschen häufiger vorkommt. Eine andere Studie zeigt vielleicht, dass Menschen mit einem Gen, das ihr Dopaminsystem ankurbelt, im Durchschnitt kreativer sind als Menschen, die dieses Gen nicht besitzen.

Das Problem mit den Durchschnittswerten einer großen Menschengruppe besteht darin, dass es immer Ausnahmen gibt, manchmal sogar viele. Denken wir zum Beispiel an starke Raucher, denen es selbst mit 90 Jahren noch gut geht, oder an Menschen, die trotz eines »Dopamingens« nicht kreativ sind.

Viele Faktoren beeinflussen das menschliche Verhalten: das Zusammenspiel von Dutzenden Genen, die Familie, in der man aufwächst, und ob man in der Kindheit zur Kreativität ermutigt wurde, um nur einige zu nennen. Ein einziges spezifisches Gen hat nur eine kleine Wirkung. Deshalb können solche Studien zwar unser Wissen über die Arbeitsweise des Gehirns mehren, aber kaum vorhersagen, wie ein bestimmtes Individuum – ein Mitglied einer großen Gruppe – sich verhalten wird. Mit anderen Worten: Manche Erkenntnisse über eine Gruppe, der Sie angehören, gelten möglicherweise nicht für Sie. Das ist zu erwarten.

## REZEPTORGENE UND DIE KLUFT ZWISCHEN LIBERALEN UND KONSERVATIVEN

Die Schwierigkeiten, die die Konservativen bei den Tests hatten, gehen wahrscheinlich auf Unterschiede in der DNS zurück. Die politische Einstellung im Allgemeinen wird offenbar von den Genen beeinflusst. Neben dem oben erwähnten Artikel im *American Journal of Political Science* sprechen auch andere Studien für einen Zusammenhang zwischen einer genetischen Veranlagung zu einer dopamingesteuerten Persönlichkeit und einer liberalen Gesinnung. Forscher der University of California in San Diego haben sich mit einem Gen befasst, das für einen Dopaminrezeptor namens D4 verantwortlich ist. Wie die meisten Gene hat auch D4 mehrere Varianten. Geringe Abweichungen in den Genen heißen *Allele.* Diese Allele tragen zusammen mit der Umwelt, in der wir aufwachsen, zu unserer einzigartigen Persönlichkeit bei.

Eine der Varianten des D4-Gens wird *7R* genannt. Menschen mit der 7R-Variante mögen meist keine Monotonie, sondern streben nach dem Neuen und dem Ungewöhnlichen. Sie können impulsiv, neugierig, launisch, reizbar, aufbrausend und extravagant sein. Menschen, die das Neue eher nicht schätzen, sind hingegen meist nachdenklich, beharrlich, loyal, stoisch, ruhig und genügsam.

Die Wissenschaftler fanden einen Zusammenhang zwischen dem 7R-Allel und Liberalismus, jedoch nur, wenn ein Mensch in einem Umfeld mit verschiedenen politischen Meinungen aufgewachsen war. Der Zusammenhang bestand also nur, wenn sowohl ein genetischer als auch ein sozialer Einfluss vorhanden war. Ein ähnlicher Zusammenhang wurde unter Studenten (Han-Chinesen) in Singapur festgestellt. Das deutet darauf hin, dass die Verbindung zwischen dem 7R-Allel und dem Liberalismus nicht auf die westliche Kultur beschränkt ist.

## MENSCHEN ODER MENSCHHEIT?

Manchen Konservativen fehlen zwar einige der virtuosen Talente der dopamingesteuerten Linken, aber sie erfreuen sich häufiger der Vorteile eines starken Hier-und-jetzt-Systems. Dazu gehören Mitgefühl und Altruismus – was sich vor allem in gemeinnützigen Spenden ausdrückt – und die Fähigkeit, langfristige, monogame Beziehungen zu knüpfen.

Der Unterschied zwischen Linken und Rechten, was Spenden anbelangt, wurde in einem Forschungsbericht beschrieben, der im *Chronicle of Philanthropy* veröffentlicht wurde. Die Wissenschaftler verwendeten Daten der Finanzbehörden, um Spenden für wohltätige Zwecke in den einzelnen amerikanischen Bundesstaaten zu evaluieren und die Resultate mit den Wahlergebnissen im Jahr 2012 in Beziehung zu setzen.[2]

Der Bericht vermerkte, dass Menschen, die den größten Teil ihres Einkommens gespendet hatten, in Staaten lebten, die für Romney gestimmt hatten, während jene, die den geringsten Teil ihres Einkommens gespendet hatten, in Staaten lebten, die ihre Stimme Obama gegeben hatten. Jeder Einzelne der spendenfreudigsten 16 Bundesstaaten stimmte für Romney. Eine Aufschlüsselung nach Städten ergab, dass die liberalen Städte San Francisco und Boston sich am unteren Ende der Liste befanden, während Salt Lake City, Birmingham, Memphis, Nashville und Atlanta zu den großzügigsten gehörten. Die Unterschiede waren unabhängig vom Einkommen. Arme, reiche und mittelständische Konservative spendeten mehr als ihre liberalen Pendants.

Diese Ergebnisse bedeuten nicht, dass Konservative sich mehr für Arme einsetzen als Liberale. Stattdessen kann es sein, dass Liberale – genau wie Albert Einstein – sich eher für die Menschheit einsetzen als für Menschen. Liberale befürworten Gesetze, die den Armen helfen. Verglichen mit karitativen Spenden, sind Gesetze, die das Problem der Armut angehen, eher Maßnahmen, die keinen eigenen Einsatz erfordern. Das spiegelt unsere oft beobachteten Unterschiede wider: Dopa-

2 Die Daten wiesen einige Schwächen auf. Da sie auf Steuererklärungen basierten, stützten sie sich auf die 35 Prozent der Steuerzahler, die solche abgeben – und das sind typischerweise die wohlhabenderen Steuerzahler. Zudem fließen nur etwa ein Drittel der Spenden den Armen zu. Nach einem Bericht von Giving USA aus dem Jahr 2011 gingen 32 Prozent der Spenden an religiöse Organisationen, 29 Prozent an Bildungseinrichtungen, private Stiftungen, die Künste, Kultureinrichtungen und an Umweltverbände. Trotz dieser Schwächen traf der Bericht interessante Angaben darüber, wer Geld für andere spendet.

mingesteuerte Menschen interessieren sich eher für Planung und für Taten aus der Ferne, während Menschen mit einem hohen Spiegel an Hier-und-jetzt-Neurotransmittern sich eher auf ihre nähere Umgebung konzentrieren. In diesem Fall fungiert die Regierung als Vermittler des liberalen Mitgefühls und zugleich als Puffer zwischen dem Wohltäter und dem Begünstigten. Zuwendungen für die Armen stammen von staatlichen Einrichtungen, die von Millionen einzelnen Steuerzahlern unterstützt werden.

Was ist besser: Politik oder Wohltätigkeit? Das hängt vom Blickwinkel ab. Wie zu erwarten, maximiert der dopamingesteuerte Ansatz – die Politik – die Ressourcen, die den Armen zufließen. Im Maximieren von Ressourcen ist das Dopamin unschlagbar. Im Jahr 2012 gaben Behörden des Gesamtstaates, der Bundesstaaten und der Gemeinden etwa eine Billion US-Dollar für Maßnahmen gegen die Armut aus. Das entspricht etwa 20 000 Dollar für jeden Armen in Amerika. Durch Spenden kamen dagegen nur 360 Milliarden US-Dollar zusammen. Die dopamingesteuerte Herangehensweise stellte fast dreimal so viel Geld zur Verfügung.

Allerdings bemisst sich der Wert der Hilfsmaßnahmen nicht nur in Dollar und Cent. Die unpersönliche Hilfe der Regierung hat eine andere emotionale Wirkung als eine persönliche Beziehung zu einer Kirche oder zu einer wohltätigen Einrichtung. Letztere sind flexibler als Gesetze und können daher besser auf die Bedürfnisse von Einzelpersonen eingehen, anstatt sich ausschließlich um abstrakt definierte Gruppen zu kümmern. Die Mitarbeiter privater Wohlfahrtseinrichtungen kommen meist in engen Kontakt – oft sogar in körperlichen Kontakt – mit den Menschen, denen sie helfen. Dank dieser engen Beziehung lernen sie die Hilfsbedürftigen kennen und können ihre Hilfe daher individuell gestalten und materielle Hilfe mit emotionaler Unterstützung verbinden. Sie können beispielsweise den körperlich Gesunden Jobs vermitteln und den Benachteiligten zeigen, dass sich jemand tatsächlich für sie als Individuen interessiert. Viele Wohlfahrtseinrichtungen weisen darauf hin, dass Eigenverantwortung und gute Charaktereigenschaften die wirksamsten Maßnahmen seien, Armut zu bekämpfen. Sie setzen auf Hilfe zur Selbsthilfe. Dieser Ansatz ist nicht für alle Menschen geeignet, doch für manche ist er nützlicher als Zuwendungen durch die Behörden.

Auch die Helfer profitieren von ihrem Einsatz. Das *hedonistische Paradox* besagt, dass Menschen, die nach eigenem Glück streben, es nicht finden – im Gegensatz zu jenen, die anderen helfen. Altruismus wurde mit erhöhtem Wohlbefinden, besserer Gesundheit und einem längeren Leben in Verbindung gebracht. Es gibt sogar Hinweise darauf, dass unsere Zellen langsamer altern, wenn wir anderen helfen. Als mögliche Ursache dafür nennen Forscher im Fachbereich Bioethik der Case Western Reserve University »eine tiefe und positive soziale Integration, Ablenkung von persönlichen Problemen und von der Unruhe, die ständige Beschäftigung mit sich selbst auslöst, sowie ein erfüllteres, sinnvolleres Leben und eine aktivere Lebensweise«. Das sind Vorteile, die uns entgehen, wenn wir lediglich Steuern zahlen.

Wenn die Politik den Armen mehr Geld gibt und wohltätige Organisationen zusätzliche Hilfe leisten – warum unterstützen wir dann nicht einfach beides? Das Problem ist, dass Dopamin und die Hier-und-jetzt-Transmitter einander meist entgegenarbeiten, was zu einem »Entweder-oder-Problem führt. Menschen, die Hilfsprogramme seitens des Staates befürworten (ein dopamingesteuerter Ansatz), neigen weniger zu persönlicher Hilfe (einem Hier-und-jetzt-Ansatz) und umgekehrt.

Die University of Chicago verfolgt mit ihrem General Social Survey – einer groß angelegten soziologischen Erhebung von Daten zu Sozialthemen – seit 1972 Trends, Einstellungen und Verhaltensweisen in der amerikanischen Gesellschaft. Ein Abschnitt der Umfrage stellt Fragen zu den Einkommensunterschieden. Die Ergebnisse zeigen, dass Amerikaner, die strikt gegen eine Umverteilung durch die Regierung sind, zehnmal mehr Geld für wohltätige Zwecke spenden (1627 US-Dollar im Jahr) als jene, die entschieden für ein Eingreifen der Regierung eintreten (140 US-Dollar im Jahr). Verglichen mit Menschen, die sich für höhere Sozialausgaben einsetzen, neigen diejenigen, die die Sozialausgaben für zu hoch halten, eher dazu, anderen auf der Straße den Weg zu zeigen, zu viel herausgegebenes Geld zurückzugeben und Obdachlosen Essen oder Geld zu geben. Fast jeder will den Armen helfen. Doch auf welche Weise er hilft, hängt davon ab, ob er eine dopamingesteuerte oder eine im Hier und Jetzt verwurzelte Persönlichkeit hat. Dopamingesteuerte Menschen wollen, dass Arme *mehr* Hilfe erhalten, die anderen befürworten persönliche Hilfe von Mensch zu Mensch.

## KONSERVATIVE PAARE

Konservative bevorzugen enge, persönliche Kontakte. Das führt dazu, dass sie eine stärker zupackende Hilfe für die Armen unterstützen und dass sie auch eher langfristige monogame Beziehungen eingehen. Wie die *New York Times* berichtete: »Wer seine Kindheit irgendwo im blauen Amerika[3] verbringt – besonders in liberalen Bastionen wie New York, San Francisco, Chicago, Boston und Washington –, heiratet mit einer um zehn Prozentpunkte geringeren Wahrscheinlichkeit als die Bevölkerung im Rest des Landes.« Hinzu kommt, dass verheiratete Liberale häufiger Seitensprünge machen als Konservative.

Der General Social Survey erforscht auch das Sexualverhalten der Amerikaner. Seit 1991 steht darin die Frage: »Hatten Sie jemals Sex mit

3 Damit sind die US-amerikanischen Bundesstaaten gemeint, deren Bevölkerung bei Präsidentschaftswahlen mehrheitlich den Kandidaten der Demokraten wählt. Im Gegensatz dazu stehen die roten Bundesstaaten, deren Bevölkerung mehrheitlich den Kandidaten der Republikaner unterstützt.

einer anderen Person als Ihrem Ehemann oder Ihrer Ehefrau, während Sie verheiratet waren?« Dr. Kanazawa, der den Zusammenhang zwischen der politischen Einstellung und der Intelligenz untersuchte, wollte herausfinden, wer diese Frage am wahrscheinlichsten mit Ja beantwortete. Von denen, die sich als konservativ einstuften, hatten 14 Prozent ihre Ehepartnerin oder ihren Ehepartner betrogen. Bei denjenigen, die sich als sehr konservativ bezeichneten, sank die Zahl leicht auf 13 Prozent. Von den Liberalen räumten 24 Prozent einen Seitensprung ein. Von denjenigen, die sich sehr liberal nannten, berichteten 26 Prozent von einem Seitensprung. Diese Trends bestätigten sich auch, als die Daten für Männer und Frauen getrennt ausgewertet wurden.

Konservative haben seltener Sex als Liberale, möglicherweise deshalb, weil sie häufiger kameradschaftliche Beziehungen eingehen, in denen Oxytocin und Vasopressin das Testosteron hemmen. Obwohl sie seltener Sex haben mögen, ist die Wahrscheinlichkeit für einen Orgasmus bei beiden Partnern höher. Laut einer Studie namens »Singles in America« des Instituts für evolutionäre Studien der Binghamton University, an der 5000 Erwachsene teilnahmen, erreichen Konservative beim Sex häufiger einen Höhepunkt als Liberale.

Dr. Helen Fisher, die wissenschaftliche Chefberaterin von Match.com, vermutet, dass Konservative sich eher gehen lassen können, was für einen Orgasmus notwendig ist. Sie führt das darauf zurück, dass Konservative klarere Wertvorstellungen haben und sich deshalb leichter entspannen können. Diese Erklärung, die von einem Zusammenhang zwischen klaren Werten und der Enthemmung während des Orgasmus ausgeht, ist nicht unbedingt die geradlinigste. Es dürfte einfachere Erklärungen geben, basierend auf unserem Wissen über die Neurobiologie beim Sex. Am deutlichsten auf der Hand liegen dürfte, dass es in einer vertrauensvollen Beziehung leichter ist, sich gehen zu lassen und einen Orgasmus zu erleben. Eine Beziehung dieser Art kommt bei den vorwiegend durch Hier-und-jetzt-Neurotransmitter gesteuerten Konservativen, die Stabilität schätzen, häufiger vor als bei dopamingesteuerten Liberalen, die gern etwas Neues erleben. Zudem setzt die Fähigkeit, die körperlichen Freuden des Sex im Hier und Jetzt zu genießen, die Unterdrückung des Dopamins durch Hier-und-jetzt-Neurotransmitter wie Endorphine und Endocannabinoide voraus. Eine stärkere Aktivität im Hier-und-jetzt-System im Vergleich zum Dopaminsystem erleichtert diese Verschiebung.

Die Datingwebseite OkCupid führte eine eigene Umfrage zum Thema Sex durch. Sie wollte herausfinden, welche Menschen Wert auf Orgasmen legen und welche nicht, und kam zu einem faszinierenden Ergebnis. Die Frage lautete: »Sind Orgasmen das Wichtigste am Sex?«, und die Ergebnisse wurden mit der politischen Einstellung und dem Beruf in Beziehung gesetzt. Diejenigen, die am häufigsten mit Nein antworteten, waren politisch liberale Autoren, Künstler und Musiker.

Wenn Sie sehr dopamingesteuert sind – wie viele Autoren, Künstler und Musiker –, findet der wichtigste Teil der sexuellen Begegnung Ihrer Meinung nach wahrscheinlich vor dem Hauptereignis statt, das heißt, für Sie ist die Eroberung am wichtigsten. Wenn ein imaginäres Objekt der Begierde sich in einen realen Menschen verwandelt und die Hoffnung durch den Besitz ersetzt wird, hat das Dopamin seine Aufgabe erfüllt. Danach ist der Rauschzustand vorbei. Der Orgasmus ist für diese Menschen nicht der Höhepunkt beim Sex.

Und schließlich hat sich herausgestellt, dass Konservative (die mehr Hier-und-jetzt-Neurotransmitter besitzen) glücklicher sind als Liberale (bei denen der Dopaminspiegel erhöht ist). Das war zu erwarten. Eine Gallup-Umfrage, die von 2005 bis 2007 durchgeführt wurde, ergab, dass 66 Prozent der Republikaner mit ihrem Leben sehr zufrieden waren. Bei den Demokraten waren es nur 53 Prozent. 61 Prozent der Republikaner bezeichneten sich als sehr glücklich, doch weniger als die Hälfte der Demokraten erklärten von sich das Gleiche. Verheiratete waren glücklicher als Ledige und Kirchgänger waren glücklicher als jene, die nicht in die Kirche gingen.

Aber die Welt ist selten einfach. Trotz größerer Zufriedenheit mit der Ehe, einer höheren Wahrscheinlichkeit für Orgasmen und selteneren Seitensprüngen lassen sich Paare in roten Bundesstaaten häufiger scheiden als jene in blauen Staaten. Zudem konsumieren sie mehr Pornografie. Obwohl diese Befunde widersprüchlich erscheinen, gibt es eine Erklärung dafür: Sie sind die Folge einer stärkeren Bindung an die organisierte Religion. Paare in roten Staaten werden gedrängt, früher zu heiraten, und sie leben vor der Heirat seltener zusammen und haben seltener Sex vor der Ehe. Deshalb haben Paare in roten Staaten weniger Gelegenheit, einander vor der Heirat kennenzulernen, was ihre Ehe destabilisieren könnte. Die Ablehnung sexueller Beziehungen vor der Ehe könnte den erhöhten Konsum von Pornografie erklären, weil er Orgasmen ermöglicht.

## HIPPIES UND EVANGELIKALE

Noch komplexer wird die Situation, wenn wir berücksichtigen, dass politische Parteien heterogen sind. Sie setzen sich aus Gruppen mit unterschiedlichen Überzeugungen zusammen. Bei den Republikanern gibt es eine Gruppe, die für einen »schlanken Staat« eintritt. Sie fordert, dass die Regierung die Menschen in Ruhe lässt, damit sie ihre eigenen Entscheidungen treffen können, frei von einschränkenden Gesetzen und Regeln. Aber es gibt auch die politisch aktiven Evangelikalen, die das Land verbessern wollen, indem moralische Grundsätze gesetzlich verankert werden. Es überrascht nicht, dass eine Gruppe, die eine transzendente Macht verehrt und großen Wert auf abstrakte Ideen wie Gerechtigkeit und Gnade legt, stärker vom Dopamin gesteuert wird. Diesen Republikanern sind eine kontinuierliche Stärkung der Moral und das Leben nach dem Tod wichtig; sie konzentrieren sich also auf die Zukunft. Sie sind die Fortschrittlichen unter den Rechten.

Im linken politischen Spektrum finden wir die Hippies, die Nachhaltigkeit schätzen und Technik oftmals missbilligen. Sie bevorzugen ein naturverbundenes Leben. Die Erfahrung im Hier und Jetzt ist ihnen wichtiger als das Streben nach etwas, das sie nicht haben. Sie sind die konservativen Linken, die den progressiven Pfeil zugunsten des konservativen Kreises ablehnen.

Diese Komplexität erinnert uns daran, dass wir vorsichtig und aufgeschlossen bleiben müssen, wenn wir gesellschaftliche Entwicklungen untersuchen. Die Tatsache, dass die Ergebnisse einer Studie vollständig umgekehrt werden konnten, beweist, dass Daten falsch interpretiert und dennoch als richtig akzeptiert werden können. Schlimmer noch, die Qualität der Daten ist immer unzureichend und die Informationen, die aus Umfragen unter Tausenden von Menschen stammen, sind noch fehlerhafter als Daten von streng überwachten klinischen Studien. Umfragen hängen zudem von der Ehrlichkeit der Befragten ab. Es ist möglich, dass Konservative im Vergleich zu Liberalen weniger gewillt sind einzuräumen, dass sie einen Seitensprung begangen haben oder mit ihrem Leben unzufrieden sind. Dann wären die Resultate des General Social Survey verzerrt.

Ein weiteres Problem besteht darin, dass wissenschaftliche Befunde widersprüchlich sein können. Manche neurowissenschaftlichen Studien über die politische Einstellung haben sozusagen einen »bösen Zwilling«, der die gleichen Fragen gestellt hat und zu gegenteiligen Ergebnissen gekommen ist. Im Großen und Ganzen bestätigen die Daten jedoch eine Tendenz zu einer fortschrittlichen politischen Einstellung bei Menschen mit einer eher dopamingesteuerten Persönlichkeit und zu einer konservativen Einstellung bei Menschen mit weniger Dopamin und mehr Hier-und-jetzt-Transmittern im Blut.

Das große Bild könnte etwa so aussehen: *Im Durchschnitt* sind Liberale eher zukunftsorientiert, intellektuell, unbeständig, kreativ, intelligent und unzufrieden. Konservative befinden sich dagegen eher im Einklang mit ihren Gefühlen; sie sind zuverlässig, stabil, konventionell, weniger intellektuell und glücklich.

## DER ZUVERLÄSSIG IRRATIONALE WÄHLER

Sehr konservative und sehr liberale Menschen neigen zwar dazu, »ihre« Partei zu wählen, doch andere haben moderatere Ansichten. Diese unabhängigen Wähler sind für Argumente offen. Der Erfolg eines Wahlkampfs hängt maßgeblich davon ab, wie gut es gelingt, die Meinung dieser Gruppe zu beeinflussen. Vielleicht kann die Neurowissenschaft uns sagen, wie man das am besten angeht.

Die Kunst des Überzeugens überschneidet sich mit der Neurowissenschaft an dem Punkt, wo Entscheidungen getroffen und in die Tat umgesetzt werden – also am Schnittpunkt zwischen dem Dopaminsystem des Verlangens und dem Kontrollsystem. Dort wägen wir Meinungen gegeneinander ab und entscheiden, was für unsere Zukunft am besten ist. Gleichgültig, ob es darum geht, zu welchem Waschmittel man im Supermarkt greift oder welche Partei man wählt, die Entscheidung sollte in den Bereich des Kontrolldopamins fallen, da wir uns die einfache Frage stellen: *Was ist langfristig am besten für mich?* Aber es ist schwer, das Kontrolldopamin mit einem Autoaufkleber oder einem 30-Sekunden-Werbespot zu überzeugen und alle Gegenargumente, die unweigerlich aufkommen, zu widerlegen. Und rein praktisch betrachtet lohnt es sich wahrscheinlich ohnehin nicht. Vernünftige Entscheidungen sind fragil, immer offen für eine Revision, sobald es neue Erkenntnisse gibt. Das Irrationale ist dauerhafter und wir können sowohl das Dopamin des Verlangens als auch das Hier-und-jetzt-System nutzen, um Menschen zu irrationalen Entscheidungen zu bewegen. Die wirksamsten Instrumente dazu sind Furcht, Verlangen und Mitgefühl.

Furcht dürfte am wirksamsten sein. Deshalb sind aggressive Werbespots, die den gegnerischen Kandidaten als gefährlich darstellen, so beliebt. Furcht spricht unsere primitivsten Sorgen an: *Werde ich am Leben bleiben? Sind meine Kinder in Sicherheit? Behalte ich meinen Job, sodass ich genug Geld für Essen und für die Miete habe?* In nahezu jeder politischen Kampagne ist es unerlässlich, Furcht zu wecken. Dass dadurch Menschen dazu ermuntert werden, einander zu hassen, ist eine unerfreuliche Nebenwirkung.

### Warum amüsieren wir uns zu Tode?

In seinem 1985 erschienenen provokativen Buch *Amusing Ourselves to Death* (deutsch *Wir amüsieren uns zu Tode*, 1988) behauptete der Medienwissenschaftler Neil Postman, der politische Diskurs sei seit der Einführung des Fernsehens verflacht. Er beobachtete, dass Fernsehnachrichten viele Merkmale von Unterhaltungssendungen angenommen haben, und zitierte den Nachrichtensprecher Robert MacNeil: »Wichtig ist, alles kurz zu halten und die Aufmerksamkeit nicht zu überfordern. Stattdessen sollen Vielfalt, Neuigkeiten, Action und Bewegung für ständige Stimulation sorgen. Sie sollen ... keiner Idee, keiner Person und keinem Problem länger als jeweils ein paar Sekunden Aufmerksamkeit schenken.« Mehr als drei Jahrzehnte danach gelten diese Worte auch für Nachrichten im Internet. Selbst Medien, die als seriös gelten, packen ihre Homepages mit Dutzenden von kurzen, provokativen Schlagzeilen voll. Die meisten von ihnen führen nicht zu einem langen, gut durchdachten Hintergrundartikel zum Lesen, sondern zu kurzen, flotten Videos zum Anschauen.

Postman war der Meinung, das sei ein großes Problem, doch er äußerte keine Vermutung darüber, warum Unterhaltung uns wichtiger ist als seriöse Information, wenn wir Fragen diskutieren, die für das ganze Land wichtig sind. Heute, 30 Jahre später, stellt sich diese Frage immer noch. Die Kommunikationstechnik hätte unzählige Formen annehmen können – warum also bevorzugt das Internet ebenso wie das Fernsehen Kurzberichte und Neuigkeiten gegenüber einer tiefgründigen Analyse? Haben die Ereignisse in der Welt nicht größere Beachtung verdient?

Die Antwort gibt das Dopaminsystem des Verlangens. Eine kurze, schlüpfrige Story fällt auf und besitzt *Salienz*. Sie sorgt für einen schnellen Dopaminschub und weckt unsere Aufmerksamkeit. Darum klicken wir uns durch ein Dutzend provokative Schlagzeilen, die zu Videos über Kätzchen führen, und überspringen die langen Artikel über die Gesundheitsversorgung. Letztere sind zwar wichtiger für uns, aber es ist anstrengend, die Informationen zu verarbeiten. Der Dopaminschub macht mehr Spaß. Das Kontrolldopamin könnte das zwar unterbinden, aber es wird unweigerlich von der Flut von neuen und aufregenden Eindrücken überwältigt – von der Währung des Internets.

Wohin wird das führen? Wahrscheinlich nicht zu einer Renaissance des ausführlichen Artikels. Je mehr sich sensationelle Storys in den Nachrichten durchsetzen, desto kürzer und oberflächlicher müssen sie werden, um wettbewerbsfähig zu sein. Wo endet dieser Zyklus? Selbst Wörter sind nicht mehr unabdingbar. Die meisten

Handys bieten uns heute an, getippte Texte durch etwas zu ersetzen, das schneller und einfacher (und plumper) ist: Emojis.

Postman kannte die neurologischen Hintergründe vielleicht nicht, aber er verstand ihre Wirkung: »Und so geraten wir rasch in ein Informationsmilieu, das man durchaus als Jagd nach dem Banalen bezeichnen kann. Das Gesellschaftsspiel, das diesen Namen trägt *[Trivial Pursuit]*, nutzt Fakten als Quelle des Vergnügens und unsere Nachrichtenquellen tun es ihm gleich. Viele Male hat sich gezeigt, dass eine Kultur Fehlinformationen und falsche Meinungen überleben kann. Aber es ist noch nicht nachgewiesen, dass eine Kultur überleben kann, wenn sie die Welt innerhalb von 22 Minuten erfassen will. Oder wenn der Wert ihrer Nachrichten daran gemessen wird, wie viele Lacher sie auslösen.«

## GELIEBT UND VERLOREN ZU HABEN, SCHMERZT MEHR

Furcht spricht aber nicht nur primitive Bedürfnisse an; ein weiterer Grund für ihre starke Wirkung ist *Verlustaversion:* Der Schmerz über einen Verlust von 20 Dollar ist beispielsweise größer als die Freude über einen Gewinn von 20 Dollar. Deshalb lehnen die meisten Menschen es ab, eine Wette abzuschließen, bei der eine Münze geworfen wird. Die Gewinnchance und das Verlustrisiko betragen dabei jeweils 50 Prozent. Die meisten lehnen sogar einen Einsatz von 20 Dollar ab, wenn sie 30 Dollar gewinnen können. Der mögliche Gewinn muss doppelt so hoch sein wie der Einsatz – in diesem Fall also 40 Dollar –, bevor die meisten Leute auf die Wette eingehen.

Ein Mathematiker würde sagen: Wenn die Gewinnchance 50 Prozent beträgt und der mögliche Gewinn größer ist als der Einsatz, dann hat das Spiel einen *positiven Nettowert* – Sie sollten also mitspielen. (Das gilt allerdings nur dann, wenn Sie sich die Wette leisten können. Es wäre vernünftig, 20 Dollar einzusetzen, die Sie fürs Kino eingeplant haben, aber es wäre unvernünftig, 200 Dollar zu riskieren, mit denen Sie Ihre Miete bezahlen wollten.) Dennoch weigern sich die meisten Menschen, 20 Dollar zu riskieren, wenn sie 30 Dollar gewinnen können. Warum?

Als Wissenschaftler Gehirnscans vornahmen, während die Versuchspersonen Wetten abschlossen, widmeten sie sich natürlich zuerst dem Dopamin. Sie stellten fest, dass die neurale Aktivität im System des Verlangens nach einem Gewinn zunahm und nach einem Verlust abnahm. Das war zu erwarten. Aber die Veränderungen waren nicht symmetrisch. Der Rückgang nach einem Verlust war größer als die Zunahme nach einem Gewinn. Das Dopaminsystem spiegelte die subjektive Erfahrung wider: Die Wirkung eines Verlustes war stärker als die Wirkung eines Gewinns.

Welche Nervenbahnen waren für dieses Ungleichgewicht verantwortlich? Was verstärkte die Reaktion auf Verluste? Die Forscher untersuchten die Amygdala, eine Hier-und-jetzt-Struktur, die Furcht und andere negative Emotionen verarbeitet. Jedes Mal, wenn eine Versuchsperson eine Wette verlor, feuerte ihre Amygdala und verstärkte die unangenehmen Gefühle. Eine Hier-und-jetzt-Emotion verstärkte also die Verlustaversion. Das Hier-und-jetzt-System interessiert sich nicht für die Zukunft und für Dinge, die wir bekommen könnten. Sie interessiert sich für das, was wir jetzt haben. Und wenn diese Dinge bedroht sind, empfinden wir Furcht und Bedrängnis.

Andere Studien kamen zu ähnlichen Ergebnissen. In einem Experiment entschied das Los darüber, welche Hälfte der Teilnehmer einen Kaffeebecher bekam. Danach gab man allen Versuchspersonen die Möglichkeit, untereinander einen Handel abzuschließen: Becher gegen

Geld. Die Becherbesitzer mussten einen Preis festsetzen, den sie akzeptieren würden, und die Becherkäufer mussten einen Preis festsetzen, den sie bezahlen würden. Die Becherbesitzer verlangten durchschnittlich 5,78 US-Dollar und die Becherkäufer boten im Durchschnitt 2,21 US-Dollar an. Den Verkäufern widerstrebte es, sich von ihren Bechern zu trennen. Die Käufer wollten sich nur ungern von ihrem Geld trennen. Beide wollten nicht hergeben, was sie hatten.

Die wichtige Rolle der Amygdala bei der Verlustaversion wurde von einem natürlichen Experiment bestätigt. Dabei kann es sich zum Beispiel um Krankheiten und Verletzungen handeln, die wichtige wissenschaftliche Erkenntnisse vermitteln. Diese Experimente sind faszinierend, weil sie normalerweise grob unethisch wären. Niemand fordert einen Chirurgen auf, den Schädel einer Versuchsperson zu öffnen und die Amygdala herauszuschneiden. Doch manchmal geschieht etwas Ähnliches von selbst. Im vorliegenden Fall untersuchten die Forscher zwei Patienten, die an der Urbach-Wiethe-Krankheit litten, einer seltenen Erkrankung, die die Amygdala an beiden Seiten des Gehirns zerstört. Als man diese Personen zu einer Wette einlud, maßen sie dem Gewinn und dem Verlust den gleichen Wert bei. Ohne Amygdala gab es keine Verlustaversion mehr.

Im Grunde ist die Verlustaversion eine einfache Rechnung. Beim Gewinn geht es um eine bessere Zukunft, deshalb ist nur das Dopamin beteiligt. Die Möglichkeit, zu gewinnen, bekommt vom Dopamin den Wert +1. Von den Hier-und-jetzt-Neurotransmittern, denen es nur um die Gegenwart geht, erhält sie den Wert 0. Verluste haben ebenfalls mit der Zukunft zu tun, deshalb gehen sie das Dopamin etwas an, und dieses teilt ihnen den Wert –1 zu. Auch die Hier-und-Jetztler sind vom Verlust angesprochen, weil er Dinge betrifft, die wir jetzt besitzen. Darum geben ihm die Hier-und-Jetztler den Wert –1. Das ergibt zusammen +1 für den Gewinn und –2 für den Verlust, genau das, was wir beim Gehirnscan und bei den Wettexperimenten sehen.

Furcht weist wie das Verlangen hauptsächlich in die Zukunft – in das Reich des Dopamins. Doch das Hier-und-jetzt-System verstärkt den Verlustschmerz durch die Aktivierung der Amygdala und beeinflusst unsere Entscheidungen über den besten Umgang mit einem Risiko.

## INVESTIEREN ODER ABSICHERN?

Obwohl die Verlustaversion ein universelles Phänomen ist, gibt es Unterschiede zwischen Gruppen. Dopamingesteuerte Liberale reagieren eher auf Botschaften, die Vorteile versprechen, zum Beispiel auf Gewinnchancen, während Hier-und-jetzt-Konservative eher auf Botschaften reagieren, die Sicherheit bieten, etwa die Möglichkeit, zu behalten, was sie derzeit haben. Liberale unterstützen Programme, die ihrer Meinung nach in eine bessere Zukunft führen, beispielsweise Subventionen für Bildung, Städteplanung und Investitionen in Technologie. Konservative bevorzugen Programme, die ihre derzeitige Lebensweise schützen, zum Beispiel Geld für die Verteidigung, Initiativen für Recht und Ordnung und begrenzte Zuwanderung.

Sowohl Liberale als auch Konservative haben ihre Gründe, sich entweder auf Bedrohungen oder auf Vorteile zu konzentrieren, und sie halten ihre Gründe für vernünftige Schlussfolgerungen nach sorgfältigem Abwägen der Argumente. Das trifft vermutlich nicht zu. Wahrscheinlich ticken ihre Gehirne grundlegend anders.

Wissenschaftler der University of Nebraska wählten eine Gruppe von Freiwilligen nach ihrer politischen Einstellung aus und maßen ihre Erregung, wenn sie Bilder zu sehen bekamen, die Verlangen oder Angst auslösten. Erregung wird meist als sexuelle Erregung verstanden, aber in einem weiteren Sinne ist sie ein Maß dafür, wie stark ein Mensch von dem, was um ihn herum geschieht, beeinflusst wird. Wenn ein Mensch interessiert und emotional beteiligt ist, schlägt sein Herz etwas schneller, sein Blutdruck steigt ein wenig und er schwitzt ein bisschen. Ärzte sprechen hier von einer sympathischen Reaktion. Sie wird meist mithilfe von Elektroden gemessen, die man am Körper befestigt und die zeigen, wie leicht Strom fließt. Schweiß ist Salzwasser, das elektrischen Strom besser leitet als trockene Haut. Je erregter ein Mensch ist, desto leichter fließt der Strom.

Nachdem man die Elektroden an den Versuchspersonen befestigt hatte, zeigte man diesen drei beängstigende Bilder (eine Spinne auf dem Gesicht eines Mannes, eine offene Wunde mit Maden und eine Menschenmenge, die einen Mann angriff) sowie drei positive Fotos (ein fröhliches Kind, eine Schale Obst und ein niedliches Kaninchen). Liberale reagierten stärker auf die positiven Bilder, Konservative reagierten stärker auf die negativen. Da die Forscher eine biologische Reaktion maßen – Schwitzen –, konnten die Teilnehmer ihre Reaktion nicht willentlich beeinflussen. Gemessen wurde also etwas Fundamentaleres als vernunftbasierte Entscheidungen.

Anschließend beobachteten die Wissenschaftler mit einem Eye-Tracker die Blickbewegungen, um herauszufinden, wie lange die Versuchspersonen eine Bildercollage betrachteten, also eine Mischung aus gleichzeitig gezeigten positiven und negativen Bildern. Beide Gruppen, Liberale wie Konservative, betrachteten die negativen Bilder länger. Dieses Ergebnis stimmt mit dem universellen Phänomen der Verlustaversion überein. Allerdings betrachteten die Konservativen die Furcht auslösenden Bilder deutlich länger, während die Liberalen ihre Aufmerksamkeit gleichmäßiger verteilten. In beiden Gruppen gab es also deutliche Hinweise auf Verlustaversion, diese war jedoch bei den Konservativen deutlicher ausgeprägt.

## WIR KÖNNEN SIE ZU EINEM KONSERVATIVEN MACHEN!

Der Zusammenhang zwischen Konservatismus und Bedrohung besteht in beiden Richtungen. Konservative konzentrieren sich eher auf Bedrohungen als Liberale. Zugleich werden beide Gruppen konservativer, wenn sie sich bedroht fühlen. Es ist bekannt, dass Terrorangriffe die Beliebtheit konservativer Politiker fördern. Doch selbst kleine Bedrohungen – die wir nicht einmal bewusst wahrnehmen – stupsen Menschen nach rechts.

Um den Zusammenhang zwischen subtilen Bedrohungen und einer konservativen Einstellung zu testen, fragten Wissenschaftler auf dem Campus einer Universität Studenten nach ihren politischen Überzeugungen. Beim Ausfüllen des Fragebogens saß die Hälfte der Teilnehmer in der Nähe eines Handdesinfektionsmittels, das sie an die Gefahr einer Ansteckung erinnerte. Die andere Hälfte wurde an einen anderen Platz geführt. Diejenigen, die in der Nähe des Desinfektionsmittels saßen, stuften sich als moralisch, sozial und finanzpolitisch konservativer ein. Das gleiche Ergebnis trat auf, als eine andere Gruppe gebeten wurde, sich die Hände mit einem Desinfektionstuch abzuwischen, bevor sie sich vor einen Computer setzte, um ihre Antworten einzugeben. In diesem Zusammenhang ist bemerkenswert, dass Wahlen in den USA während der Grippesaison abgehalten werden und dass Wahlgeräte mit Sensorbildschirm Keime verbreiten. Deshalb sieht man recht häufig Spender mit einem Handdesinfektionsmittel im Wahllokal.

Professor Glenn D. Wilson, ein Psychologe, der den Einfluss der Evolution auf menschliches Verhalten untersucht, hat einmal scherzhaft gesagt, während der Wahlperiode seien Schilder in Toilettenräumen mit der Aufschrift »Vor der Rückkehr zur Arbeit Hände waschen!« Wahlplakate für die Republikaner.

## NEUROCHEMISCHE MODULATION DES MORALISCHEN URTEILS

Das funktioniert auch mit Medikamenten. Wissenschaftler können Menschen dazu bringen, sich stärker wie Konservative zu verhalten, indem sie ihnen Medikamente verabreichen, die die Ausschüttung des Hier-und-jetzt-Neurotransmitters Serotonin ankurbeln. In einem Experiment bekamen die Teilnehmer eine Einzeldosis des serotoninfördernden Präparates Citalopram, das meist verwendet wird, um Depressionen zu behandeln.[4] Nach der Einnahme des Medikaments beschäftigten sie sich weniger mit abstrakten Ideen wie Gerechtigkeit und mehr mit dem Schutz von Individuen vor Schäden. Das bestätigten ihre Leistungen beim sogenannten Ultimatumspiel. Es funktioniert wie folgt.

Zum Ultimatumspiel gehören zwei Spieler. Der eine, Geber genannt, bekommt einen Geldbetrag (zum Beispiel 100 Euro), den er mit dem anderen Spieler, dem Empfänger, teilen soll. Der Geber kann dem Empfänger so viel oder so wenig anbieten, wie er will. Nimmt der Empfänger das Angebot an, behalten beide das Geld. Lehnt der Empfänger das Angebot ab, bekommen beide Spieler nichts. Jeder Spieler hat nur eine Chance.

Ein völlig logisch denkender Empfänger würde jedes Angebot annehmen, sogar einen Dollar, denn auch dann steht er besser da als vorher. Lehnt er das Angebot hingegen ab, gewinnt er nichts. Deshalb han-

4 Eine einzige Dosis eines serotoninfördernden Antidepressivums genügt nicht, um die Stimmung zu beeinflussen. Es dauert meist einige Wochen, bis tägliche Dosen eine Wirkung entfalten. Die erste Dosis erhöht den Serotoninspiegel im Gehirn, doch nach ein paar Wochen wird die Situation komplizierter. Wenn die Depression sich zu legen beginnt, hat sich das Gehirn dem Medikament angepasst und das Serotoninsystem ist in manchen Regionen aktiver als in anderen. Niemand weiß genau, wie Antidepressiva die Stimmung verbessern.

delt er gegen seine eigenen finanziellen Interessen, wenn er ein Angebot ablehnt, ganz gleich, wie niedrig es ist. In der Realität werden niedrige Angebote jedoch abgelehnt, weil sie unserem Gerechtigkeitsempfinden widersprechen – wir wischen dem Geizhals eins aus, indem wir ihm einen finanziellen Schaden zufügen. Im Durchschnitt neigen Empfänger dazu, Geber zu bestrafen, die von dem Geld, das sie teilen sollen, 30 Prozent oder weniger hergeben wollen.

Diese 30 Prozent sind nicht in Stein gemeißelt. Unterschiedliche Menschen treffen unter verschiedenen Bedingungen unterschiedliche Entscheidungen. Wissenschaftler der Universitäten Cambridge und Harvard haben festgestellt, dass Versuchspersonen doppelt so häufig niedrige Angebote akzeptierten, wenn man ihnen zuvor Citalopram verabreicht hatte. Aufgrund dieser Ergebnisse und der Ergebnisse zusätzlicher Tests, bei denen es um moralisches Urteilen und Verhalten ging, kamen die Forscher zu dem Schluss, dass die mit Citalopram behandelten Personen dem Geber nicht durch eine Ablehnung seines Angebots schaden wollten. Wenn die Versuchspersonen hingegen ein Medikament bekamen, das den Serotoninspiegel senkte, waren sie eher bereit, dem Geber Schaden zuzufügen, weil es ihnen wichtiger war, für Fairness zu sorgen.

Das Medikament, das die Serotoninausschüttung steigerte, verstärkte also die Abneigung, anderen zu schaden, die sogenannte *Schadensaversion*. Ein erhöhter Serotoninspiegel bewirkt, dass uns ein abstraktes Ziel (Fairness durchsetzen) nicht mehr so wichtig ist – wir wollen vielmehr nichts unternehmen, was jemandem schaden könnte (zum Beispiel weil ihm sein Anteil am Geld entgeht). Denken wir zurück an das Waggonproblem: Rein logisch betrachtet müssten wir einen Menschen töten, um fünf zu retten (das ist der rationale Ansatz), wohingegen wir, wenn wir anderen nicht schaden wollen, uns weigern, ihm zugunsten anderer das Leben zu nehmen (das ist der Ansatz bei hoher Schadensaversion). Mithilfe von Medikamenten können wir solche Entscheidungen beeinflussen. Dieses Verfahren trägt den verstörenden Namen *neurochemische Modulation des moralischen Urteils.*

In dem geschilderten Experiment hat die einzelne Dosis Citalopram bei den Versuchspersonen bewirkt, dass sie eher bereit waren, unfaires Verhalten zu verzeihen, und weniger bereit, anderen zu schaden. Diese Haltung passt zu einer Dominanz der Hier-und-jetzt-Neurotransmitter. Die Wissenschaftler bezeichneten dieses Verhalten als *prosozial auf individueller Ebene.* Mit *prosozial* ist die Bereitschaft, anderen zu helfen, gemeint. Wer unfaire Angebote ablehnt, ist *prosozial auf der Gruppenebene.* Dopamingesteuerte Menschen bestrafen andere, wenn diese unfaire Angebote unterbreiten, und fördern damit die Fairness, von der letztlich die Gemeinschaft profitiert.

## SOLLEN SIE BLEIBEN ODER VERSCHWINDEN?

Die Debatte über Einwanderung spiegelt diesen Individuum/Gruppen-Kontrast wider. Konservative konzentrieren sich eher auf kleinere Gruppen, zum Beispiel auf Individuen, Familie und das eigene Land, während es Liberalen eher um die größte Gruppe von allen geht: um die globale Gemeinschaft aller Männer und Frauen. Konservativen liegt an individuellen Rechten, und einige von ihnen unterstützen den Plan, Mauern zu bauen, um illegale Einwanderung zu verhindern. Für Liberale sind Individuen miteinander verbunden, und einige wollen die Einwanderungsgesetze ganz abschaffen. Doch was geschieht, wenn die Immigranten tatsächlich ankommen, wenn aus einer Idee Realität wird, wenn diese Menschen nicht mehr weit weg und abstrakt sind, sondern gleich nebenan? Es gibt keine großen Studien, die darauf eine

Antwort liefern würden, wohl aber anekdotische Hinweise darauf, dass die Hier-und-jetzt-Erfahrung des unmittelbaren Kontakts zu anderen Ergebnissen führt als dopamingesteuerte Debatten über die richtige Strategie.

Im Jahr 2012 berichtete die *New York Times* über eine Gruppe namens Unoccupy Springs, die sich im Herzen der sehr liberalen, sehr wohlhabenden Hamptons gebildet hatte. Die Gruppe forderte, gegen Einwanderer vorzugehen, die Einfamilienhäuser mit Leuten vollstopften, die nicht mit ihnen verwandt waren, und dadurch gegen die örtlichen Wohnraumvorschriften verstießen. Die Gruppe behauptete, wegen ihrer neuen Nachbarn seien die Schulen überlastet und der Wert der Immobilien sinke. Dazu passen die Ergebnisse einer Studie des Dartmouth College, nämlich dass es in demokratischen Bundesstaaten im Vergleich zu republikanischen mehr Wohnraumvorschriften gibt, die eine Zuwanderung von Menschen mit niedrigem Einkommen erschweren. Diese Vorschriften begrenzen unter anderem die Zahl der Familien, die in einem Haus leben dürfen, und zugleich in bestimmten Gebieten anhand von Baubeschränkungen die Bereitstellung erschwinglichen Wohnraums.

Der Harvard-Ökonom Edward Glaeser und Joseph Gyourko von der University of Pennsylvania haben den Einfluss von Bebauungsplänen auf die Immobilienpreise untersucht. Sie stellten fest, dass die Wohnkosten in den meisten Teilen der USA sehr eng mit den Baukosten zusammenhängen, dass sie aber in Kalifornien und in einigen Städten an der Ostküste erheblich höher sind. In diesen Regionen haben die Baubehörden Neubauten extrem teuer gemacht – in städtischen Gebieten, die üblicherweise von Einwanderern bevorzugt werden, bis zu 50 Prozent teurer.

Barrieren, die arme Einwanderer abschrecken sollen, erinnern an Einsteins Ausspruch »Mein leidenschaftlicher Sinn für soziale Gerechtigkeit und soziale Verpflichtung stand stets in einem eigentümlichen

Gegensatz zu einem ausgesprochenen Mangel an unmittelbarem Anschlussbedürfnis an Menschen«. Konservative denken anscheinend anders. Sie wollen illegale Einwanderer gar nicht erst ins Land lassen, um fundamentale Veränderungen ihrer Kultur zu verhindern. Da sie jedoch niemandem schaden wollen, kümmern sie sich um diejenigen Immigranten, die bereits im Land sind.

William Sullivan, der für die konservative Zeitschrift *American Thinker* schreibt, wies darauf hin, dass führende Konservative mitten in der Einwanderungsdebatte an die mexikanische Grenze fuhren, um kirchlichen Gruppen zu helfen, die Immigranten betreuten – sie brachten ihnen warme Mahlzeiten, frisches Wasser und einen Sattelschlepper voller Teddybären und Fußbälle. Manche bezeichneten das als einen Werbegag, aber das Verhalten passt zu einer übergeordneten Einstellung zum Leben, die niemandem schaden will: den Status quo schützen, aber auch gefährdete Individuen schützen.

Auf gegensätzliche und komplementäre Weise wollen Liberale und Konservative armen Einwanderern helfen. Gleichzeitig wollen beide sie fernhalten.

## WIR KÖNNEN SIE ZU EINEM LIBERALEN MACHEN!

Wenn eine bedrohliche Umwelt Menschen konservativer werden lässt, ist es dann auch möglich, sie liberaler zu machen, indem man Gefahren beseitigt? Dr. Jaime Napier, eine Expertin für politische und religiöse Ideologien, bejaht diese Frage. Ein kleiner Anstoß genügt. So wie Wissenschaftler eine konservative Einstellung schon mit einem Handdesinfektionsmittel in der Nähe der Probanden verstärken konnten, gelang es Dr. Napier, Menschen mit einer einfachen Imaginationsübung liberaler zu machen. Sie bat Konservative, sich vorzustellen, dass sie Superkräfte besäßen, durch die sie unverwundbar seien. Bei einem nachfolgenden Test zur politischen Einstellung stellte sich heraus, dass sie nunmehr liberaler waren. Wenn das Gefühl, verwundbar zu sein, und die Hier-und-jetzt-Furcht vor einem Verlust verringert werden, kann sich das Dopamin, die treibende Kraft des Wandels, einschalten und die Einstellung stärker mitbestimmen.

Was ist mit der Imagination selbst? Sie ist eine dopamingesteuerte Aktivität, weil das Vorgestellte nicht real ist. Trug schon allein die Aktivierung des Dopaminsystems durch eine simple Imaginationsübung zur Verschiebung der politischen Überzeugung nach links bei? Eine andere Studie legt das nahe.

Abstraktes Denken ist eine der Hauptfunktionen des Dopaminsystems. Es hilft uns, über die sensorische Beobachtung von Ereignissen hinauszugehen und ein Modell zu erstellen, das erklärt, warum die Ereignisse eintreten. Eine Beschreibung, die sich auf die Sinne stützt, konzentriert sich auf die physikalische Welt, auf Dinge, die tatsächlich existieren. Der Fachausdruck für diese Art des Denkens ist *konkret*. Dabei handelt es sich um eine Hier-und-jetzt-Funktion.

Eine Gruppe von Forschern stellte sich die Frage, ob Menschen, die zum konkreten Denken neigen, feindseliger gegenüber Gruppen sind, die anders sind als sie selbst und die sie als Bedrohung für die Stabilität ihrer Lebensweise empfinden: Schwule, Lesben, Muslime und Atheisten.

Versuchspersonen erhielten zwei Beschreibungen von Ereignissen und sollten angeben, welche sie besser fanden. In einem Beispiel klingelte jemand an der Tür. Die eine Beschreibung war konkret (zum Klingeln an der Tür bewegt man einen Finger), die andere war abstrakt (wir klingeln an einer Tür, um festzustellen, ob jemand zu Hause ist). Dann baten sie die Versuchspersonen, den Grad ihrer Zuneigung zu Schwulen, Lesben, Muslimen und Atheisten anzugeben, und fanden einen direkten Zusammenhang zwischen der Vorliebe für konkrete Beschreibungen und geringer Zuneigung.

Dann wollten die Forscher herausfinden, ob man diese Gefühle manipulieren konnte, indem man die Versuchspersonen ermutigte, abstrakt zu denken. Sie entschieden sich für das Thema »körperliche Bewegung«, das überhaupt nichts mit der Einstellung zu vorgeblich bedrohlichen Gruppen zu tun hatte. Zunächst forderten sie die Versuchspersonen auf, über körperliche Gesundheit nachzudenken. Die Hälfte von ihnen wurde gebeten zu beschreiben, *wie* sie ihre Gesundheit bewahren wollten (konkret), und die andere Hälfte sollte beschreiben, *warum* das wichtig ist (abstrakt). Das *Wie* hatte keinen Einfluss auf die Einstellung, aber das *Warum* verstärkte die Sympathie der konservativen Teilnehmer für die fremden Minderheiten so stark, dass zwischen ihrer Einstellung und der der Liberalen kein signifikanter Unterschied mehr bestand.

Die Aktivierung des Dopaminsystems ist eine Möglichkeit, Konservative mehr wie Liberale denken zu lassen. Aber wir können ähnliche Resultate erzielen, wenn wir die Schaltkreise nutzen, die Konservative zu konservativem Handeln bewegen: die Hier-und-jetzt-Schaltkreise (auch das *Hier-und-jetzt-System* genannt), vor allem diejenigen, die Mitgefühl auslösen. Diese Methode nutzt Stärken, die im Wesentlichen konservativ sind, um die Akzeptanz für Menschen zu vergrößern, die den Status quo bedrohen.

Kehren wir zurück zum scheinbaren Widerspruch zwischen der Forderung der Konservativen, illegale Einwanderer als Gruppe abzuschieben, und ihrer Bereitschaft, Individuen mit Essen, Wasser und Spielsachen zu versorgen. Durch Hier-und-jetzt-Neurotransmitter gesteuerte Konservative lehnen vielleicht Einwanderung ab, aber sie sind von Natur aus imstande, sich in Einwanderer einzufühlen. Diese Fähigkeit – man könnte sie sogar als unbewussten Impuls bezeichnen – wird von Hollywoodautoren genutzt, um die Akzeptanz für Lesben, Schwule, Bisexuelle und Transgender (LGBT) zu steigern. Sie setzen dazu die Macht von Geschichten ein.

Wir gehen mit Figuren in Geschichten emotionale Bindungen ein. Wenn die Geschichte gut geschrieben ist, können unsere Gefühle für die Figuren unseren Gefühlen für reale Menschen sehr ähnlich sein. Die Gay & Lesbian Alliance Against Defamation (GLAAD) erklärt: »Das Fernsehen spiegelt nicht nur den Wandel der gesellschaftlichen Einstellungen wider, es spielt auch eine wichtige Rolle beim Herbeiführen eines solchen Wandels. Es zeigt sich immer wieder, dass die persönliche Bekanntschaft mit einer LGBT-Person einer der einflussreichsten Faktoren ist, wenn jemand seine Einstellung zu LGBT-Fragen ändert. Fehlt dieser Faktor, lernen viele Zuschauer uns zuerst als Fernsehfiguren kennen.«

Nach dem Jahresbericht der GLAAD über die Vielfalt des abendlichen Hauptprogramms steigt die Zahl der schwulen, lesbischen oder bisexuellen Charaktere stetig. Laut der letzten Umfrage aus dem Jahr 2015 stellten sie vier Prozent. Das sind etwa gleich viele wie die 3,8 Prozent der Amerikaner, die sich in einer neueren Gallup-Umfrage als LGBT bezeichneten. Die Fernsehgesellschaft mit dem höchsten prozentualen Anteil war Fox Network. Dort gehörten 6,5 Prozent der Figuren in der Hauptsendezeit am Abend der LGBT-Gemeinschaft an.

Diese fiktiven Figuren haben einen realen Einfluss auf die Einstellungen der Zuschauer. Laut einer Umfrage der Zeitschrift *The Hollywood Reporter* sagten 27 Prozent der Befragten, Fernsehsendungen mit LGBT-Figuren bestärkten sie in ihrer Unterstützung für die gleichgeschlechtliche Ehe. Als die Ergebnisse mit den Angaben der Teilnehmer, wem sie bei der Präsidentschaftswahl 2012 ihre Stimme gegeben hatten, kombiniert wurden, zeigte sich, dass 13 Prozent der Romney-Wähler angaben, die Fernsehshows hätten bewirkt, dass sie gleichgeschlechtliche Ehen jetzt stärker befürworteten. Aus abstrakten Gruppen konkrete Individuen zu machen, ist eine gute Methode, um das Hier-und-jetzt-Empathiesystem zu aktivieren.

# EINE VON IDEEN REGIERTE NATION (MITHILFE DER BIOLOGIE)

*Laut Ashleymadison.com, einer Datingwebseite für Verheiratete, die nach außerehelichen Affären suchen, führt Washington die Liste der US-Städte mit den meisten Ehebrüchen zum dritten Mal in Folge an. Und in welchem Stadtteil gibt es die meisten Fremdgänger? Im Capitol Hill, dem Regierungsviertel, also dem Land der Politiker und Lobbyisten.*

Washington Post, 20. Mai 2015

Regieren bedeutet im Wesentlichen herrschen. Menschen werden beherrscht, weil ihr Land erobert wurde oder weil sie freiwillig auf einen Teil ihrer Freiheit verzichtet haben, um beschützt zu werden. In beiden Fällen erhält eine kleine Anzahl von Menschen die Macht, Autorität über den Rest der Bevölkerung auszuüben. Das ist eine dopamingesteuerte Aktivität, weil das Volk aus der Ferne durch abstrakte Gesetze regiert wird. Obwohl die Androhung von Gewalt im Hier und Jetzt genutzt wird, um die Gesetze durchzusetzen, erfahren die meisten Menschen diese Gewalt nie. Sie unterwerfen sich Ideen, nicht physischer Gewalt.

Weil das Regieren von Natur aus dopamingesteuert ist, sind Liberale davon meist mehr angetan als Konservative. 500 Liberale, die durch die Straßen ziehen, befinden sich wahrscheinlich auf einem Protestmarsch. Bei Konservativen wäre es eher eine Parade. Liberale begeistern sich nicht nur für Politik, sie streben auch häufiger weiterführende Hochschulabschlüsse in Politikwissenschaften an und fühlen sich oft von Fachgebieten wie Journalismus angezogen, weil sie dort jeden Tag am politischen Prozess teilnehmen. Konservative misstrauen der Regierung häufiger, vor allem Behörden, die aus weiter Ferne agieren. Sie bevorzugen die lokale politische Führung oder die Regierung ihres Bundesstaates, nicht die Regierung in Washington.

Die Entfernung ist wichtig. Denken wir zurück an das Waggonproblem: Es ist leichter, Ressourcen zu maximieren, wenn man das Bild emotionslos betrachtet. Einen Menschen aufs Gleis zu stoßen, um einen Zug zu stoppen, ist fast unmöglich. Aus der Ferne einen Schalter zu betätigen, ist leichter. Ähnlich verhält es sich mit den Gesetzen: Viele nützen einigen Menschen und schaden wiederum anderen. Je weiter Sie weg sind, desto leichter fällt es Ihnen, zugunsten des Allgemeinwohls ein gewisses Maß an Schaden in Kauf zu nehmen. Distanz isoliert Politiker von den unmittelbaren Folgen ihrer Entscheidungen. Erhöhe die Steuern, baue Subventionen ab, schicke jemanden in den Krieg – der Mensch, dessen Nettoeinkommen sinkt, der weniger Hilfe bekommt oder der im Schützengraben liegt, befindet sich selten in Begleitung desjenigen, der ihn in diese Lage gebracht hat. Das Hier-und-jetzt-System hat also keine Gelegenheit, unangenehme Gefühle auszulösen, die solche Entscheidungen schwieriger machen würden.

## WARUM WASHINGTON IMMER »ETWAS TUN« MUSS

Neben der Distanz gibt es noch einen weiteren Grund dafür, dass Regieren letztlich dopamingesteuert ist: die Notwendigkeit, *etwas zu tun*. Kein Politiker, der eine Karriere in Washington anstrebt, hat jemals im Wahlkampf versprochen, er werde dort nichts tun. Politik bedeutet Veränderung und Veränderungen werden vom Dopamin angetrieben. Nach jeder Katastrophe rufen alle: *Tut etwas!* Deshalb werden die Sicherheitsmaßnahmen in den Flughäfen nach einem terroristischen Angriff verstärkt, obwohl wir wissen, dass die langen, demütigenden Rituale, die Reisende erdulden müssen, die Sicherheit nicht wirklich vergrößern. Tests haben gezeigt, dass es fast immer möglich ist, Waffen mitzunehmen. Trotzdem wird der Auftrag, *etwas zu tun*, erfüllt.

GovTrack.us meldete, die US-Bundesregierung habe seit 1973 in jeder zweijährigen Legislaturperiode des Kongresses 200 bis 800 Gesetze verabschiedet. Das sind eine Menge Gesetze, aber es ist nichts im Vergleich zu dem, was Politiker *tun wollten*. Während dieser Legislaturperioden versuchte der Kongress, 8000 bis 26 000 Gesetze zu verabschieden. Wenn die Leute der Ansicht sind, es müsse etwas getan werden, kommen Politiker diesem Wunsch gern nach.

Dieses Verlangen nach Herrschaft ist unvermeidlich. Manche Leute in Washington nennen sich liberal, andere nennen sich konservativ, doch fast alle Politiker sind dopamingesteuert. Andernfalls würde man sie nicht wählen. Politische Kampagnen setzen eine enorme Motivation voraus, eine Bereitschaft, alles zu opfern, um Erfolg zu haben. Die langen Arbeitszeiten fordern vor allem vom Familienleben ihren Tribut. Hier-und-jetzt-Menschen, für die ihre Familie Priorität hat, können keine erfolgreichen Politiker sein. In Großbritannien ist die Scheidungsrate unter Parlamentsabgeordneten doppelt so hoch wie in der Allgemeinbevölkerung. In den USA wohnen Kongressmitglieder meist in Washington, während ihre Familien in den jeweiligen Bundesstaaten leben, aus denen sie stammen. Die Ehepartner sehen einander selten und es gibt reichlich junge Mitarbeiterinnen und Mitarbeiter, die sich zu Macht hingezogen fühlen und bereit sind, dopamingesteuertes Verlangen zu befriedigen. Für einen Politiker sind Beziehungen nicht zum Vergnügen da; sie dienen immer einem Ziel – sei es, gewählt zu werden, ein Gesetz zu verabschieden oder einen biologischen Drang zu befriedigen. Wie Präsident Harry Truman angeblich einmal sagte: »Wenn du in Washington einen Freund haben willst, dann kauf dir einen Hund.«

## KONSERVATIVER KANDIDAT, LIBERALER ABGEORDNETER

Die Notwendigkeit, dopamingesteuert zu sein, um gewählt zu werden, ist für Konservative ein Problem, denn es klappt nicht immer, wenn dopamingesteuerte Politiker eine Wählerschaft repräsentieren sollen, die im Hier und Jetzt lebt. Seit Jahren ärgern sich Konservative zunehmend über sogenannte Establishment-Republikaner, die vor einer Wahl versprechen, den Einfluss der Regierung zurückzufahren, und ihn dann sogar vergrößern. Die Tea Party ist die sichtbarste Manifestation dieses Ärgers. Diese konservative Gruppe hat eine ungewöhnliche Begeisterung ausgelöst, aber bis jetzt ist es ihr nicht gelungen, ihre Ziele zu erreichen und das Wachstum der Machtposition des Regierungsapparats zu verlangsamen.

Vielleicht hört das Wachstum nie auf. Dopamin verlangt *mehr.* Wandel – das heißt entweder Fortschritt oder Verlust von Traditionen, je nach Standpunkt – ist unvermeidbar. Nur das Hier-und-jetzt-System kann Zufriedenheit auslösen, das Gefühl, dass das Ende erreicht ist und dass es Zeit ist aufzuhören. Endorphine, Endocannabinoide und andere Hier-und-jetzt-Neurotransmitter teilen uns mit, dass die Arbeit getan ist und dass wir nun ihre Früchte genießen sollten. Aber das Dopamin unterdrückt diese chemischen Stoffe. Dopamin ruht sich nie aus. Das politische Spiel läuft 24 Stunden am Tag, sieben Tage pro Woche. Wer eine Pause macht, um Luft zu holen oder das Wort »Genug!« auszusprechen, wird scheitern.

Das soll nicht heißen, dass mehr Regierungsgewalt immer schlecht ist. Machtzunahme, die dem Wohl des Landes dient, kann einen positiven Einfluss auf das Leben von Millionen Menschen haben. Wenn die Regierung wohlwollend und effektiv ist, kann das Wachstum der zentralisierten Macht dazu beitragen, die Rechte der Schwachen zu schützen und Benachteiligte aus der Armut zu befreien. Es kann Arbeiter und Verbraucher davor schützen, von mächtigen Unternehmen ausgebeutet zu werden. Doch wenn Politiker Gesetze erlassen, die ihnen selbst nützen, nicht ihren Wählern, wenn Korruption sich ausbreitet oder wenn Abgeordnete schlicht nicht wissen, was sie tun, werden Freiheit und Wohlstand darunter leiden.

Historisch betrachtet gibt es nur einen Weg, die Ausweitung der Macht umzukehren, nämlich indem man den schrittweisen Wandel durch einen mithilfe von Revolution herbeigeführten umwälzenden Wandel ersetzt. John Calhoun, ein Senator und Vizepräsident im 19. Jahrhundert, zeigte Verständnis für Menschen, die Freude am Machtspiel haben – einerlei, ob Rebellen oder Tyrannen – als er sagte, es sei einfacher, Freiheit zu erlangen, als Freiheit zu bewahren. Rebellen sind dopamingesteuert. Politiker ebenfalls. Das Ziel beider ist Wandel.

## LASSEN SIE SICH NICHT MEHR ZUM NARREN HALTEN

Warum ist es so schwer, Harmonie zu erreichen? Letzten Endes liegt es daran, dass das liberale Gehirn sich vom konservativen unterscheidet, sodass es für beide schwierig ist, einander zu verstehen. Da die Politik ein konfliktreiches Feld ist, führt dieser Mangel an gegenseitigem Verständnis zur Dämonisierung der anderen Seite. Liberale glauben, die Konservativen wollten das Land in eine Zeit zurückführen, in der Minderheiten grob ungerecht behandelt wurden. Konservative glauben, die Liberalen wollten repressive Gesetze verabschieden, die jeden Aspekt unseres Lebens regulieren.

In Wirklichkeit will die große Mehrheit beider Seiten das Beste für alle Amerikaner. Aber es gibt Ausnahmen; es gibt überall böse Menschen und die Bösen bekommen die ganze Aufmerksamkeit. Sie sind interessanter als gute Menschen und sie sind nützlich als politische Waffen. Aber sie repräsentieren nicht den typischen Demokraten oder Republikaner.

Die meisten Konservativen wollen einfach ihre Ruhe haben. Sie wollen ihre eigenen Entscheidungen auf der Grundlage ihrer eigenen Werte treffen. Die meisten Liberalen wollen den Menschen zu einem besseren Leben verhelfen: Alle sollen gesund und sicher sein und nicht diskriminiert werden. Politiker profitieren jedoch davon, dass sie Feindseligkeit zwischen den beiden Gruppen schüren, weil das die Loyalität ihrer Anhänger stärkt. Eines sollte man sich dabei bewusst sein: Liberale wollen den Menschen dazu verhelfen, dass es ihnen besser geht; Konservative möchten den Menschen gestatten, glücklich zu sein; und Politiker wollen Macht.

*… der Anfang ist dort, wo das Ende geboren wird.*
Catherynne M. Valente, Autorin

Kapitel 6

# FORTSCHRITT

**Was geschieht, wenn der Diener zum Herrn wird?**

*In diesem Kapitel sichert Dopamin das Überleben der Frühmenschen und sorgt für die Ausrottung der Menschheit.*

## AUS AFRIKA

Der moderne Mensch entwickelte sich vor etwa 200 000 Jahren in Afrika und begann ungefähr 100 000 Jahre später, sich in andere Teile der Welt auszubreiten. Diese Migration war entscheidend für das Überleben der Menschheit und es gibt genetische Hinweise darauf, dass wir es beinahe nicht geschafft hätten. Eines der ungewöhnlichen Merkmale des menschlichen Genoms ist die im Vergleich zu anderen Primaten, zum Beispiel Schimpansen und Gorillas, viel geringere Variation zwischen Individuen. Diese starke genetische Ähnlichkeit lässt darauf schließen, dass wir alle von einer relativ kleinen Anzahl von Vorfahren abstammen. Und tatsächlich haben am Anfang unserer evolutionären Geschichte unbekannte Ereignisse einen Großteil der Menschen umgebracht und die Bevölkerung schrumpfte auf weniger als 20 000 Individuen, was eine ernsthafte Gefahr der Ausrottung darstellte.

Das zeigt, warum Migration so wichtig ist. Wenn eine Spezies nur ein kleines Gebiet bewohnt, können Dürre, Krankheiten und viele andere Katastrophen die gesamte Population auslöschen. Die Besiedlung vieler verschiedener Regionen ist dagegen eine Art Lebensversicherung. Dann führt die Vernichtung einer Population nicht zur totalen Ausrottung.

Gestützt auf das Auftreten und auf die Häufigkeit von genetischen Markern bei modernen Völkern schätzen Wissenschaftler, dass die Frühmenschen sich vor etwa 75 000 Jahren in Asien ausgebreitet haben. Vor 46 000 Jahren erreichten sie Australien und vor 43 000 Jahren Europa. Nach Nordamerika wanderten sie später, vor rund 30 000 bis 14 000 Jahren. Heute bevölkern Menschen fast jeden Winkel der Erde – aber nicht, weil sie die Gefahr erkannt und sich deshalb ausgebreitet hätten.

## DAS ABENTEUERGEN

Experimente mit Mäusen belegen, dass Medikamente, die die Dopaminausschüttung ankurbeln, auch die Abenteuerlust und die Neugier steigern. Mäuse, denen man solche Medikamente gibt, laufen mehr in ihren Käfigen umher und scheuen sich weniger davor, unbekannte Territorien zu erkunden. Könnte das Dopamin den Frühmenschen geholfen haben, sich von Afrika aus über den ganzen Globus auszubreiten? Um diese Frage zu beantworten, sammelten Wissenschaftler der University of California Daten aus zwölf Studien, die untersucht hatten, wie oft Gene, die die Dopaminproduktion steigern, in verschiedenen Teilen der Welt vorkommen.

Sie konzentrierten sich auf das Gen, das den Körper anweist, den Dopaminrezeptor D4 (DRD4) zu produzieren. Dopaminrezeptoren sind Proteine an der Außenseite von Gehirnzellen. Ein Dopaminrezeptor hat die Aufgabe, auf ein Dopaminmolekül zu warten und es an sich zu binden. Dadurch löst er eine Kaskade chemischer Reaktionen in der Zelle aus, die das Verhalten der Zelle ändern.

Wir haben dieses Gen bereits kennengelernt, als wir den Zusammenhang zwischen dem Interesse am Neuen und der politischen Einstellung besprochen haben. Wie dort bereits erwähnt, nennt man unterschiedliche Varianten von Genen *Allele.* Die Allele sind geringe Abweichungen in der Codierung von Genen, die Menschen ihre unterschiedlichen Eigenschaften verleihen. Personen, die eine lange DRD4-Form besitzen, zum Beispiel das Allel 7R, gehen eher Risiken ein. Sie streben nach neuen Erfahrungen, weil sie eine große Abneigung gegen Langeweile haben. Sie erforschen gern neue Orte, Ideen, Speisen, Drogen und sexuelle Gelegenheiten. Sie sind Abenteurer. Weltweit hat etwa jeder fünfte Mensch das Allel 7R, aber es gibt erhebliche Unterschiede von Ort zu Ort.

## MEHR DOPAMIN, MEHR DISTANZ

Die Forscher sammelten genetische Daten von den bekanntesten Migrationsrouten in Nordamerika, Südamerika, Ostasien, Südostasien, Afrika und Europa. Als sie diese Daten analysierten, zeichnete sich ein klares Muster ab. In Populationen, die in der Nähe ihres Ursprungs blieben, besaßen weniger Menschen ein langes DRD4-Allel, verglichen mit den Populationen, die in die Ferne zogen.

Eine dieser untersuchten Migrationsrouten begann in Afrika und führte durch Ostasien über die Beringstraße nach Nordamerika und von dort aus weiter nach Südamerika. Das ist ein langer Weg – und die Wissenschaftler entdeckten, dass die Gruppe, die ihn bis zum Ende ging, also die eingeborenen Südamerikaner, den größten Bevölkerungsanteil mit dem langen Dopaminallel aufwies, nämlich 69 Prozent. Unter denen, die einen kürzeren Weg zurücklegten und sich in Nordamerika ansiedelten, besaßen nur 32 Prozent das lange Allel. Indigene Populationen in Mittelamerika lagen mit 42 Prozent dazwischen. Die Forscher schätzten, dass der Anteil der langen Allele je 1 000 Meilen (rund 1600 Kilometer) Migration um 4,3 Prozentpunkte zunahm.

Als klar war, dass das Allel 7R des DRD4-Gens mit der zurückgelegten Migrationsstrecke einer Bevölkerungsgruppe zusammenhing, lautete die nächste Frage: Warum? Wie setzte sich das Allel 7R unter Populationen durch, die weit wanderten? Die naheliegende Antwort lautet, dass Dopamin die Menschen dazu veranlasst, mehr zu wollen. Es macht sie ruhelos und unzufrieden. Es bewirkt, dass sie sich nach etwas Besserem sehnen. Das ist genau der Typus Mensch, der seine Gemeinschaft verlässt, um das Unbekannte zu erforschen. Aber es gibt noch eine andere Erklärung.

## DAS ÜBERLEBEN DER BESTANGEPASSTEN

Vielleicht verließen die wandernden Stämme ihre Heimat aus Gründen, die nichts mit Abenteuerlust zu tun hatten. Vielleicht flohen sie vor Kriegen oder sie jagten Wandertiere. Es könnte viele Gründe gegeben haben, die nichts mit Dopamin zu tun hatten, doch die Frage bleibt: Warum gibt es in den Migrantenpopulationen so viele Individuen mit

7R-Allelen? Die Antwort lautet: Vielleicht löste dieses Allel die Wanderungen nicht aus, sondern verschaffte seinen Trägern einen Überlebensvorteil, nachdem die Migration begonnen hatte.

Einer der Vorteile des Allels 7R bestand darin, dass es seine Träger beflügelte, die neue Umwelt zu erforschen, um Wege zu finden, die Ressourcen zu maximieren. Mit anderen Worten: Es förderte die Abenteuerlust. Beispielsweise lebte ein Stamm vielleicht ursprünglich in einem Gebiet mit konstantem Klima, wo es das ganze Jahr über die gleiche Nahrung gab. Nach der Wanderung in eine neue Region war der Stamm möglicherweise mit regenreichen und trockenen Jahreszeiten konfrontiert und musste sich dem Nahrungsangebot der Jahreszeiten anpassen. Das erforderte Risikobereitschaft und Experimente.

Es gibt auch Hinweise darauf, dass Menschen, die das 7R-Allel besitzen, schneller lernen, vor allem dann, wenn die richtige Antwort belohnt wird. Im Allgemeinen sind 7R-Träger stärker an Belohnungen interessiert als andere Menschen und reagieren auch stärker auf Gewinne und Verluste. Dementsprechend unternahmen sie größere Anstrengungen, sich an die neuen Bedingungen einer fremden Umwelt anzupassen, um so ihr Überleben zu sichern. Sie erlebten Erfolge und Misserfolge eben intensiver, was eine starke Motivation darstellt.

Ein weiterer Vorteil des 7R-Allels hängt mit *geringer Reaktivität auf neue Stressoren* zusammen. Veränderungen sind stressig – gute ebenso wie schlechte. Kaum etwas ist beispielsweise so belastend wie eine Scheidung, aber auch eine Heirat ist anstrengend. Ein Bankrott ist eine Belastung, aber ein großer Lottogewinn ebenso. Schlechte Veränderungen mögen stärkeren Stress hervorrufen als gute, doch der wichtigste Faktor ist der Umfang des Wandels. Größere Veränderungen bedeuten mehr Stress.

Stress schadet unserer Gesundheit. Er kann sogar töten. Stress vergrößert das Risiko für Herzkrankheiten, Schlafstörungen, Verdauungsprobleme und Störungen des Immunsystems. Er kann auch zu Depressionen führen, die wiederum Müdigkeit, Motivationsmangel, Hoffnungslosigkeit, Suizidgedanken und Resignation zur Folge haben. Das alles verringert die Überlebensfähigkeit. Unter unseren evolutionären Vorfahren fiel es stressempfindlichen Menschen schwerer, einer Umwelt, die sich stark von ihrer Heimat unterschied, Ressourcen abzuringen. Sie waren als Jäger und Sammler weniger erfolgreich. Deshalb fiel es ihnen schwer, mit anderen um Paarungspartner zu konkurrieren, und manchmal lebten sie nicht einmal lange genug, um Kinder zu zeugen, die ihre Gene an eine neue Generation weitergegeben hätten.

Aber nicht jeder Mensch findet Veränderungen belastend. Ein neuer Job, eine neue Stadt, sogar ein ganz neuer Beruf kann für dopamingesteuerte Menschen aufregend sein und ihnen zusätzliche Energie liefern. Sie blühen in fremder Umgebung regelrecht auf. In prähistorischen Zeiten kamen sie auch mit radikalen Veränderungen ihrer Lebensweise gut zurecht. Sie konkurrierten erfolgreicher um Partner und konnten daher ihre dopaminergen Gene weitergeben. Nach und nach wurden Allele, die halfen, sich einer fremden Umwelt anzupassen, in der Population häufiger, während andere Allele seltener wurden.

Natürlich waren Träger des 7R-Allels nicht für jede Umwelt geeignet. Dopamingesteuerte Menschen kommen zwar gut mit neuen Situationen zurecht, aber sie haben oft Schwierigkeiten mit Beziehungen. Das ist insofern wichtig, weil auch soziale Fähigkeiten evolutionäre Vorteile bieten. Gleichgültig, wie groß, stark oder schlau ein Mensch ist, er kann nicht mit Menschen konkurrieren, die als Gruppe zusammenarbeiten. Eine Person sollte nicht allein gegen eine Bande kämpfen. In einer solchen Situation, in der Kooperation äußerst wichtig ist, stellt eine dopamingesteuerte Persönlichkeit eine Bürde dar.

Es hängt also alles von der Umwelt ab. Unter vertrauten Bedingungen, in denen soziale Kooperation am wichtigsten ist, werden sehr dopaminerge Gene seltener, weil ihre Vorteile beim Überleben und bei der Partnersuche weniger ausgeprägt sind als der Nutzen eines ausgewogenen Dopaminspiegels. Wenn ein Stamm hingegen ins Unbekannte aufbricht, sind diejenigen Gene ein Vorteil, die für ein aktiveres Dopaminsystem sorgen. Darum vermehren sich unter solchen Umständen nach und nach diese Gene.

## WAS IST RICHTIG?

Wir können also zwei konkurrierende Theorien aufstellen:

1. Dopaminerge Gene trieben die Menschen an, nach neuen Möglichkeiten zu suchen. Deshalb finden wir diese Gene häufiger in Populationen, die ihre ursprüngliche Heimat verließen.
2. Etwas anderes veranlasste sie, nach neuen Möglichkeiten zu suchen, und die dopaminergen Gene ermöglichten einigen von ihnen, zu überleben und sich erfolgreicher zu vermehren als andere.

Wie finden wir heraus, welche Theorie richtig ist?

Hier wird es ein wenig kompliziert. Wenn dopaminerge Gene die Menschen antrieben (beispielsweise zum Auswandern, weil sie nach einem besseren Leben strebten), sollten wir in jeder Gruppe, die Afrika verließ, viele 7R-Allele finden, ganz gleich, ob sie ein paar Generationen lang wanderten und in der Nähe ihres Ursprungs blieben oder ob sie viele Generationen lang unterwegs waren und sich weit entfernt von ihrer Heimat niederließen. Denn wenn sie eine Menge Dopamin brauchten, um aufzubrechen, dann dürfte es keine Rolle spielen, wo sie letztlich landeten. Die Auswanderer müssten eine Menge Dopamin haben, die Daheimgebliebenen weniger.

Wenn eine Gruppe hingegen kein 7R-Allel brauchte, um aufzubrechen, würden wir eine allmähliche Veränderung in der Zahl seiner Träger bemerken. Wenn nämlich eine Population nur eine kurze Entfernung zurücklegte, mussten sich nur wenige Generationen einer fremden Umwelt anpassen. Sobald sie ihre Wanderung beendete, wurde der Population das einst Unbekannte vertraut und das 7R-Allel bot ihnen keine Vorteile mehr. Ab diesem Zeitpunkt zeugten die Träger des 7R-Allels nicht mehr Kinder als ihre weniger dopamingesteuerten Nächsten und die verschiedenen Allele wurden in gleichem Umfang an die folgenden Generationen weitergegeben.

Wenn ein Stamm jedoch weiterzog, befand sich viele Generationen lang eine nach der anderen in einer fremden Umwelt. Dann setzte sich der positive Einfluss des 7R-Allels fort und seine Träger lebten länger und hatten mehr Kinder. Mit der Zeit breitete sich das 7R-Allel dann unter diesen Fernreisenden immer mehr aus. Und genau das lässt sich nachweisen. Je weiter eine Population wanderte, desto häufiger kommt das 7R-Allel in ihr vor. Es setzte sie zwar nicht in Bewegung, aber es half ihnen, unterwegs zu überleben.

## EINWANDERUNG

Die heutige Migration unterscheidet sich maßgeblich von der unserer prähistorischen Vorfahren. Das Land seiner Geburt zu verlassen, ist eine persönliche Entscheidung und nicht die eines ganzen Stammes. Wer sich dazu entschließt, mag einen ähnlichen Grund dafür haben wie seine Vorfahren – die Suche nach besseren Chancen –, aber das 7R-Allel des D4-Dopaminrezeptors scheint dabei keine Rolle zu spielen. Der Anteil der 7R-Träger ist unter Einwanderern etwa ebenso groß wie bei denjenigen, die in ihrer Heimat bleiben. Dennoch spielt Dopamin offenbar eine Rolle, wenn auch eine andere.

In Kapitel 4 haben wir die Bedeutung des Dopamins für die Kreativität diskutiert und Kreativität mit Schizophrenie verglichen, einer psychischen Krankheit, für die ein Dopaminüberschuss im System des Verlangens typisch ist. Wir haben besprochen, was Wahnvorstellungen mit sehr kreativen Ideen und sogar mit normalen Träumen gemeinsam haben. Aber Schizophrenie ist nicht die einzige Krankheit, bei der das Dopamin zu aktiv ist. Die bipolare Störung, die auch *manisch-depressive Krankheit* genannt wird, hat ebenfalls eine dopaminerge Komponente und hängt anscheinend mit Einwanderung zusammen.

## BIPOLARE MANIE: NOCH EINE KRANKHEIT DURCH DOPAMINÜBERSCHUSS

*Bipolar* bezieht sich auf zwei extreme Stimmungen. Menschen mit einer bipolaren Störung erleben depressive Episoden, in denen ihre Stimmung abnorm gedrückt ist, und manische Episoden mit extrem gehobener Stimmung. Manie geht mit einem hohen Dopaminspiegel einher. Das ist nicht überraschend, wenn wir die Symptome der Manie betrachten: viel Energie, Euphorie, rasende Gedanken, die von einem Thema zum anderen springen, eine Fülle von Aktivitäten, mit denen mehrere Ziele gleichzeitig verfolgt werden, sowie hochriskante und lustbetonte Aktivitäten wie Kaufwut und sexuelle Abenteuer mit vielen Partnern.

Viele Menschen mit einer bipolaren Störung sind durch die Krankheit stark eingeschränkt. Sie sind unfähig, einer geregelten Arbeit nachzugehen oder gesunde Beziehungen aufrechtzuerhalten. Andere, meist jene, die medizinisch behandelt werden, können normal leben, solange sie Phasenprophylaktika zur Stabilisierung ihrer Stimmung einnehmen. Einige wenige führen ein außergewöhnliches Leben. Weltweit leiden etwa 2,4 Prozent der Menschheit an bipolaren Störungen, aber bestimmte Gruppen sind häufiger betroffen als andere. Isländische Forscher haben festgestellt, dass bipolare Störungen bei kreativen Menschen, zum Beispiel bei Tänzern, Schauspielern, Musikern und Schriftstellern, um etwa 25 Prozent häufiger auftreten als bei Nichtkreativen. In einer anderen Studie beobachteten Wissenschaftler der University of Glasgow mehr als 1800 Menschen von ihrem achten Lebensjahr an bis Anfang 20. Dabei zeigte sich, dass ein höherer IQ im Alter von acht Jahren mit einem höheren Risiko für eine bipolare Störung im Alter von 23 Jahren verbunden war. Klügere Gehirne litten häufiger als durchschnittliche an dopamingesteuerten psychischen Krankheiten.

Viele berühmte kreative Menschen haben enthüllt, dass sie mit bipolaren Störungen leben oder lebten, unter anderem Francis Ford Coppola, Ray Davies, Patty Duke, Carrie Fisher, Mel Gibson, Ernest Hemingway, Abbie Hoffman, Patrick Kennedy, Ada Lovelace, Marilyn Monroe, Sinéad O'Connor, Lou Reed, Frank Sinatra, Britney Spears, Ted Turner, Jean-Claude Van Damme, Virginia Woolf und Catherine Zeta-Jones. Historische Dokumente legen nahe, dass auch viele berühmte Menschen der Vergangenheit an bipolaren Störungen litten, zum Beispiel Charles Dickens, Florence Nightingale, Friedrich Nietzsche und Edgar Allan Poe.

Man könnte ein außergewöhnliches Gehirn mit einem hochleistungsfähigen Sportwagen vergleichen. Es kann unglaubliche Dinge leisten, aber es ist auch anfällig für Störungen. Dopamin begünstigt Intelligenz, Kreativität und harte Arbeit, aber es kann auch bizarres Verhalten auslösen.

Eine übersteigerte Dopaminaktivität ist nicht das einzige Problem bei bipolarer Manie, aber sie spielt eine wichtige Rolle. Wie bereits erwähnt, wird sie nicht von einem übermäßig aktiven DRD4-Rezeptorallel verursacht. Wissenschaftler halten vielmehr ein Problem mit dem sogenannten *Dopamintransporter* (Abbildung 5) für die Ursache.

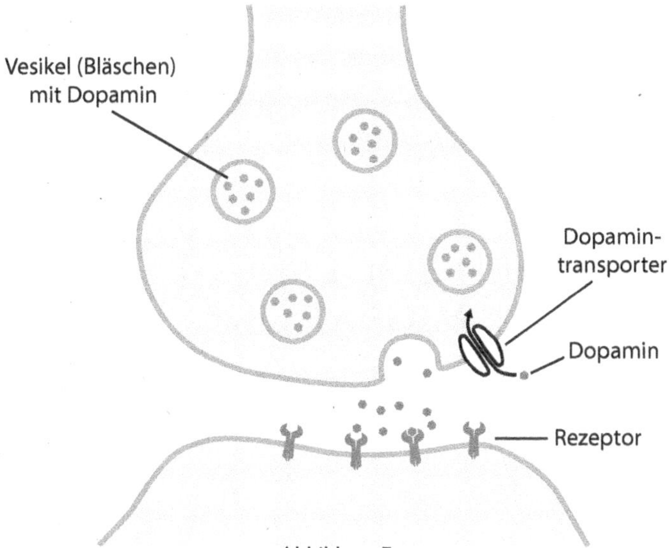


Abbildung 5

Der Dopamintransporter gleicht einem Staubsauger. Er hat die Aufgabe, die stimulierende Wirkung des Dopamins auf die benachbarten Zellen zeitlich zu begrenzen. Wenn eine Zelle, die Dopamin produziert, aktiv wird, schüttet sie ihren Dopaminvorrat aus. Das Dopamin bindet sich dann an Rezeptoren auf anderen Gehirnzellen. Um die Interaktion zu beenden, saugt der Dopamintransporter das Dopamin in die Zelle zurück, aus der es stammte, und der Prozess kann von vorn beginnen. Der Transporter wird manchmal *Wiederaufnahmepumpe* genannt, weil er das Dopamin in die Zelle zurückpumpt.

Was geschieht, wenn der Transporter nicht normal arbeitet? Wir können diese Frage beantworten, wenn wir das Verhalten von Menschen beobachten, die Kokain missbrauchen. Kokain blockiert den Dopamintransporter wie eine Socke, die in eine Staubsaugerdüse gestopft wird. Dank dieser Blockade kann das Dopamin immer wieder mit seinem Rezeptor interagieren. Die Folgen sind mehr Energie, zielgerichtete Aktivität, sexuelles Verlangen, stärkeres Selbstbewusstsein, Euphorie und rasende Gedanken, die von einem Thema zum anderen springen. Eine Kokainvergiftung ist der Manie so ähnlich, dass es Ärzten schwerfällt, die beiden auseinanderzuhalten.

## FÜHREN BIPOLARE GENE ZU MIGRATION?

*Ich habe sehr schnell gelernt, dass du als Emigrantin die Krücken verlierst, die dich gestützt haben. Du musst bei null anfangen, weil die Vergangenheit mit einem einzigen Streich ausgelöscht wird und es niemanden interessiert, woher du kommst oder was du vorher getan hast.*

Isabel Allende, Schriftstellerin

Bipolare Störungen bieten kein einheitliches Bild. Manche Menschen leiden an einer schweren Form der Krankheit, andere an einer milderen. Bei manchen liegt nur eine bipolare Tendenz vor, die sich als ungewöhnlich gehobene Stimmung äußert, wenn auch nicht so stark, dass wir von einer Krankheit sprechen würden. Alles hängt davon ab, wie viele Risikogene ein Mensch von seinen Eltern erbt und wie anfällig ihn diese Gene machen. Das genetische Risiko interagiert zudem mit der Umwelt (zum Beispiel mit einer belastenden Kindheit) und das Endprodukt ist die Entwicklung einer bipolaren Störung oder von bipolaren Merkmalen, die nicht stark genug sind, um die eigentliche Krankheit auszulösen.

Könnte es sein, dass eine kleine Störung im Dopamintransporter – nur ein paar Risikogene oder Gene mit schwacher Wirkung – zu Wanderlust führen, wenn man es so ausdrücken will? Könnte eine solche Störung die Entscheidung beeinflussen, die Heimat zu verlassen und in einem fremden Land neue Chancen zu suchen? Es ist nicht leicht, sich völlig zu entwurzeln, Lebewohl zu Angehörigen und Freunden zu sagen und eine vertraute, angenehme und hilfsbereite Gemeinschaft zu verlassen. Andrew Carnegie, ein schottischer Einwanderer im 19. Jahrhundert, der zunächst für wenige Pennys pro Tag in einer Fabrik arbeitete und später der reichste Mann der Welt wurde, schrieb: »Die Zufriedenen stellen sich nicht den Wellen des stürmischen Atlantiks, sondern sitzen hilflos zu Hause.«

Wenn bipolare Gene die Emigration fördern, dann würden diese ehrgeizigen Menschen ihre Risikogene mitnehmen und es wäre zu erwarten, dass bipolare Gene in Ländern mit vielen Immigranten häufiger vorkommen als anderswo. Die Vereinigten Staaten sind fast nur von Einwanderern und ihren Nachkommen bewohnt – und 4,4 Prozent der Einwohner leben mit einer bipolaren Störung, doppelt so viele wie im Rest der Welt. Hängt beides zusammen?

In Japan, wo es fast keine Immigration gibt, haben nur 0,7 Prozent der Einwohner eine bipolare Störung. Das ist eine der niedrigsten Quoten der Welt. Amerikaner mit bipolaren Störungen zeigen schon in jungen Jahren Symptome, was typisch für eine schwerere Form der Krankheit ist. Etwa zwei Drittel weisen Symptome auf, bevor sie 20 Jahre alt werden, verglichen mit nur einem Viertel in Europa. Das spricht dafür, dass der Genpool in den USA mehr Hochrisikogene enthält.

Das Gen, das den Körper anweist, Dopamintransporter zu bilden, ist eines dieser Gene, doch es gibt noch viele andere. Niemand weiß genau, wie viele, aber es ist eindeutig, dass eine genetische Veranlagung eine Rolle spielt. Bei Kindern von bipolaren Eltern ist das Risiko, an einer bipolaren Störung zu erkranken, mindestens doppelt so hoch wie in der Allgemeinbevölkerung. Einigen Studien zufolge ist das Risiko sogar zehnmal so hoch. Doch manchmal haben die Kinder Glück: Sie erben die Vorteile, die ihre bipolaren Eltern genießen, ohne zu erkranken.

Wie bereits erwähnt, gibt es verschiedene Formen von bipolaren Störungen. Experten für affektive Störungen sprechen daher vom *bipolaren Spektrum.* Am einen Ende des Spektrums finden wir die bipolare Störung des Typs I. Menschen mit dieser Form der Krankheit leiden an schwerer Manie und an schwerer Depression. Dann folgt die bipolare Störung des Typs II. Betroffene leiden an schwerer Depression, aber an milderen Episoden von gehobener Stimmung, die man *Hypomanie* nennt (*hypo* bedeutet »unter«; zum Beispiel wird ein Medikament bei einer hypodermen Injektion unter die Haut gespritzt). Noch weiter unten im Spektrum befindet sich die *Zyklothymie*, charakterisiert durch Zyklen von Hypomanie und milden depressiven Episoden. Dann kommt das *hyperthymische Temperament*, benannt nach dem griechischen Wort *thymia*, das »Seelenzustand« bedeutet.

Das hyperthymische Temperament gilt nicht als Krankheit. Es gibt keine Episoden wie bei der bipolaren Störung. Menschen mit hyperthymischem Temperament sind einfach »aufgedreht« – und zwar immer. Hagop Akiskal, dem wir einen Großteil der Pionierarbeit auf diesem Gebiet verdanken, bezeichnet Menschen mit hyperthymischem Temperament als fröhlich, ausgelassen, lustig, überoptimistisch, übertrieben selbstbewusst und überheblich. Sie haben viel Energie und viele Pläne; sie sind vielseitig und haben viele Interessen; sie sind extrem engagiert, aufdringlich und risikofreudig und schlafen meist nicht sehr viel. Wenn ihr Leben eine neue Richtung nimmt, sind sie übermäßig begeistert. Das gilt für Diäten, Liebespartner, geschäftliche Chancen und sogar Religionen. Aber sie verlieren das Interesse auch schnell. Oft erreichen sie viel, doch es ist schwierig, mit ihnen zu leben.

Im letzten Teil des bipolaren Spektrums finden wir Menschen, die genetische Risiken nur in sehr geringer Menge geerbt haben. Bei ihnen treten keine abnormen Symptome auf, aber sie sind sehr motiviert, kreativ, oft kühn und risikofreudig. Das alles spiegelt eine überdurchschnittliche Dopaminaktivität wider.

## DIE DOPAMINNATION

In den Vereinigten Staaten sind bipolare Gene und bipolare Störungen relativ häufig. Doch wie steht es mit bipolaren Tendenzen, die nicht krankhaft sind? Gibt es Anzeichen dafür, dass sie ebenfalls weitverbreitet sind? Ja, und sie gehen zurück bis in die Gründerzeit.

Einer der ersten Beobachter der US-amerikanischen Kultur war Alexis de Tocqueville, ein französischer Diplomat, Politikwissenschaftler und Historiker. Er beschrieb den Charakter der US-Amerikaner des 19. Jahrhunderts in seinem Buch *Über die Demokratie in Amerika*. Tocqueville studierte das neue Land, weil die Demokratie seiner Meinung nach wahrscheinlich die Aristokratie in Europa verdrängen würde. Er glaubte, das Studium der Folgen der Demokratie in den USA sei nützlich für die Europäer, wenn sie neue Regierungsformen erprobten.

Ein großer Teil dessen, was Tocqueville beobachtete, lässt sich mit dem demokratischen Grundsatz der Gleichheit erklären. Doch er beschrieb auch Eigenschaften der Amerikaner, die offenbar nichts mit der politischen Einstellung zu tun hatten. Einige dieser Eigenschaften sind den Symptomen der bipolaren Störung oder zumindest der dopamingesteuerten Persönlichkeit erstaunlich ähnlich. Ein Kapitel widmet er beispielsweise dem »fanatischen Enthusiasmus einiger Amerikaner«:

> Das Verlangen, die guten Dinge dieser Welt zu erwerben, ist zwar die vorherrschende Leidenschaft des amerikanischen Volkes, doch gewisse momentane Ausbrüche kommen vor, wenn ihre Seelen die Fesseln der Materie, die sie zurückhalten, plötzlich zu sprengen scheinen und ungestüm zum Himmel aufsteigen.

In diesem einen Satz finden wir das leidenschaftliche Streben nach *mehr* und nach Dingen, die außerhalb der Reichweite der physischen Sinne liegen – und sogar einen Hinweis auf den extrapersonalen Raum oben, im Himmel. Tocqueville stellte fest, dass ein Verhalten dieser Art »im halb bevölkerten Land des äußersten Westens« besonders häufig vorkam. Das stimmt mit unserer These überein, dass die abenteuerlustigen Pioniere, die sich in den westlichen Bundesstaaten ansiedelten, häufiger risikofreudig und sensationslüstern waren und möglicherweise eine genetische Tendenz zu einem hohen Dopaminspiegel hatten.

Ein anderes Kapitel mit dem Titel »Ursachen des unruhigen Geistes der Amerikaner inmitten ihres Wohlstandes« beschreibt das dopaminerge Thema des Nie-genug-Habens. Tocqueville bemerkt, die Amerikaner strebten »mit fieberhafter Inbrunst« nach einem besseren Leben, obwohl sie in »den glücklichsten Verhältnissen, welche die Welt zu bieten hat« lebten. Er schrieb:

> *In den Vereinigten Staaten baut ein Mann ein Haus, um seine späten Jahre darin zu verbringen, und er verkauft es, noch ehe das Dach fertig ist. Er bepflanzt einen Garten und vermietet ihn, sobald die Bäume Früchte tragen. Er bebaut ein Feld und überlässt die Ernte anderen. Er ergreift einen Beruf und gibt ihn auf. Er lässt sich an einem Ort nieder, den er bald danach verlässt, um seine austauschbaren Habseligkeiten anderswohin zu tragen. Wenn sein Privatleben ihm Zeit lässt, stürzt er sich sofort in den Strudel der Politik, und wenn er am Ende eines Jahres voller unermüdlicher Arbeit ein paar Tage freihat, wirbelt ihn seine ungeduldige Neugier über die riesigen Vereinigten Staaten und er reist innerhalb weniger Tage 1500 Meilen, um seine Zufriedenheit abzuschütteln.*

Tocqueville beschrieb eine Nation, die von Hyperthymikern bewohnt wird.

## ERFINDER, UNTERNEHMER UND NOBELPREISTRÄGER

Als Einwandererland haben die Vereinigten Staaten spektakuläre dopaminerge Leistungen erbracht. Einem Bericht des Instituts für Immigrationsforschung der George Mason University zufolge gingen 42 Prozent der zwischen 1901 bis 2013 verliehenen Nobelpreise an Amerikaner. Das ist die höchste Quote aller Länder der Welt. Obendrein waren ungewöhnlich viele Preisträger Einwanderer. Am häufigsten stammten sie aus Kanada (13 Prozent), Deutschland (11 Prozent) und Großbritannien (11 Prozent).

Die USA ziehen noch immer Immigranten aus der ganzen Welt an und darunter befinden sich zahlreiche außergewöhnliche Menschen. Einige der wichtigsten Unternehmen der New Economy wurden von Einwanderern gegründet, darunter Google, Intel, PayPal, eBay und Snapchat. 52 Prozent der Start-ups im Silicon Valley wurden von Einwanderern gegründet (Stand 2005), eine erstaunliche Zahl, wenn man bedenkt, dass Immigranten nur 13 Prozent der Gesamtbevölkerung ausmachen. Das Land, aus dem die meisten Unternehmer im Technologiesektor Amerikas stammen, ist Indien.

In dem Buch *Exceptional People: How Migration Shaped Our World and Will Define Our Future* berichten die Autoren, im Jahr 2006 wären 40 Prozent aller internationalen Patentanträge in den USA von Erfindern oder Miterfindern gestellt worden, die einer anderen Nationalität angehören, aber in den USA leben. Einwanderer stellen auch die meisten Patentanträge führender Technologiefirmen: 60 Prozent bei Cisco, 64 Prozent bei General Electric, 65 Prozent bei Merck und 72 Prozent bei Qualcomm.

Einwanderer gründen aber nicht nur Technologiefirmen. Sie bauen ein Viertel aller neuen Unternehmen in den USA auf – etwa doppelt so viele pro Kopf wie alle anderen Amerikaner –, von Nagelstudios, Restaurants und chemischen Reinigungen bis zu den wachstumsstärksten Unternehmen des Landes. Und wenn wir das Unternehmertum insgesamt betrachten, schließt sich der Kreis, denn wir finden einen direkten Zusammenhang mit Dopamin.

Eine Forschergruppe unter der Leitung von Nicos Nicolaou von der Entrepreneurship & Innovation Group am Enterprise Research Centre des Fachbereichs Wirtschaftswissenschaften der University of Warwick bat 1335 Menschen in Großbritannien, einen Fragebogen über Unternehmertum auszufüllen und eine Blutprobe zur DNS-Extraktion abzugeben. Das Durchschnittsalter der Teilnehmer betrug 55 Jahre und 83 Prozent von ihnen waren Frauen. Nicolaou fand ein Dopamingen mit zwei Allelen, die beide bis auf einen einzigen Baustein identisch waren. Dieser unterschiedliche Baustein (eine Nukleinsäure) bewirkte, dass ein Allel aktiver war als das andere. Menschen mit dem aktiveren Allel gründeten fast doppelt so häufig ein Unternehmen wie jene mit dem weniger aktiven Allel.

Übrigens wurden nicht nur die USA von dopamingesteuerten Immigranten geformt. Der Global Entrepreneurship Monitor, ein Projekt, das vom Babson College und von der London School of Economics finanziert wird, stellte fest, dass die vier Länder mit der höchsten Zahl von Firmengründungen pro Kopf die USA, Kanada, Israel und Australien sind. Drei dieser Länder gehören zu den neun Ländern mit dem höchsten Immigrantenanteil der Welt und eines, nämlich Israel, wurde vor weniger als drei Generationen von Einwanderern gegründet.

Die Zahl der stark dopamingesteuerten Menschen in der Welt ist begrenzt, daher ist der Gewinn eines Landes der Verlust eines anderen. Viele amerikanische Immigranten kamen aus Europa und vergrößerten den dopamingesteuerten Genpool in den USA. Deshalb lebt die europäische Restbevölkerung stärker im Hier und Jetzt.[5]

---

5 In Kapitel 5 haben wir erörtert, dass amerikanische Liberale, die für Veränderungen werben, stärker dopamingesteuert sind als die Konservativen, die eher dafür

Das Pew Research Center hat im Rahmen einer Studie die Unterschiede zwischen US-Amerikanern und Europäern untersucht und seine Befunde in einem Bericht mit dem Titel *The American-Western European Values Gap* (Die Wertediskrepanz zwischen den USA und Westeuropa) veröffentlicht. Obwohl Werte nicht nur von Genen, sondern auch von vielen anderen Faktoren beeinflusst werden, hingen einige Fragen, die die Forscher stellten, eng mit der dopamingesteuerten Persönlichkeit zusammen. Sie fragten zum Beispiel: »Wird der Erfolg im Leben von Kräften bestimmt, die wir nicht beeinflussen können?« In Deutschland sagten 72 Prozent Ja, in Frankreich 57 Prozent und in Großbritannien 41 Prozent. Aber nur wenig mehr als ein Drittel der befragten US-Amerikaner glaubten an diese nicht zu beeinflussenden Faktoren. Die Mehrheit hatte eine eher dopamingesteuerte Einstellung.

Andere Fragen bestätigten diesen dopaminergen Unterschied. US-Amerikaner traten häufiger für die Anwendung militärischer Gewalt ein, um nationale Ziele zu erreichen, und waren seltener der Meinung, man brauche dafür die Erlaubnis der UNO. Sie legten zudem größeren Wert auf Religion in ihrem Leben, wobei die Hälfte von ihnen Religion für sehr wichtig hielt. Diese Meinung vertraten weniger als halb so viele Europäer: 22 Prozent der Spanier, 21 Prozent der Deutschen, 17 Prozent der Briten und 13 Prozent der Franzosen.

Die USA und andere Einwanderungsgesellschaften mögen zwar die meisten dopaminergen Gene haben, aber eine dopaminerge Lebenseinstellung ist ein integraler Bestandteil der modernen Kultur, unabhängig davon, ob unsere Gene dazu beitragen oder nicht. Ein nie endender Informationsfluss, neue Produkte, Werbung und das vermeintliche Bedürfnis, mehr besitzen zu müssen, sind heutzutage ty-

---

eintreten, den Status quo zu bewahren. In Europa ist es umgekehrt. Liberale Regierungen treten meist für den Status quo ein, während rechte Parteien einen radikalen Wandel befürworten.

pisch für unsere Welt. Dopamin hängt inzwischen mit dem wichtigsten Teil unseres Wesens zusammen. Es hat von unseren Seelen Besitz ergriffen.

## ICH, DAS DOPAMIN

Dopaminproduzierende Zellen machen 0,0005 Prozent des Gehirns aus. Das ist nur ein winziger Bruchteil der Zellen, die wir nutzen, um uns in der Welt zurechtzufinden. Und doch, wenn wir darüber nachdenken, wer wir im tiefsten Sinne sind, dann denken wir an diese winzige Ansammlung von Zellen. Wir identifizieren uns mit unserem Dopamin. In unseren Köpfen *sind* wir Dopamin.

Fragen Sie einen Philosophen, was die Essenz des Menschseins ist, und es wäre keine Überraschung, wenn er antworten würde: der freie Wille. Wir sind Menschen, weil wir uns über unsere Instinkte und über automatische Reaktionen auf unsere Umwelt erheben können. Wir haben die Fähigkeit, Optionen abzuwägen, Werte und Prinzipen zu berücksichtigen und dann bewusst zu entscheiden, wie wir das maximieren können, was wir für richtig halten – sei es Liebe, Geld oder die Veredelung unserer Seele. Das ist Dopamin.

Akademiker sind vielleicht der Meinung, ihre Essenz sei die Fähigkeit, die Welt zu verstehen, über dem Informationsstrom der physischen Sinne zu stehen und die *Bedeutung* des Wahrgenommenen zu begreifen. Sie evaluieren, beurteilen und treffen Voraussagen. Sie verstehen. Das ist Dopamin.

Der Hedonist glaubt, sein tiefstes Selbst sei jener Teil von ihm, der Lust empfindet. Sei es Wein, Weib oder Gesang – sein Lebensziel ist die Maximierung der Belohnungen, die er bekommt, wenn er nach *mehr* strebt. Das ist Dopamin.

Die Künstlerin sagt, die Essenz ihres Menschseins sei ihre Fähigkeit, kreativ zu sein. Sie hat die göttliche Macht, Abbildungen der Wahrheit und der Schönheit zu erschaffen, die es nie zuvor gegeben hat. Die Quelle, aus der diese Schöpferkraft fließt, ist ihr innerstes Wesen. Das ist Dopamin.

Ein spiritueller Mensch könnte sagen, Transzendenz sei die Wurzel des Menschseins, also das, was sich über die physikalische Realität erhebt. Demnach ist unsere unsterbliche Seele, die jenseits von Raum und Zeit existiert, der essenzielle Teil von uns. Da wir unsere Seele jedoch nicht sehen, hören, riechen, schmecken oder berühren können, begegnen wir ihr nur in unserer Vorstellung. Das ist Dopamin.

## WIE MAN SICH AM KOPF KRATZT

Dennoch: Das Gehirn besteht zu mehr als 99,999 Prozent aus Zellen, die kein Dopamin produzieren. Viele von ihnen sind für Funktionen zuständig, die wir nicht bewusst wahrnehmen, zum Beispiel fürs Atmen, für das Gleichgewicht des Hormonsystems und für die Koordination der Muskeln, die uns scheinbar einfache Bewegungen ermöglichen. Angenommen, Sie kratzen sich am Kopf. Schon vorher hat das Dopaminsystem entschieden, dass das eine gute Idee ist, der beste Weg in eine Zukunft ohne Juckreiz. Dopaminzellen gaben das Signal, es zu tun. An diesem Punkt ist die Aufgabe des Dopamins – und der bewussten Entscheidungen – beendet.

Dopamin ist der Dirigent, nicht das Orchester.

In gewisser Weise ist der dopamingesteuerte Befehl »Tu es!« der einfachste Teil. Was danach kommt, ist so kompliziert, dass wir es uns kaum vorstellen können.

Das Heben des Armes, um sich am Kopf zu kratzen, erfordert die Koordination von Dutzenden Muskeln in den Fingern, im Handgelenk, im Arm, in den Schultern, im Rücken, im Hals und im Bauch. Wenn Sie dabei stehen, sind die Beinmuskeln ebenfalls beteiligt. Wenn Sie den Arm heben, verlagert sich Ihr Schwerpunkt und Sie müssen ein neues Gleichgewicht finden. Es ist kompliziert. Zu jedem Gelenk des Körpers gehören Muskeln, die einander entgegenwirken (ähnlich wie die Schaltkreise im Gehirn), sodass das Gelenk sich präzise steuern lässt. Die Muskeln an einer Seite müssen mit einer bestimmten und ständig wechselnden Kraft kontrahieren, während ihre Antagonisten sich mit ständig wechselnder Kraft entspannen müssen. Muskeln bestehen aus einzelnen Fasern. Allein der Bizeps enthält eine Viertelmillion solcher Fasern. Die Stärke der Kontraktion hängt davon ab, wie viele Muskelfasern aktiv sind, deshalb muss jede Faser auch einzeln gesteuert werden. Damit Sie sich am Kopf kratzen können, muss Ihr Gehirn Millionen von Muskelfasern im ganzen Körper steuern und dafür sorgen, dass alle koordiniert zusammenarbeiten, und es muss die relative Stärke der Kontraktion während der Bewegung dynamisch modifizieren. Das Gehirn muss also eine Menge leisten. Es ist zu mehr fähig, als Sie ihm vermutlich zugetraut haben. Dopamin ist an diesen Aktivitäten nicht beteiligt; trotzdem sind es Ihre Aktivitäten.

Ein großer Teil dessen, was wir den Tag über tun, spielt sich automatisch ab. Wir gehen zur Tür hinaus und zur Arbeit, ohne viel darüber nachzudenken. Wir fahren Auto, essen, lachen, lächeln, runzeln die Stirn, lümmeln im Sessel und tun vieles andere, ohne darüber nachdenken zu müssen. Wir tun so vieles, was den Teil des Gehirns umgeht, der abwägt und entscheidet, dass man behaupten könnte, diese unbewussten – nicht dopamingesteuerten – Tätigkeiten spiegelten unser wahres Ich wider.

## SIE IST HEUTE NICHT SIE SELBST

Die Menschen, die wir kennen und lieben, haben besondere Eigenschaften, die festlegen, wer sie sind. Einige dieser Merkmale bringt das Dopamin hervor. Wir sagen zum Beispiel: »Er ist immer da, wenn man ihn braucht.« Doch oft sind uns die unbewussten, nicht dopamingesteuerten Handlungen noch wichtiger: »Sie ist immer fröhlich. Egal, wie schlecht es mir geht, sie schafft es, mich aufzuheitern.« Oder: »Ich mag ihr Lächeln.« Oder: »Sie hat einen bizarren Sinn für Humor.« Oder: »Er hat einen ganz typischen Gang.«

Wie die einzelnen Muskelfasern kontrahieren, damit wir den Arm heben und uns am Kopf kratzen können, ist vielleicht nicht relevant für unsere Persönlichkeit – aber unsere Freunde sind möglicherweise anderer Meinung. Jeder von uns bewegt sich anders. Normalerweise sind uns diese Gewohnheiten nicht bewusst, aber anderen Menschen fallen sie auf. Oft erkennen wir unsere Freunde schon von Weitem an ihren Bewegungen, obwohl wir ihr Gesicht noch nicht sehen. Die Art und Weise, wie wir uns bewegen, ist ein Teil dessen, was uns ausmacht.

Was meinen wir, wenn wir sagen: »Sie ist heute nicht sie selbst«? Vielleicht ist die Person krank oder nach einer Enttäuschung niedergeschlagen oder müde, weil sie letzte Nacht schlecht geschlafen hat. Wie auch immer, wir wollen damit selten sagen, dass sich unsere Freundin bewusst wie ein anderer Mensch benimmt. Meist meinen wir, dass bestimmte, nicht bewusst steuerbare Aspekte ihres Verhaltens anders sind. Und genau auf diese Aspekte spielen wir an, wenn wir an »sie« denken, an ihr wahres Selbst. Wir mögen glauben, unsere Seele wohne in unseren Dopaminsystemen, doch unsere Freunde glauben das nicht.

Was vergessen wir noch, wenn wir unser wahres Wesen mit unserem Dopaminsystem gleichsetzen? Wir vergessen Gefühle, Mitgefühl, die Freude, mit anderen zusammen zu sein, die uns wichtig sind. Wenn wir unsere Gefühle ignorieren oder sie verdrängen, stumpfen sie mit der

Zeit ab oder verwandeln sich sogar in Wut, Gier und Groll. Wenn wir unser Mitgefühl unterdrücken, können wir andere nicht mehr glücklich machen. Und wenn wir Beziehungen vernachlässigen, verlieren wir sehr wahrscheinlich die Fähigkeit, selbst glücklich zu sein – und sterben vermutlich früh. Eine Harvard-Studie, die seit 74 Jahren andauert, zeigt, dass soziale Isolation (selbst wenn man sich nicht einsam fühlt) die Wahrscheinlichkeit für einen frühen Tod um 50 bis 90 Prozent erhöht – etwa gleich stark wie Rauchen und stärker als Fettleibigkeit oder Bewegungsmangel. Unser Gehirn braucht soziale Bindungen, nur um am Leben zu bleiben.

Zudem verlieren wir die Freude an der sinnlich erfahrbaren Welt um uns herum. Anstatt die Schönheit einer Blume zu genießen, stellen wir uns vor, wie sie in einer Vase auf dem Küchentisch aussähe. Anstatt die Morgenluft zu schnuppern und hinauf zum Himmel zu schauen, befragen wir mit gesenktem Kopf die Wetter-App unseres Smartphones, blind gegenüber der Welt, die uns umgibt.

Wenn wir uns mit unserem Dopaminsystem identifizieren, sind wir in einer Welt der Spekulation und der Eventualitäten gefangen. Wir verschmähen, ignorieren oder fürchten sogar die konkrete Welt des Hier und Jetzt, weil wir sie nicht steuern können. Wir können nur die Zukunft steuern und der Verzicht auf diese Kontrolle gefällt dopamingesteuerten Geschöpfen gar nicht. Doch nichts davon ist real. Selbst eine Zukunft, die nur eine Sekunde entfernt ist, ist irreal. Nur die nackten Tatsachen der Gegenwart sind real. Wir müssen sie genau so akzeptieren, wie sie sind, und wir können sie nicht einmal um eine Haaresbreite verändern, damit sie uns passen. Das ist die Welt der Realität. Die Zukunft, in der dopamingesteuerte Geschöpfe leben, ist eine Welt der Phantome.

Unsere Fantasiewelten können narzisstische Häfen werden, in denen wir mächtig und schön sind und bewundert werden. Oder sie sind Welten, in denen wir unsere Umwelt vollkommen im Griff haben, so wie ein Digital Artist, der virtuelle Welten erschafft, jedes Pixel auf seinem Bildschirm im Griff hat. Während wir halb blind durch die reale Welt gleiten und uns nur um Dinge kümmern, die uns nützen können, tauschen wir die tiefen Meere der Realität gegen die flachen Stromschnellen unseres nie versiegenden Verlangens ein. Und das kann uns letzten Endes vernichten.

## WIRD DOPAMIN DIE MENSCHHEIT ZERSTÖREN?

Als die Menschen in einer Welt der knappen Ressourcen und am Rande der Ausrottung lebten, hielt uns der Drang nach *mehr* am Leben. Dopamin war der Motor des Fortschritts. Es trug dazu bei, dass unsere evolutionären Vorfahren sich irgendwann nicht mehr mit dem Existenzminimum begnügen mussten. Weil es uns dazu befähigte, Werkzeuge zu erschaffen, abstrakte Wissenschaften zu entwickeln und weit in die Zukunft zu planen, wurden wir die herrschende Spezies auf diesem Planeten. Doch selbst in einer Umwelt der Fülle, in der wir unsere Welt gemeistert und ausgeklügelte Technologien entwickelt haben – in einer Zeit, in der wir nicht ständig *mehr* brauchen, um zu überleben –, treibt das Dopamin uns weiter vorwärts, vielleicht bis in die Selbstvernichtung.

Als Spezies sind wir heute wesentlich mächtiger als vor der Entwicklung unseres Gehirns. Die Technik macht schnelle Fortschritte, aber die Evolution ist langsam. Unser Gehirn entwickelte sich in einer Zeit, als unser Überleben gefährdet war. In der modernen Welt ist das Überleben kein so großes Problem mehr, doch wir sind noch immer mit unserem uralten Gehirn geschlagen.

Es kann sein, dass wir das nächste halbe Dutzend von Generationen nicht überstehen. Wir sind einfach zu gut darin geworden, unser dopamingesteuertes Verlangen zu befriedigen. Nicht alles, was *mehr* oder *neu* ist, nützt einem Individuum, und für eine Spezies gilt das Gleiche. Dopamin ist nie zufrieden. Es treibt uns immer weiter zum Abgrund hin. In den folgenden Abschnitten werden wir uns die Worst-Case-Szenarien ansehen. Vielleicht wird unser dopamingetriebener Einfallsreichtum uns helfen, einen sicheren Weg durch die Klippen und Untiefen des sich ständig beschleunigenden Fortschritts zu finden. Vielleicht auch nicht.

## DER ROTE KNOPF

Das nukleare Armageddon ist die offensichtlichste Art, auf die das Dopamin die Menschheit vernichten kann. Stark dopamingesteuerte Wissenschaftler haben Weltuntergangswaffen für stark dopamingesteuerte Herrscher gebaut. Wissenschaftler können nicht anders, als ihre Waffen stets noch tödlicher zu machen, und Diktatoren können nicht anders, als nach Macht zu gieren. Mit der Zeit bauen immer mehr Länder Atomwaffenarsenale auf und eines Tages kommt das Dopaminsystem irgendeines Menschen vielleicht zu dem Schluss, indem er künftige Ressourcen am besten dadurch maximieren kann, indem er auf den Knopf drückt. Wir alle hoffen – und viele glauben –, dass die Menschheit, bevor sie sich selbst zerstört, einen Weg finden wird, ihr primitives Verlangen nach Eroberung zu überwinden, vielleicht durch internationale Zusammenarbeit wie beispielsweise im Rahmen der UNO.

Aber das kann nur eine sehr mächtige Kraft bewirken. Es ist furchtbar schwer, unser Gehirn neu zu vernetzen.

## DER TODESSTOSS FÜR DEN PLANETEN

Ein weiteres auf der Hand liegendes Weltuntergangsszenario ist der vom Dopamin angetriebene, ständig zunehmende Konsum, durch den wir letztlich unseren Planeten zerstören. Der von der Industrie beschleunigte Klimawandel ist ein großes Problem für diejenigen Länder, die verheerende Folgen fürchten müssen, zum Beispiel Dürren, Überschwemmungen und blutige Auseinandersetzungen um schwindende Ressourcen. Mehr als die Hälfte der Treibhausgase entsteht durch das Verbrennen fossiler Brennstoffe bei der Herstellung von Zement, Stahl, Kunststoff und Chemikalien. Je mehr Länder die Armut überwinden, desto größer wird die Nachfrage nach diesen Produkten. Jeder will *mehr* – und für einen erheblichen Teil der Nationen bedeutet *mehr* nicht Luxus, sondern schlicht den Ausweg aus ihrer erdrückenden Armut.

Der Weltklimarat, der die Klimakonferenz der UNO berät, betont, dass jede Reaktion einen grundlegenden gesellschaftlichen Wandel einschließen muss. Das Wachstum der Weltwirtschaft muss sich verringern. Die Weltbevölkerung muss weniger Heizstoffe und weniger Warmwasser verbrauchen und zudem die Nutzung von Klimaanlagen einschränken. Das gilt auch fürs Autofahren, den Flugverkehr und den Konsum. Mit anderen Worten: Wir müssen unser dopamingesteuertes Verhalten drastisch reduzieren, und die Ära des »besser, schneller, billiger und mehr« muss ein Ende finden.

Das ist jedoch in der Geschichte der Menschheit nie geschehen, zumindest nicht freiwillig. Nur bahnbrechende neue Technologien würden es uns ermöglichen, unseren derzeitigen Konsum fortzusetzen und gleichzeitig die Produktion von Treibhausgasen zu verringern.

## HEISSEN WIR UNSERE NEUEN SILIZIUMHERRSCHER WILLKOMMEN!

Computer, die intelligenter sind als Menschen, werden die Welt grundlegend verändern. Wir bauen jedes Jahr schnellere und mächtigere Computer, dank unserer vom Dopamin angetriebenen Fähigkeit, abstrakte Ideen in neue Technologien umzusetzen. Sobald unsere Computer so schlau werden, dass sie selbst Computer bauen und verbessern können, wird sich ihre Weiterentwicklung drastisch beschleunigen. Niemand weiß, was dann geschehen wird. Aber es könnte früher geschehen, als wir glauben. Ray Kurzweil, der führende Futurologe der Welt, ist der Meinung, dass wir schon im Jahr 2029 superintelligente Computer haben werden.

Computer, die mit traditionellen Methoden programmiert werden, sind völlig berechenbar. Sie befolgen klare Anweisungen vom Beginn eines Rechenprozesses bis zu seinem Ende. Neuere Entwicklungen im Bereich der künstlichen Intelligenz führen jedoch zu unvorhersehbaren Ergebnissen. Nicht mehr der Programmierer wird die Arbeit des Computers bestimmen, sondern der Computer wird sich selbst so modifizieren, dass er seine Ziele erreicht. Er wird seine Programmierung optimieren, um Probleme zu lösen. Das nennt man *evolutionäres Computing*. Schaltkreise, die zum Erfolg führen, werden dann gestärkt, und jene, die zum Scheitern führen, werden geschwächt. Mit der Zeit löst der Computer die ihm gestellten Aufgaben immer besser, zum Beispiel die Gesichtserkennung. Doch niemand weiß, wie er das macht. Wenn der Computer mit der Zeit immer mehr Änderungen vornimmt, werden die Schaltkreise so komplex, dass wir sie nicht mehr verstehen.

Daraus folgt, dass niemand genau weiß, was ein superintelligenter Computer tun kann. Eine künstliche Intelligenz, die ihre Schaltkreise selbst programmiert, könnte eines Tages zu dem Schluss kommen, dass sie ihre Ziele am besten erreicht, wenn sie die menschliche Rasse beseitigt. Wissenschaftler können zwar versuchen, Sicherheitsvorkehrungen einzuprogrammieren, doch weil das Programm sich ohne ihr Zutun weiterentwickelt, weiß niemand, welche Sicherheitsvorkehrungen robust genug sein werden, um den Prozess der »Optimierung« zu überdauern. Eine Option bestünde darin, einfach keine Computer mit künstlicher Intelligenz mehr zu bauen. Das würde jedoch unsere Fähigkeit vermindern, nach *mehr* zu streben, deshalb können wir das ausschließen. Dopamin wird die Wissenschaft vorantreiben, gleichgültig, ob es gut für uns ist oder nicht. Aber vielleicht haben wir Glück und finden eine Möglichkeit sicherzustellen, dass künstliche Intelligenz ethisch handelt. Viele Experten halten das für die oberste Priorität der Informatik.

## ALLES. IMMER.

Vom Dopamin angetriebene technische Fortschritte erleichtern es uns, unsere Bedürfnisse und Wünsche zu befriedigen. Die Regale der Supermärkte sind mit ständig wechselnden »neuen und verbesserten« Produkten gefüllt. Flugzeuge, Züge und Autos bringen uns überallhin, billiger und schneller denn je. Das Internet bietet uns nahezu unbegrenzte Unterhaltungsmöglichkeiten und jedes Jahr kommt so viel cooles Zeug auf den Markt, dass wir ganze Heerscharen von Journalisten brauchen, die uns über neue Möglichkeiten, unser Geld auszugeben, auf dem Laufenden halten.

Dopamin führt dazu, dass sich unser Leben immer weiter beschleunigt. Wir brauchen eine bessere Ausbildung, um mitzuhalten. Heutzutage ist ein Diplom oder ein Doktortitel schon so notwendig wie eine Generation zuvor ein Collegeabschluss. Wir arbeiten mehr Stunden pro Woche. Es gibt mehr Memos zu lesen, mehr Berichte zu schreiben, mehr E-Mails zu beantworten. Es hört nie auf. Man erwartet von uns, ständig verfügbar zu sein, Tag und Nacht. Wenn jemand auf der Arbeit uns braucht, müssen wir sofort antworten. Werbespots zeigen einen lächelnden Mann, der am Strand eine SMS schreibt, oder eine Frau am Hotelpool, die sich auf ihrem Handydisplay ein Video aus ihrem leeren Haus anschaut. *Was für eine Erleichterung.* Nichts ist passiert, seit sie zum letzten Mal nachgeschaut hat, vor 15 Minuten. Sie hat alles im Griff.

Wenn alles Mögliche immer mehr von uns fordert – so viele Möglichkeiten, Spaß zu haben, so viele Jahre, die wir der Ausbildung widmen, so viel Zeit, die wir mit Arbeiten verbringen –, dann muss etwas anderes dafür zu kurz kommen, und das ist die Familie. Dem statistischen Bundesamt der USA zufolge hat sich die Zahl der kinderlosen Frauen in dem Land zwischen 1976 und 2012 etwa verdoppelt. Die *New York Times* berichtete, im Jahr 2015 habe der erste NotMom Summit stattgefunden, eine Versammlung von Frauen aus aller Welt, die freiwillig oder aufgrund von Umständen kein Kind haben.

In den Industrieländern haben die Menschen mehr oder weniger das Interesse an Kindern verloren. Kinder kosten eine Menge Geld. Das US-Landwirtschaftsministerium nimmt an, dass ein Kind 245 000 US-Dollar kostet, bis es 18 Jahre alt ist. Vier Jahre College plus Unterkunft und Verpflegung kosten weitere 160 000 US-Dollar und nach dem College folgt das Graduiertenkolleg, oder die Kinder kommen zurück nach Hause. Alles zusammen könnte für ein Ferienhaus reichen oder Sie könnten jedes Jahr nach Übersee reisen und sich Restaurantbesuche, Theaterkarten und Designerkleidung leisten. Wie eine frisch verheiratete Frau, die keine Kinder haben wollte, es einmal lapidar ausdrückte: »Mehr Geld für uns.«

Das zukunftsorientierte Dopamin treibt Paare nicht mehr an, Kinder zu haben, weil die Menschen in den Industriestaaten nicht darauf angewiesen sind, dass ihre Kinder sie im Alter unterstützen. Das übernehmen die staatliche und die staatlich geförderte Altersvorsorge ebenso wie die private Altersvorsorge. Das Dopamin ist also frei, sich auf andere Dinge zu konzentrieren: Fernsehgeräte, Autos und eine neue Küche.

Das Endergebnis ist der demografische Kollaps. Etwa die Hälfte der Menschheit lebt in einem Land, dessen Geburtenrate die Todesrate nicht mehr ausgleicht. In den Industrieländern muss eine Frau 2,1 Kinder bekommen, um die Eltern zu ersetzen und ein bisschen Spielraum zu haben, um frühe Todesfälle auszugleichen. In einigen Entwicklungsländern sind dafür wegen der hohen Kindersterblichkeit bis zu 3,4 Kinder notwendig. Der weltweite Durchschnitt beträgt 2,3 Kinder.

Alle europäischen Länder sowie Australien, Kanada, Japan, Südkorea und Neuseeland liegen unter diesem sogenannten Bestandserhaltungsniveau. Die USA erfreuen sich einer stabileren Geburtenrate, vor allem dank der Einwanderer aus Entwicklungsländern, die die Gewohnheit noch nicht aufgegeben haben, für das Überleben der Menschheit zu sorgen. Doch selbst in Entwicklungsländern sinken die Geburtenraten. Brasilien, China, Costa Rica, Iran, Libanon, Singapur, Thailand, Tunesien und Vietnam weisen heutzutage zu niedrige Geburtenraten auf.

Regierungen tun, was sie können, um zu verhindern, dass ihre Länder zu Geisterstädten werden. Während der syrischen Flüchtlingskrise öffnete Deutschland bekanntlich seine Grenzen für alle, die kamen. Dänemark reagierte auf die Babykrise mit Werbespots, die ein sinnliches Model in einem schwarzen Negligé zeigten und die Zuschauer aufforderten: »Tut es für Dänemark.« Singapur mit seiner Geburtenrate von nur 0,78 schloss einen Handel mit Mentos (»Stay Fresh«), um für »nationale Nächte« zu werben, in denen Paare ihren »Patriotismus explodieren« lassen sollten. In Südkorea bekommen Paare Bargeld und Preise, wenn sie mehr als ein Kind haben, und in Russland können sie einen Kühlschrank gewinnen.

## NICHTS TUN, ALLES ERLEBEN

Schließlich könnte auch die virtuelle Realität (VR) den Niedergang oder gar das Ende der Menschheit beschleunigen. Mit VR können wir uns schon heute in wunderschöne, aufregende Welten versetzen lassen und zum Helden des Universums werden – sofort.

VR erzeugt Bilder und Laute und auch andere Sinneseindrücke werden bald online verfügbar sein. Forscher in Singapur haben beispielsweise einen »digitalen Geschmackssimulator« entwickelt, ein Gerät mit Elektroden, die die Zunge mit Strom und Wärme reizen. Beides lässt sich so variieren, dass wir salzigen, sauren und bitteren Geschmack zu empfinden glauben. Andere Wissenschaftler konnten zudem die Empfindung »süß« hervorrufen. Sobald die Wissenschaftler alle grundlegenden Geschmacksrichtungen meistern, können sie sie in unterschiedlichen Anteilen miteinander kombinieren, sodass die Zunge fast alle vorstellbaren Speisen schmecken kann. Und weil das, was wir Geschmack nennen, zu einem großen Teil Geruch ist, gibt es auch einen Zerstäuber, der Gerüche simuliert. Er besitzt einen »Knochenleitungswandler«, wie ihn die Erfinder nennen, der »die Kaugeräusche simuliert, die vom Mund über das weiche Gewebe und die Knochen an die Trommelfelle übermittelt werden«.

Berührungen sind die letzte Herausforderung. Sie werden es den VR-Experten ermöglichen, Sex zu simulieren. Pornografie war schon immer der Hauptantrieb, neue Medienformen wie Videokassetten, DVDs und das Breitbandinternet anzunehmen. Mit VR wird sie wiederum gigantische neue Märkte eröffnen. Warum sollten wir uns beim Sex mit dem immer gleichen, unvollkommenen Partner herumärgern, der auch noch Ansprüche stellt, wenn wir ständig wechselnde Fantasien ausleben können? Pornografie wird erst recht zur Sucht werden, wenn Berührungsreize hinzukommen. Vor Kurzem kamen Geräte auf den Markt, die die Genitalien synchron mit pornografischer VR stimulieren. Im Grunde sind das Sexspielzeuge, die ein Computer steuert. Im Jahr 2016 betrug der Umsatz mit Sexspielzeug in den USA 15 Milliarden US-Dollar und man rechnet damit, dass es 2020 mehr als 50 Milliarden sein werden.

Bald werden wir Computern beibringen, was uns gefällt, indem wir Sinneseindrücke, die er simuliert, auf die gleiche Weise bewerten wie Musik und Bücher. Der Computer wird unsere Wünsche so raffiniert erfüllen, dass kein Mensch mit ihm mithalten können wird. Der nächste Schritt werden Bodysuits sein, die virtuellen Sex mit allen Sinnen ermöglichen, ohne unerwünschte Fortpflanzung. Schon heute entscheiden sich viele Paare gegen Kinder. Wenn zu diesem Trend die Verlockung der VR hinzukommt, ist die Zukunft der Menschheit in großer Gefahr.

Mit VR begibt sich die Menschheit vielleicht willentlich in den Abgrund. Unser Dopaminsystem wird uns einreden, es gebe nichts Besseres.

Nur eines kann uns retten: die Fähigkeit, ein Gleichgewicht zu finden, das besessene Streben nach *mehr* zu überwinden, die unbegrenzte Komplexität der Realität zu genießen und uns an dem zu erfreuen, was wir haben.

*Du möchtest groß sein? Dann beginne mit dem Sein.*
*Du möchtest ein großes und erhabenes Bauwerk errichten? … Je höher dein Bauwerk sein soll, desto tiefer muss sein Fundament sein.*

**Augustinus**

*Wenn ich morgens aufstehe, bin ich hin- und hergerissen zwischen dem Wunsch, die Welt zu verbessern, und dem Wunsch, die Welt zu genießen. Das macht es schwierig, den Tag zu planen.*

**E. B. White**

# Kapitel 7

# HARMONIE

**Wie sich alles zusammenfügt**

*In diesem Kapitel finden Dopamin und die Hier-und-jetzt-Neurotransmitter ein Gleichgewicht.*

## DIE HEIKLE BALANCE ZWISCHEN DOPAMIN UND DEN HIER-UND-JETZT-NEUROTRANSMITTERN

*Ein Mann mittleren Alters ging zu einem Facharzt, um seine Depression behandeln zu lassen. Er fühlte sich nicht nur traurig und hoffnungslos, er war auch besessen von der Zukunft. Er grübelte über alles nach, was eventuell schiefgehen könnte, und hatte ständig Angst vor einer unbekannten Katastrophe. Die Sorgen raubten ihm seine seelische Energie und er litt an Gefühlsschwankungen.*

*Schon aus geringstem Anlass fuhr er aus der Haut. Er konnte nicht mit dem Zug zur Arbeit fahren, weil er es nicht ertrug, angestoßen oder auch nur berührt zu werden. Manchmal wachte seine Frau nachts auf und fand ihn weinend vor. »Wenn andere einen Plattfuß haben«, sagte er, »rufen sie den ADAC. Ich rufe die Telefonseelsorge an.«*

*Er bekam die Standardtherapie bei Depression, ein Antidepressivum, das den Stoffwechsel des Hier-und-jetzt-Neurotransmitters Serotonin im Gehirn verändert, und sprach hervorragend darauf an. Im Laufe etwa eines Monats besserte sich seine Stimmung allmählich, bis er wieder munter und fröhlich war. Er wurde gelassener und genoss die schönen Dinge im Leben. Das war auch für seine Frau eine Erleichterung. Dann wollte er die Dosis seines Medikaments erhöhen, nur um zu sehen, was geschehen würde. Sein Arzt stimmte zu. »Ich fühlte mich großartig«, sagte er bei seinem nächsten Termin. »Ich war so glücklich, dass ich nichts mehr zu tun brauchte. Es gab keinen Grund, morgens aufzustehen.« Sein Arzt und er beschlossen, die Dosis wieder auf das ursprüngliche Niveau zu senken, und er fand sein seelisches Gleichgewicht wieder.*

Die drastische Reaktion dieses Patienten auf ein serotonerges Antidepressivum kommt nur bei wenigen Menschen vor, die genau die richtige Kombination aus Genen und Umweltfaktoren haben. Aber sie zeigt, dass ein Mensch sowohl unter einer Besessenheit von der Zukunft leiden kann als auch unter exzessiver Freude an der Gegenwart.

Dopamin und die Hier-und-jetzt-Neurotransmitter haben sich entwickelt, um zusammenzuarbeiten. Sie haben oft eine gegenläufige Wirkung, die aber dazu beiträgt, ständig feuernde Gehirnzellen zu stabilisieren. In vielen Fällen geraten Dopamin und Hier-und-Jetztler jedoch aus dem Gleichgewicht, vor allem der Dopaminstoffwechsel. Die moderne Welt kurbelt die Dopaminausschüttung ständig an. Zu viel Dopamin kann zu produktiver Trübsal führen, zu viele Hier-und-Jetztler zu glücklicher Trägheit: Der arbeitswütige Manager steht dem Haschisch rauchenden Stubenhocker gegenüber. Keiner von beiden führt ein wirklich glückliches Leben und keiner entwickelt sich als Person weiter. Um ein gutes Leben zu führen, müssen wir Dopamin und Hier-und-jetzt-Substanzen wieder ins Gleichgewicht bringen.

Wir wissen instinktiv, dass kein Extrem gesund ist. Das könnte einer der Gründe dafür sein, dass wir Geschichten über Menschen lieben, die mit einer extremen Gemütslage beginnen und am Ende ihr Gleichgewicht finden. Der Film *Avatar* erzählt von einem Menschen, der mit zu viel Dopamin anfängt. Ein ehemaliger Marinesoldat namens Jake wird eingestellt, um für den Werkschutz einer Minengesellschaft zu arbeiten. Die Firma will die natürlichen Rohstoffe eines Mondes namens Pandora ausbeuten, der mit Urwäldern bedeckt ist und von den Na'vi bewohnt wird. Diese Humanoiden leben im Einklang mit der Natur und verehren eine Muttergöttin namens Eywa. Das ist ein klassisches Beispiel für einen Kampf zwischen Dopamin und Hier-und-Jetztlern.

Um möglichst viele Bodenschätze zu schürfen, will die Minengesellschaft den heiligen Baum der Seelen zerstören, der ihr im Weg ist. Abgestoßen von diesem Plan, wendet sich Jake von seiner dopaminergen Vergangenheit ab, schließt sich den hier-und-jetzt-gesteuerten Na'vi an und baut enge Beziehungen zu Mitgliedern dieses Volkes auf. Er verbindet seine dopaminergen Fähigkeiten mit seiner neuen Fähigkeit, mit den Na'vi zusammenzuarbeiten, bringt Ordnung in ihre Reihen und führt sie zum Sieg über die Sicherheitskräfte der Minengesellschaft. Mit Unterstützung des Baumes der Seelen wird Jake schließlich zum Na'vi und gewinnt sein Gleichgewicht.

Der Filmklassiker *Die Glücksritter* der Achtzigerjahre führt uns aus der entgegengesetzten Richtung an einen harmonischen Ort. Billy Ray Valentine ist ein Obdachloser ohne Verantwortungsgefühl. Er ist faul und nachgiebig und denkt überhaupt nicht an die Zukunft. Dann wird er Teil eines Experiments: Er tauscht sein Leben mit dem eines erfolgreichen Warenterminhändlers, der das absolute Gegenteil von ihm ist. Während Billy Ray immer mehr Reichtum anhäuft, lehnt er sein früheres sorgloses Leben zunehmend ab und wird verantwortungsbewusst. In einer Szene lädt er eine Gruppe alter Freunde zu einer Party in seine Villa ein und reagiert untypisch verärgert, als sie sich auf seinen Perserteppich übergeben. Schließlich beteiligt er sich an einem raffinierten Plan, der ihn reich macht. Danach kehrt er zu einem Leben der Muße zurück, jedoch mit neuen Fähigkeiten.

Wie kann ein Durchschnittsmensch sein Gleichgewicht finden? Es ist unwahrscheinlich, dass jemand von uns der modernen Welt den Rücken kehrt, um mit einem Stamm von Baumanbetern zusammenzuleben. Wir müssen unser Gleichgewicht auf andere Weise erreichen. Dopamin allein wird uns nie befriedigen. Aber es verspricht uns andauernd, dass die Befriedigung hinter der nächsten Ecke auf uns wartet: noch ein Donut, noch eine Beförderung, noch eine Eroberung. Wie entkommen wir dieser Tretmühle? Es ist nicht einfach, aber möglich.

## MEISTERSCHAFT: DIE FREUDE DARAN, ETWAS GUT ZU BEHERRSCHEN

Meisterschaft ist die Fähigkeit, aus einer bestimmten Situation die größtmögliche Belohnung herauszuholen. Wir können zum Beispiel Experten für *Pac-Man*, Racquetball, die französische Küche oder die Fehlerbeseitigung bei einem komplizierten Computerprogramm werden und somit auf diesen Gebieten Meisterschaft erlangen. Aus dem Blickwinkel des Dopamins ist Meisterschaft etwas Gutes – etwas, wonach wir streben sollten. Aber sie unterscheidet sich von anderen guten

Dingen. Es geht nicht einfach darum, Nahrung oder einen neuen Partner zu finden oder einen Wettkampf zu gewinnen. Sie ist größer und umfassender. Wenn wir Meisterschaft erwerben, erreicht das Dopamin sein angestrebtes Ziel: Wir haben den letzten Tropfen aus einer verfügbaren Ressource gepresst. Genau darum geht es. Dies ist der Augenblick, den wir genießen dürfen – jetzt, in der Gegenwart. Meisterschaft ist der Punkt, an dem das Dopamin sich vor dem Hier und Jetzt verbeugt. Nachdem es alles getan hat, legt es eine Pause ein und erlaubt den Hier-und-jetzt-Neurotransmittern, unser Glückssystem zu aktivieren. Auch wenn es nur für eine kurze Zeit ist, aber das Dopamin kämpft nicht länger gegen unsere Zufriedenheit an. Es billigt sie. Worin sonnen wir uns am liebsten? Im Erfolg.

Meisterschaft erzeugt zudem ein Gefühl von etwas, das Psychologen *internale Kontrollüberzeugung* nennen. Diese liegt vor, wenn wir zu der Meinung neigen, wir hätten die eigenen Entscheidungen und Erfahrungen im Griff und seien nicht abhängig vom Schicksal, vom Glück oder von anderen Leuten. Es ist ein gutes Gefühl. Die meisten Menschen wollen nicht der Gnade irgendwelcher Kräfte ausgeliefert sein, die sie nicht beeinflussen können. Piloten sagen, bei schlechtem Wetter sei es für sie weniger anstrengend, im Cockpit zu sitzen als in der Kabine. Ähnliches gilt für eine Autofahrt in einem Schneesturm. Die meisten Menschen sitzen lieber am Steuer als auf dem Beifahrersitz. Die internale Kontrollüberzeugung verschafft uns aber nicht nur ein gutes Gefühl, sie macht uns auch effektiver. Menschen mit einer starken internalen Kontrollüberzeugung erringen häufiger akademische Erfolge und bekommen eher hochbezahlte Jobs.

Menschen mit einer *externalen Kontrollüberzeugung* leben hingegen eher passiv. Manche sind glücklich, entspannt und locker, doch zugleich machen sie oft andere für ihre Misserfolge verantwortlich und geben nicht immer ihr Bestes. Ärzte sind oft frustriert von solchen Patienten. Sie ignorieren den ärztlichen Rat und lassen sich nur schwer davon überzeugen, dass sie die Verantwortung für ihre Gesundheit haben und daher jeden Tag ihr Medikament einnehmen und gesund leben müssen.

Es hat viele Vorteile, wenn wir eine Fertigkeit zu meistern lernen. Unter anderem entwickelt sich eine internale Kontrollüberzeugung und wir sind zufrieden (zumindest für eine Weile). Meisterschaft zu erlangen kostet aber sehr viel Zeit und Mühe und ständige psychische Anstrengungen. Dazu müssen wir unsere Komfortzone immer wieder verlassen. Sobald eine Klavierspielerin eine einfache Melodie gut beherrscht, muss sie sich an eine schwierigere wagen. Es ist eine Schinderei, aber es kann auch eine große Freude sein. Menschen, die nicht aufgegeben haben, sind meist der Meinung, dass es sich gelohnt hat. Es kann nämlich zu dem Gefühl führen, dass sie ihre Leidenschaft gefunden haben, etwas, was sie derart fesselt, dass sie ganz darin aufgehen.

## DER LOHN DER REALITÄT

Woran denken Sie beim Zähneputzen? Wahrscheinlich nicht ans Zähneputzen. Sie denken eher an das, was Sie später am Tag, später in der Woche oder irgendwann anders in der Zukunft tun müssen. Warum? Vielleicht aus Gewohnheit. Vielleicht aus Angst. Vielleicht fürchten Sie, dass Sie etwas übersehen, wenn Sie nicht über die Zukunft nachdenken. Aber das ist wahrscheinlich nicht der Fall. Indem Sie allerdings nicht an das denken, was Sie gerade tun, entgeht Ihnen mit Sicherheit etwas, vielleicht sogar etwas, das Sie nie zuvor bemerkt haben, etwas Unerwartetes.

Was das Dopamin mehr als alles andere liebt, sind Belohnungsvorhersagefehler, also die Entdeckung, dass etwas besser ist als erwartet. Es ist paradox, dass das Dopamin alles tut, um solche falschen Voraussagen zu vermeiden. Belohnungsvorhersagefehler fühlen sich großartig an, weil das Dopaminsystem aktiviert wird, wenn etwas Neues und Unerwartetes geschieht, das Ihr Leben besser macht. Doch wenn Sie von einer unerwarteten neuen Ressource überrascht werden, bedeutet das, dass die Ressource noch nicht vollständig ausgebeutet wurde. Deshalb sorgt das Dopamin dafür, dass die Überraschung, die sich so gut anfühlte, nie wieder eine Überraschung sein wird. Das Dopamin beseitigt seine eigene Quelle der Lust. Das ist frustrierend, aber es ist der beste Weg, uns am Leben zu halten. Was können wir tun, um auch in Zukunft überrascht zu werden?

Die Realität ist die ergiebigste Quelle für Unerwartetes. Fantasien, die wir uns ausmalen, sind vorhersehbar. Wir tun es immer und immer wieder – mit demselben Material. Ab und zu überrascht uns eine neue Idee, aber das kommt selten vor und es geschieht meist dann, wenn wir an etwas anderes denken – nicht, wenn wir versuchen, Kreativität zu erzwingen.

Wenn Sie auf die Realität achten, auf das, was Sie tatsächlich in diesem Augenblick tun, dann erhält Ihr Gehirn ein Maximum an Informationen und Sie können mithilfe des Dopamins neue Pläne schmieden. Um Modelle zu erstellen, die die Zukunft präzise vorhersagen, braucht das Dopamin Daten, und die liefern uns die Sinnesorgane. So arbeiten Dopamin und Hier-und-jetzt-Neurotransmitter zusammen.

Wenn etwas Interessantes das Dopaminsystem aktiviert, werden wir sofort aufmerksam. Wenn es uns dann gelingt, unser Hier-und-jetzt-System zu aktivieren, indem wir unseren Fokus nach außen richten, trägt das erhöhte Aufmerksamkeitsniveau dazu bei, die Sinneseindrücke intensiver zu erleben. Angenommen, Sie gehen in einem fremden Land durch die Straßen. Alles ist aufregend, sogar ganz normale Gebäude, Bäume und Geschäfte. Da Sie sich in einer neuen Situation befinden, sind die Sinneseindrücke lebhafter. Das ist der Hauptgrund dafür, dass Reisen uns Freude macht. Es funktioniert auch in entgegengesetzter Richtung: Die Stimulation des Hier-und-jetzt-Systems durch Sinnesreize, vor allem innerhalb einer komplexen Umgebung, verbessert die dopamingesteuerten kognitiven Fähigkeiten. Die komplexesten Umgebungen finden wir meist in der Natur.

## MACHEN SIE WEITER UND LEGEN SIE MIKROPAUSEN EIN …

Die Natur ist komplex. Sie besteht aus Systemen mit vielen sich gegenseitig beeinflussenden Bestandteilen. Daraus entstehen unerwartete Muster und es gibt fast unbegrenzt viele Einzelheiten zu erkunden. Wir nehmen die Natur als schön, inspirierend und bisweilen beruhigend wahr, manchmal als belebend. Dr. Kate Lee und eine Forschergruppe der University of Melbourne in Australien haben die Wirkung der Natur auf die kognitiven Fähigkeiten untersucht. Dazu haben sie einer Gruppe von Studenten für nur 40 Sekunden das Foto eines städtischen Gebäudes gezeigt, dessen Dach mit Gras und Blumen bedeckt war. Als Vergleich diente das Bild eines ähnlichen Gebäudes mit Betondach.

Um die Wirkung dieser unterschiedlichen Szenerien zu messen, stellten die Wissenschaftler den Studenten Aufgaben, die Konzentration erforderten. Zufallszahlen blitzten auf einem Bildschirm auf und die Studenten mussten eine Taste drücken, sobald sie eine Zahl sahen – außer wenn die Zahl Drei erschien. Sie hatten jeweils weniger als eine Sekunde Zeit zu reagieren und bekamen 225 Zahlen in Folge angezeigt. Diese Aufgabe ist schwierig, sie erfordert eine Menge Konzentration und Motivation. Die ganze Serie wurde nach einer 40 Sekunden langen »Mikropause« wiederholt.

Studenten, die zwischen dem ersten und zweiten Test das Foto mit den Blumen und dem Gras betrachtet hatten, machten weniger Fehler als jene, die das Betondach angeschaut hatten. Die wahrscheinlichste Erklärung dafür, so vermuteten die Forscher, war die Stimulierung der *subkortikalen Erregung* (Dopamin des Verlangens) und zugleich der *kortikalen Aufmerksamkeitskontrolle* (Kontrolldopamin). Ein Reporter der *Washington Post*, der über die Studie berichtete, schrieb: »Mit Gras, Pflanzen und anderem Grün bewachsene städtische Dächer werden auf der ganzen Welt zunehmend beliebter ... [Facebook] versah sein Bürogebäude in Menlo Park in Kalifornien kürzlich mit einem riesigen neun Morgen großen grünen Dach.« Solche architektonischen Maßnahmen, die durch Hier-und-jetzt-Stimulierung das Dopamin aktivieren, tun nicht nur der Seele wohl, sie könnten auch den Umsatz steigern.

## ... ABER VERZICHTEN SIE AUF MULTITASKING

*Nahezu jede Erfahrung gewinnt,*
*indem man ihr völlige Aufmerksamkeit schenkt.*
Kelly McGonigal, Dozentin für Management
im Fachbereich Wirtschaftswissenschaften der Stanford University

Auch wenn Technikfanatiker es vielleicht nicht glauben: Multitasking – das gleichzeitige Erledigen mehrerer Aufgaben – ist unmöglich. Wenn Sie versuchen, mehr als eine Aufgabe zu bewältigen, zum Beispiel zu telefonieren und dabei eine E-Mail zu lesen, wechselt Ihre Aufmerksamkeit zwischen den Aufgaben hin und her und beide stören sich gegenseitig. Manchmal machen Sie eine Pause beim Lesen der E-Mail und hören dem Anrufer zu, und manchmal hören Sie nicht zu, weil Sie sich auf die E-Mail konzentrieren. Der Anrufer merkt, dass Sie ihm nicht Ihre ganze Aufmerksamkeit schenken, und Ihnen entgehen wichtige Details. Anstatt effektiver zu arbeiten, leisten Sie durch »Multitasking« weniger.

Aza Raskin, ein Experte für Nutzererlebnis und Chefdesigner des Webbrowsers Firefox 4, gibt dazu ein einfaches Beispiel: Buchstabieren Sie laut »Schmuck glitzert«, während Sie Ihren Namen tippen. Wie lange dauert das? Buchstabieren Sie dann laut »Schmuck glitzert« und schreiben Sie danach Ihren Namen. Wie lange haben Sie gebraucht? Wahrscheinlich halb so lang wie für das »Multitasking«.

Beim Multitasking machen Sie zudem mehr Fehler. Auch Unterbrechungen, die nur ein paar Sekunden dauern – so lange, wie Sie brauchen, um sich der E-Mail und dann wieder dem Telefongespräch zuzuwenden –, können die Zahl der Fehler bei einer Aufgabe, die Konzentration erfordert, verdoppeln. Das liegt nicht nur an der Ablenkung; das Hin und Her verbraucht mentale Energie und Müdigkeit verringert die Konzentrationsfähigkeit. Trotzdem versuchen sich Menschen am Multitasking, vor allem diejenigen, die am Computer arbeiten.

Eine Studie der University of California in Irvine in Zusammenarbeit mit Microsoft und dem Massachusetts Institute of Technology hat die Arbeitsgewohnheiten von Menschen untersucht, die den größten Teil des Tages online sind. Die durchschnittliche Zeit, die sie für eine Aufgabe benötigten, bevor sie zu einer anderen wechselten, betrug nur 47 Sekunden. Im Laufe des Tages schalteten sie mehr als 400-mal von einer Aufgabe zu einer anderen um. Diejenigen, die am schnellsten wechselten, waren am stärksten gestresst und erledigten am wenigsten Arbeit, schon deshalb, weil sie das »Wechselmanöver« 400-mal vollzogen, anstatt einmal nach Beendigung jeder Aufgabe. Starker Stress führt aber nicht nur zu geringerer Produktivität, sondern auch zu Erschöpfung und Burn-out.

## DER HOHE PREIS FÜR EIN LEBEN IN DER ZUKUNFT

Wenn wir in der abstrakten, irrealen, dopamingesteuerten Welt der künftigen Möglichkeiten leben, müssen wir dafür bezahlen, und zwar mit unserem Glück. Das fanden Wissenschaftler der Harvard University heraus, als sie eine Smartphone-App entwickelten, die Freiwillige aufforderte, in Echtzeit über ihre Gedanken und Gefühle während ihrer täglichen Aktivitäten zu berichten. Mit der Studie wollten die Forscher mehr über den Zusammenhang zwischen abschweifenden Gedanken und Glück lernen. Mehr als 5000 Menschen aus 83 Ländern beteiligten sich.

Die App setzte sich zu zufällig ausgewählten Zeiten mit den Teilnehmern in Verbindung und forderte Daten zu drei Fragen an: »Wie fühlen Sie sich in diesem Moment?«, »Was tun Sie gerade?« und »Denken Sie an etwas anderes als an das, was Sie gerade tun?«. Die Versuchspersonen antworteten auf die letzte Frage in etwa jedem zweiten Fall mit Ja, gleichgültig, was sie gerade taten. Ihre Gedanken schweiften bei allen Aktivitäten gleich häufig ab, außer beim Sex, der ihre Aufmerksamkeit fesseln konnte. In jeder anderen Situation dachten sie so oft an andere Dinge, dass die Wissenschaftler daraus schlossen, dass abschweifende Gedanken, was Wissenschaftler *reizunabhängiges Denken* nennen, die Standardeinstellung des Gehirns ist.

Sie stellten zudem fest, dass Menschen weniger glücklich waren, wenn ihre Gedanken abschweiften, und wieder spielte es keine Rolle, was sie gerade taten. Einerlei, ob sie aßen, arbeiteten, fernsahen oder unter Leute gingen, sie waren glücklicher, wenn sie dem, was sie taten, ihre Aufmerksamkeit schenkten. Die Wissenschaftler schlossen daraus: »Der menschliche Geist ist ein wandernder Geist und ein wandernder Geist ist ein unglücklicher Geist.«

Aber was, wenn Ihnen Glück gar nicht so viel bedeutet? Was, wenn Sie derart dopamingesteuert sind, dass Sie nur an den Erfolg denken?

Das ändert nichts. Egal, wie brillant, originell oder kreativ Sie sind, Ihr Dopaminsystem wird ohne das Rohmaterial, das Ihre Hier-und-jetzt-Sinne liefern, nicht viel erreichen.

Michelangelos *Pietà* – die Jungfrau Maria, die ihren toten Sohn umarmt – symbolisiert eindrucksvoll die abstrakten Vorstellungen vom Leiden und Akzeptieren. Aber der Künstler benötigte einen Marmorblock, um sein Konzept in die Tat umzusetzen. Die traurige Schönheit Marias ist eine idealisierte Darstellung des Weiblichen; aber Michelangelo hätte sich dieses Bild nicht vorstellen können, wenn er nicht seine Augen benutzt und reale Frauen studiert hätte und wenn er im Hier und Jetzt keine echten Gefühle erlebt hätte.

Wenn wir Zeit in der Gegenwart verbringen, sammeln wir durch unsere Sinne Informationen über die Realität, in der wir leben, und unser Dopaminsystem kann diese Informationen nutzen, um Pläne zu entwerfen, die uns eine maximale Belohnung einbringen. Die Eindrücke, die wir aufnehmen, können eine Flut von Ideen inspirieren und steigern unsere Fähigkeit, neue Lösungen für unsere Probleme zu finden. Und das ist wundervoll. Etwas Neues zu erschaffen, etwas, das nie zuvor erdacht wurde, ist seiner Definition nach überraschend. Weil Schöpfung immer neu ist, ist sie der langlebigste aller dopaminergen Vergnügungen.

## SORGEN SIE FÜR EINE GESUNDE MISCHUNG

Kreativität ist eine vorzügliche Methode, Dopamin und Hier-und-jetzt-Neurotransmitter zu mischen. In Kapitel 4 haben wir eine bestimmte Art von Kreativität besprochen, eine Kreativität, die jene Menschen erreichen, die die üblichen Realitätsmodelle auseinandernehmen. Dabei handelt es sich um eine außergewöhnliche Kreativität, bei der der Kreative so getrieben ist von seiner Arbeit, dass er alle anderen Aspekte des Lebens, wie Familie und Freunde, völlig vernachlässigt. Menschen mit genialen Ideen sind oft einsam, fanatisch und unzufrieden. Dopamin hat die Herrschaft übernommen und das Hier-und-jetzt-System verkümmert. Aber es gibt auch gewöhnlichere Arten der Kreativität, die wir alle praktizieren können und die das Gleichgewicht fördern, statt das Dopamin dominieren zu lassen.

Schreinern, Stricken, Malen, Dekorieren und Nähen sind altmodische Tätigkeiten, denen in unserer modernen Welt kaum Aufmerksamkeit geschenkt wird. Genau das ist der Punkt. Für diese Aktivitäten brauchen wir weder Smartphone-Apps noch ein Hochgeschwindigkeitsinternet. Stattdessen müssen unser Gehirn und unsere Hände zusammenarbeiten, um Neues zu schaffen. Unsere Fantasie entwirft das Projekt. Wir entwickeln einen Plan, um es in die Tat umzusetzen. Dann lassen unsere Hände es real werden.

Ein Manager bei einem Finanzdienstleister hat jeden Tag über Aktienoptionen, Derivaten und Wechselkursen gebrütet. Er war reich, fühlte sich aber miserabel. Also suchte er einen Psychologen auf und ein paar Monate später entdeckte er seine Leidenschaft fürs Malen neu. Dieses Hobby hatte er vor Jahrzehnten aufgegeben. »Ich kann es kaum erwarten, abends nach Hause zu kommen«, erzählte er seinem Therapeuten. »Gestern Abend habe ich stundenlang gemalt und nicht einmal gemerkt, wie die Zeit verging.«

Nicht jeder hat Zeit oder Lust, malen zu lernen; aber das hindert niemanden daran, Schönes zu erschaffen. Malbücher für Erwachsene haben einige Menschen in ihren Bann gezogen und viele mit Zufriedenheit erfüllt. Auf den ersten Blick mögen sie albern erscheinen – wozu brauchen Erwachsene Bücher zum Ausmalen? Nun, diese Malbücher lindern Stress, weil sie die Flucht aus einer unausgewogenen, dopamingesteuerten Welt ermöglichen. Malbücher für Erwachsene bieten schöne, abstrakte geometrische Muster an – dopaminerge Abstraktionen, kombiniert mit einer Hier-und-jetzt-Erfahrung.

Auch Kinder müssen mit ihren Händen arbeiten. Im Jahr 2015 veröffentlichte die Zeitschrift *Time* einen Artikel mit dem Titel »Warum Schulen den Werkunterricht wieder einführen müssen«. Die Arbeit mit Bohrern und Brettsägen, umgeben vom Aroma des frischen Sägemehls, ist eine willkommene Abwechslung nach anstrengenden akademischen Lehrinhalten. Es macht Freude, ein Stück Holz so lange zu schmirgeln, bis es »glatt wie ein Kinderpopo« ist, wie ein Lehrer es formulierte. Heutzutage erleben nur wenige Menschen diese Freude. Und das Vogelhaus, das am Ende der Mühen entstanden ist, ist ein kleines Wunder und es ist zutiefst befriedigend, sagen zu können: »Das habe ich selbst gemacht.«

Viele Menschen sind in einem Haushalt aufgewachsen, in dem der Vater eine Werkbank im Keller hatte. Heute ist das weniger üblich, dabei ist es ein einzigartiges Vergnügen, Dinge zu reparieren. Jedes Projekt ist ein Problem, das wir lösen müssen – eine dopamingesteuerte Aktivität. Anschließend setzen wir die Lösung in die Tat um. Manchmal müssen wir kreativ sein, um etwas zu reparieren, weil wir nicht das notwendige Werkzeug oder Material besitzen. Ein Beispiel dafür ist die Erkenntnis, dass man mit einem Nagelknipser Drähte durchtrennen kann. Reparaturarbeiten machen uns zudem unabhängiger und stärken das Gefühl, alles im Griff zu haben. Auf diese Weise belohnen wir das Dopaminsystem mit einer Arbeit im Hier und Jetzt.

Kochen, Gartenarbeit und Sport sind nur einige von vielen Aktivitäten, die intellektuelle Stimulation so mit körperlicher Bewegung verbinden, dass wir uns zufrieden und als vollständiger Mensch fühlen. Und wir können sie ein Leben lang ausüben, ohne dass sie langweilig werden. Vielleicht verschafft Ihnen eine teure Schweizer Uhr einige Wochen lang einen Dopaminschub, aber danach ist sie nur noch eine Uhr. Nach einer Beförderung zum Bezirksleiter gehen Sie morgens beschwingt zur Arbeit, doch nach und nach geraten Sie wieder in die alte Tretmühle. Kreativität ist anders, weil sie Hier-und-jetzt-Erfahrungen mit Dopamin mischt. Es ist, als würden Sie ein wenig Kohlenstoff mit Eisen mischen, um Stahl herzustellen. Das Endprodukt ist robuster und dauerhafter. Genau das geschieht mit der dopaminergen Lust, wenn Sie körperliche Hier-und-jetzt-Erfahrungen hinzufügen.

Aber die meisten Menschen sind an kreativen Tätigkeiten wie Zeichnen, Musizieren oder Modellbau nicht interessiert. Für diese Aktivitäten gibt es keinen praktischen Grund. Sie sind anstrengend, zumindest am Anfang, und sie verschaffen uns wahrscheinlich weder Geld noch Ansehen und garantieren uns auch keine bessere Zukunft. Aber sie können uns glücklich machen.

## DIE MACHT LIEGT IN IHREN HÄNDEN

Im Jahr 2015 fragte TINYpulse, eine Beratungsfirma, die Managern hilft, ihre Mitarbeiter zu motivieren, mehr als 30000 Angestellte von über 500 Unternehmen, ob sie mit ihren Vorgesetzten, mit ihren Kollegen und mit ihrer beruflichen Weiterentwicklung zufrieden seien. Doch letztlich ging es dabei um die Frage, ob sie glücklich waren.

TINYpulse erklärte, zuvor habe noch niemand eine solche Umfrage abgehalten. Die meisten Unternehmensberater legten anscheinend wenig Wert auf Glück. TINYpulse war hingegen der Meinung, Glück sei wichtig für den Erfolg eines Unternehmens. Deshalb suchten sie in verschiedenen Unternehmen danach, auch in glamourösen Bereichen wie Technik, Finanzen und Biotechnik. Keine Firma erreichte Spitzennoten. Die glücklichsten Menschen waren Bauarbeiter.

Bauarbeiter setzen abstrakte Pläne in die Tat um. Dafür benutzen sie ihren Verstand und ihre Hände. Zudem ist die Kameradschaft unter ihnen hoch entwickelt. Als TINYpulse die Arbeiter fragte, warum sie glücklich seien, lautete die häufigste Antwort: »Ich arbeite mit tollen Leuten zusammen.« Ein Bauleiter sagte: »Nach Feierabend entspannen sich alle gemeinsam bei ein paar Flaschen Bier und reden sich alles Mögliche vom Herzen – was ihnen gefällt und was ihnen nicht gefällt.« Kollegialität spielte eine Schlüsselrolle: Arbeit und Freundschaft, Dopamin und Hier-und-Jetztler.

Der zweitwichtigste Grund für die Zufriedenheit der Bauarbeiter war: »Ich bin begeistert von meiner Arbeit und meinen Projekten.« Das ist ein dopamingesteuerter Grund. Die Autoren des Berichts erwähnten außerdem, dass die Bauindustrie im vorangegangenen Jahr stark gewachsen sei und dass dieses Wachstum sich in steigenden Löhnen widerspiegle. Auch das aktiviert das Dopaminsystem. Wir brauchen sowohl Dopamin als auch Hier-und-jetzt-Substanzen, um glücklich zu sein, um also den Zustand zu erreichen, den der Philosoph Aristoteles für das Ziel aller anderen Ziele hielt.

Unser Dopaminsystem macht uns zu Menschen und verleiht unserer Spezies ihre besondere Macht. Wir denken. Wir planen. Wir träumen. Wir grübeln über abstrakte Konzepte wie Wahrheit, Gerechtigkeit und Schönheit nach. In diesem System überwinden wir alle Barrieren des Raumes und der Zeit. Wir gedeihen selbst in der feindlichsten Umwelt, sogar im Weltraum, dank unserer Fähigkeit, die Welt um uns herum zu beherrschen. Doch dasselbe System kann uns auch auf einen dunkleren Weg führen, auf den Weg zur Sucht, zum Betrug und zum Elend. Wenn wir danach streben, Großartiges zu leisten, müssen wir wahrscheinlich akzeptieren, dass wir dabei auch leiden werden. Der Stachel der Unzufriedenheit lässt uns noch lange weiterarbeiten, während andere schon längst mit der Familie und mit Freunden zusammen sind.

Diejenigen von uns, die ein glückliches und erfülltes Leben bevorzugen, müssen eine andere Aufgabe erfüllen: Harmonie finden. Wir müssen dem Reiz der endlosen Stimulation unseres Dopaminsystems ebenso widerstehen wie dem nie endenden Hunger nach mehr. Wenn es uns gelingt, Dopamin und Hier-und-jetzt-Neurotransmitter zu mischen, können wir diese Harmonie erreichen. Viel Dopamin rund um die Uhr ist nicht der Weg in die bestmögliche Zukunft. Nur wenn die sinnlich erfahrbare Realität und das abstrakte Denken zusammenarbeiten, entfaltet das Gehirn sein volles Potenzial. Und wenn es optimal arbeitet, kann es uns nicht nur Glück und Zufriedenheit verschaffen, nicht nur Reichtum und Wissen, sondern auch eine reichhaltige Mixtur aus sinnlicher Erfahrung und weiser Einsicht. Diese Mischung kann uns zu innerer Harmonie verhelfen.

# DANK

Wir sind Dr. Fred H. Previc für sein Buch *The Dopaminergic Mind in Human Evolution and History* sehr dankbar. Das Buch zeigte uns den grundlegenden Unterschied zwischen dem auf die Zukunft ausgerichteten Dopamin und der sich an der Gegenwart orientierenden Gruppe anderer Neurotransmitter. Es ist hauptsächlich für Wissenschaftler gedacht, aber wenn Sie tiefer in die Neurobiologie einsteigen möchten, von der unser Buch inspiriert wurde, empfehlen wir dieses Werk sehr.

Wir danken unseren Agentinnen Andrea Somberg und Wendy Levinson von der Harvey Klinger Literary Agency, die sofort verstanden, worum es uns ging, und uns wie erhofft in unserem Vorhaben bestätigten. Dank an unseren Verleger Glenn Yeffeth bei BenBella, dessen Begeisterung und Kompetenz uns mit Zuversicht erfüllten. Dank auch an das BenBella-Team, vor allem an Leah Wilson, Adrienne Lang, Jennifer Canzoneri, Alexa Stevenson, Sarah Avinger, Heather Butterfield und an alle anderen, die sich für unser Buch ins Zeug legten, obwohl wir uns nie persönlich kennengelernt haben. Ein besonderer Dank gilt dem außergewöhnlichen Lektor James M. Fraleigh, der sogar diesen Satz verbessern könnte, und das wahrscheinlich im Schlaf.

Dan möchte Dr. Frederick Goodwin danken, der viele Jahre lang sein Mentor war. Dr. Goodwin ist einer der führenden Experten für bipolare Störungen. Er lenkte meine Aufmerksamkeit auf den Zusammenhang zwischen Einwanderung und bipolaren Genen und schlug mir vor, Tocquevilles Klassiker *Über die Demokratie in Amerika* zu lesen, um das Wesen der Vereinigten Staaten im 19. Jahrhundert besser zu verstehen. Ich danke dem Fachbereich Medizin der Washington

University für die Gelegenheit, Psychiatrie in einem dynamischen akademischen Umfeld zu praktizieren, und für das Privileg, Menschen mit psychischen Krankheiten zu behandeln. Die Bereitschaft meiner Patienten, ihr Leid, ihre Triumphe, Hoffnungen und Ängste mit mir zu teilen, ist eine unerschöpfliche Quelle der Inspiration, für die ich dankbar bin. Dank auch an die Medizinstudenten und Praktikanten, die unangenehm schwierige Fragen stellen und mich dadurch dazu disziplinieren, meine Auffassung von der Funktionsweise des Gehirns immer wieder zu überdenken.

Mike möchte den Erstlesern Greg Northcutt und Jim & Ellen Hubbard danken, die uns bestätigten, dass wir die Wissenschaft fesselnd dargestellt hatten. Dank an John J. Miller, mein berufliches Vorbild, und an Peter Nash, der mich stets von Neuem inspiriert. Ich danke meinen Studenten an der Georgetown University, die mich daran erinnern, dass Schreiben hauptsächlich Denken ist. Ohne den verstorbenen Blake Snyder wüsste ich nicht, wie man eine Geschichte erzählt, und ohne Vince Gilligan nicht, wie man sie zum Klingen bringt – ich danke Ihnen, meine Herren. Dank auch an meinen Bruder Todd für den Spaß, den wir jeden Tag haben. Weiter so! Ach ja – danke, Mama.

Dan möchte seiner Frau Masami für ihre Unterstützung und ihren unerschütterlichen Optimismus danken. Wenn mir angesichts der Hürden auf dem Weg zur Fertigstellung dieses Buches Selbstzweifel kamen, verschwanden sie, sobald ich ihr davon erzählte. Ich danke meinen Söhnen Sam und Zach, die Freude in mein Leben bringen und mich als Mensch wachsen lassen.

Michael möchte seiner Frau Julia für den zusätzlichen Freiraum während der letzten Jahren danken. Du lässt mich immer schimpfen, dann küsst du mich auf die Stirn und sagst, dass ich es trotzdem schaffe. Dank auch an meine Kinder Sam, Madeline und Brynne, die so tun, als wären sie interessiert, selbst wenn sie es nicht sind. Ich liebe euch alle.

Beide Autoren sind TGI Fridays in der Nähe des Weißen Hauses dankbar. Dort schwelgten wir oft im Kontrolldopamin und im Dopamin des Verlangens. Das Planen und Imaginieren, das sich dort abspielte, kollabierte letztlich zu dem bisschen Realität, die Sie jetzt in den Händen halten.

Dieses Buch begann als Projekt zweier Freunde, die so wenig Interesse an normalen Freizeitbeschäftigungen wie Angeln und Baseball hatten, dass ihnen nur die Möglichkeit blieb, entweder öfter gemeinsam zu Mittag zu essen oder ein Buch zu schreiben. Wir bleiben Freunde, obwohl es ein paarmal auf der Kippe stand.

Daniel Z. Lieberman und Michael E. Long
Februar 2018

# DIE AUTOREN

**Dr. Daniel Z. Lieberman** ist Psychiater und Professor für Psychiatrie und Verhaltenswissenschaften an der George Washington University. Er erhielt den Caron Foundation Research Award und veröffentlichte bereits über 50 wissenschaftliche Artikel über Verhaltensforschung. Für das US-Ministerium für Gesundheit und Soziales, das US-Handelsministerium und das Amt für Drogen- und Alkoholpolitik war er als Berater für psychiatrische Fragen tätig.

**Michael E. Long** ist Physiker und preisgekrönter Redenschreiber, Drehbuchautor und Dramatiker. Mehr als 20 seiner produzierten Stücke wurden auf New Yorker Bühnen aufgeführt. Er hat Reden für Mitglieder des US-Kongresses, US-Kabinettssekretäre, Gouverneure, Diplomaten und Präsidentschaftskandidaten geschrieben. Außerdem war er Direktor der Georgetown University, an der er heute Schreibkurse gibt.

# LITERATURVERZEICHNIS

## Kapitel 1

Fowler, J. S., Volkow, N. D., Wolf, A. P., Dewey, S. L., Schlyer, D. J., MacGregor, R. R., Christman, D. (1989). *Mapping cocaine binding sites in human and baboon brain in vivo.* Synapse, 4(4), 371–377

Colombo, M. (2014). *Deep and beautiful. The reward prediction error hypothesis of dopamine.* Studies in History and Philosophy of Science Part C: Studies in History and Philosophy of Biological and Biomedical Sciences, *45*, 57–67

Previc, F. H. (1998). *The neuropsychology of 3-D space.* Psychological Bulletin, 124(2), 123

Skinner, B. F. (1990). *The behavior of organisms: An experimental analysis.* Cambridge, MA: B. F. Skinner Foundation

Fisher, H. E., Aron, A., Brown, L. L. (2006*). Romantic love: A mammalian brain system for mate choice.* Philosophical Transactions of the Royal Society of London B: Biological Sciences, 361(1476), 2173–2186

Marazziti, D., Akiskal, H. S., Rossi, A., Cassano, G. B. (1999). *Alteration of the platelet serotonin transporter in romantic love.* Psychological Medicine, 29(3), 741–745

Spark, R. F. (2005). *Intrinsa fails to impress FDA advisory panel.* International Journal of Impotence Research, 17(3), 283–284

Fisher, H. (2004). *Why we love: The nature and chemistry of romantic love.* New York: Macmillan

Stoléru, S., Fonteille, V., Cornélis, C., Joyal, C., Moulier, V. (2012). *Functional neuroimaging studies of sexual arousal and orgasm in healthy men and women: A review and meta-analysis.* Neuroscience & Biobehavioral Reviews, 36(6), 1481–1509

Georgiadis, J. R., Kringelbach, M. L., Pfaus, J. G. (2012*). Sex for fun: A synthesis of human and animal neurobiology.* Nature Reviews Urology, 9(9), 486–498

Garcia, J. R., MacKillop, J., Aller, E. L., Merriwether, A. M., Wilson, D. S., Lum, J. K. (2010). *Associations between dopamine D4 receptor gene variation with both infidelity and sexual promiscuity.* PLoS One, 5(11), e14162

Komisaruk, B. R., Whipple, B., Crawford, A., Grimes, S., Liu, W. C., Kalnin, A., Mosier, K. (2004). *Brain activation during vaginocervical self-stimulation and orgasm in women with complete spinal cord injury: fMRI evidence of mediation by the vagus nerves.* Brain Research, 1024(1), 77–88

## Kapitel 2

Pfaus, J. G., Kippin, T. E., Coria-Avila, G. (2003). *What can animal models tell us about human sexual response?* Annual Review of Sex Research, 14(1), 1–63

Fleming, A. (Mai–Juni 2015). *The science of craving.* The Economist 1843. Abgerufen von https://www.1843magazine.com/content/features/wanting-versus-liking

Study with »never-smokers« sheds light on the earliest stages of nicotine dependence (9. September 2015), Johns Hopkins Medicine. Abgerufen von https://www.hopkinsmedicine.org/news/media/releases/study_with_never_smokers_sheds_light_on_the_earliest_stages_of_nicotine_dependence

Rutledge, R. B., Skandali, N., Dayan, P., Dolan, R. J. (2015). *Dopaminergic modulation of decision making and subjective well-being.* Journal of Neuroscience, 35(27), 9811–9822

Weintraub, D., Siderowf, A. D., Potenza, M. N., Goveas, J., Morales, K. H., Duda, J. E., Stern, M. B. (2006). *Association of dopamine agonist use with impulse control disorders in Parkinson disease.* Archives of Neurology, 63(7), 969–973

Moore, T. J., Glenmullen, J., Mattison, D. R. (2014). *Reports of pathological gambling, hypersexuality, and compulsive shopping associated with dopamine receptor agonist drugs.* JAMA Internal Medicine, 174(12), 1930–1933

Ian W. v. Pfizer Australia Pty Ltd. Victoria Registry, Federal Court of Australia, 10. März 2012

Klos, K. J., Bower, J. H., Josephs, K. A., Matsumoto, J. Y., Ahlskog, J. E. (2005). *Pathological hypersexuality predominantly linked to adjuvant dopamine agonist therapy in Parkinson's disease and multiple system atrophy.* Parkinsonism and Related Disorders, 11(6), 381–386

Pickles, K. (23. November 2015). *How online porn is fueling sex addiction: Easy access to sexual images blamed for the rise of people with compulsive sexual behaviour, study claims.* Daily Mail. Abgerufen von http://www.dailymail.co.uk/

health/article-3330171/How-online-porn-fuelling-sex-addiction-Easy-access-sexual-images-blamed-rise-people-compulsive-sexual-behaviour-study-claims.html

Voon, V., Mole, T. B., Banca, P., Porter, L., Morris, L., Mitchell, S., Irvine, M. (2014). *Neural correlates of sexual cue reactivity in individuals with and without compulsive sexual behaviors.* PloS One, 9(7), e102419

Dixon, M., Ghezzi, P., Lyons, C., Wilson, G. (Hrsg.) (2006). *Gambling: Behavior theory, research, and application.* Reno, NV: Context Press

National Research Council (1999). *Pathological gambling: A critical review.* Chicago: Author

Gentile, D. (2009). *Pathological video-game use among youth ages 8 to 18: A national study.* Psychological Science, 20(5), 594–602

Przybylski, A. K., Weinstein, N., Murayama, K. (2016). *Internet gaming disorder: Investigating the clinical relevance of a new phenomenon.* American Journal of Psychiatry, 174(3), 230–236

Chatfield, T. (November 2010). Transcript of *7 ways games reward the brain.* Abgerufen von https://www.ted.com/talks/tom_chatfield_7_ways_games_reward_the_brain/transcript?language=en

Fritz, B., Pham, A. (20. Januar 2012). Star Wars: The Old Republic—the story behind a galactic gamble. Abgerufen von http://herocomplex.latimes.com/games/star-wars-the-old-republic-the-story-behind-a-galactic-gamble/

Nayak, M. (20. September 2013). *Grand Theft Auto V sales zoom past $1 billion mark in 3 days.* Reuters. Abgerufen von http://www.reuters.com/article/entertainment-us-taketwo-gta-idUSBRE98J0O820130920

Ewalt, David M. (19. Dezember 2013). *Americans will spend $20.5 billion on video games in 2013.* Forbes. Abgerufen von https://www.forbes.com/sites/davidewalt/2013/12/19/americans-will-spend-20-5-billion-on-video-games-in-2013/#2b5fa4522c1e

## Kapitel 3

MacDonald, G. (1993). *The light princess: And other fairy tales.* Whitethorn, CA: Johannesen

Previc, F. H. (1999). *Dopamine and the origins of human intelligence.* Brain and Cognition, 41(3), 299–350

Salamone, J. D., Correa, M., Farrar, A., Mingote, S. M. (2007). *Effort-related functions of nucleus accumbens dopamine and associated forebrain circuits.* Psychopharmacology, 191(3), 461–482

Rasmussen, N. (2008). *On speed: The many lives of amphetamine.* New York: NYU Press

McBee, S. (26. Januar 1968). *The end of the rainbow may be tragic: Scandal of the diet pills.* Life Magazine, 22–29

PsychonautRyan. (9. März 2013). *Amphetamine-induced narcissism* [Forum-Thema]. Bluelight.org. Abgerufen von http://www.bluelight.org/vb/threads/689506-Amphetamine-Induced-Narcissism?s=e81c6e06edabbcf704296e266b7245e4

Tiedens, L. Z., Fragale, A. R. (2003). *Power moves: Complementarity in dominant and submissive nonverbal behavior.* Journal of Personality and Social Psychology, 84(3), 558–568

Schlemmer, R. F., Davis, J. M. (1981). *Evidence for dopamine mediation of submissive gestures in the stumptail macaque monkey.* Pharmacology, Biochemistry, and Behavior, 14, 95–102

Laskas, J. M. (21. Dezember 2014). *Buzz Aldrin: The dark side of the moon.* GQ. Abgerufen von http://www.gq.com/story/buzz-aldrin

Cortese, S., Moreira-Maia, C. R., St. Fleur, D., Morcillo-Peñalver, C., Rohde, L. A., Faraone, S. V. (2015). *Association between ADHD and obesity: A systematic review and meta-analysis.* American Journal of Psychiatry, 173(1), 34–43

Goldschmidt, A. B., Hipwell, A. E., Stepp, S. D., McTigue, K. M., Keenan, K. (2015). *Weight gain, executive functioning, and eating behaviors among girls.* Pediatrics, 136(4), e856–e863

O'Neal, E. E., Plumert, J. M., McClure, L. A., Schwebel, D. C. (2016). *The role of body mass index in child pedestrian injury risk.* Accident Analysis & Prevention, 90, 29–35

Macur, J. (1. März 2014). *End of the ride for Lance Armstrong.* The New York Times. Abgerufen von https://www.nytimes.com/2014/03/02/sports/cycling/end-of-the-ride-for-lance-armstrong.html

Schurr, A., Ritov, I. (2016). *Winning a competition predicts dishonest behavior.* Proceedings of the National Academy of Sciences, 113(7), 1754–1759

Trollope, A. (1874). *Phineas redux.* London: Chapman and Hall

Power, M. (29. Januar 2014). *The drug revolution that no one can stop.* Matter. Abgerufen von https://medium.com/matter/the-drug-revolution-that-noone-can-stop-19f753fb15e0#.sr85czt5n

Baumeister, R. F., Bratslavsky, E., Muraven, M., Tice, D. M. (1998). *Ego depletion: Is the active self a limited resource?* Journal of Personality and Social Psychology, 74(5), 1252–1265

MacInnes, J. J., Dickerson, K. C., Chen, N. K., Adcock, R. A. (2016). *Cognitive neurostimulation: Learning to volitionally sustain ventral tegmental area activation*. Neuron, 89(6), 1331–1342

Miller, W. R. (1995). *Motivational enhancement therapy manual: A clinical research guide for therapists treating individuals with alcohol abuse and dependence*. Darby, PA: DIANE Publishing

Kadden, R. (1995). *Cognitive-behavioral coping skills therapy manual: A clinical research guide for therapists treating individuals with alcohol abuse and dependence* (Nr. 94) Darby, PA: DIANE Publishing

Nowinski, J., Baker, S., Carroll, K. M. (1992). *Twelve step facilitation therapy manual: A clinical research guide for therapists treating individuals with alcohol abuse and dependence* (Project MATCH Monograph Series, Bd. 1). Rockville, MD: U.S. Dept. of Health and Human Services, Public Health Service, Alcohol, Drug Abuse, and Mental Health Administration, National Institute on Alcohol Abuse and Alcoholism

Barbier, E., Tapocik, J. D., Juergens, N., Pitcairn, C., Borich, A., Schank, J. R., Vendruscolo, L. F. (2015). *DNA methylation in the medial prefrontal cortex regulates alcohol-induced behavior and plasticity*. The Journal of Neuroscience, 35(15), 6153–6164

Massey, S. (22. Juli 2016). An affective neuroscience model of prenatal health behavior change [Video]. Abgerufen von https://youtu.be/tkng4mPh3PA

## Kapitel 4

Orendain, S. (28. Dezember 2011). *In Philippine slums, capturing light in a bottle*. NPR All Things Considered. Abgerufen von https://www.npr.org/2011/12/28/144385288/in-philippine-slums-capturing-light-in-a-bottle

Nasar, S. (1998). *A beautiful mind*. New York, NY: Simon & Schuster

Dement, W. C. (1972). *Some must watch while some just sleep*. New York: Freeman

Winerman, L. (2005). *Researchers are searching for the seat of creativity and problem-solving ability in the brain*. Monitor on Psychology, 36(10), 34

Green, A. E., Spiegel, K. A., Giangrande, E. J., Weinberger, A. B., Gallagher, N. M., Turkeltaub, P. E. (2016). *Thinking cap plus thinking zap: tDCS of frontopolar cor-*

*tex improves creative analogical reasoning and facilitates conscious augmentation of state creativity in verb generation.* Cerebral Cortex, 27(4), 2628–2639

Schrag, A., Trimble, M. (2001). *Poetic talent unmasked by treatment of Parkinson's disease.* Movement Disorders, 16(6), 1175–1176

Pinker, S. (2002). *Art movements.* Canadian Medical Association Journal, 166(2), 224

Gottesmann, C. (2002). *The neurochemistry of waking and sleeping mental activity: The disinhibition-dopamine hypothesis.* Psychiatry and Clinical Neurosciences, 56(4), 345–354

Scarone, S., Manzone, M. L., Gambini, O., Kantzas, I., Limosani, I., D'Agostino, A., Hobson, J. A. (2008). *The dream as a model for psychosis: An experimental approach using bizarreness as a cognitive marker.* Schizophrenia Bulletin, 34(3), 515–522

Fiss, H., Klein, G. S., Bokert, E. (1966). *Waking fantasies following interruption of two types of sleep.* Archives of General Psychiatry, 14(5), 543–551

Rothenberg, A. (1995). *Creative cognitive processes in Kekulé's discovery of the structure of the benzene molecule.* American Journal of Psychology, 108(3), 419–43

Barrett, D. (1993). *The »committee of sleep«: A study of dream incubation for problem solving.* Dreaming, 3(2), 115–122

Root-Bernstein, R., Allen, L., Beach, L., Bhadula, R., Fast, J., Hosey, C., Podufaly, A. (2008). *Arts foster scientific success: Avocations of Nobel,* National Academy, Royal Society, and Sigma Xi members. Journal of Psychology of Science and Technology, 1(2), 51–63

Friedman, T. (Produzent), Jones, P. (Regisseur) (1996). *NOVA: Einstein Revealed.* Boston, MA: WGBH

Kuepper, H. (2017). *Short life history: Hans Albert Einstein.* Abgerufen von http://www.einstein-website.de/biographies/einsteinhansalbert_content.html

James, I. (2003). *Singular scientists.* Journal of the Royal Society of Medicine, 96(1), 36–39

## Kapitel 5

Verhulst, B., Eaves, L. J., Hatemi, P. K. (2012). *Correlation not causation: The relationship between personality traits and political ideologies.* American Journal of Political Science, 56(1), 34–51

Bai, M. (29. Juni 2017). *Why Pelosi should go—and take the '60s generation with her.* Matt Bai's Political World. Abgerufen von www.yahoo.com/news/pelosi-go-take-60s-generation-090032524.html

Gray, N. S., Pickering, A. D., Gray, J. A. (1994). *Psychoticism and dopamine D2 binding in the basal ganglia using single photon emission tomography*. Personality and Individual Differences, 17(3), 431–434

Eysenck, H. J. (1993). *Creativity and personality: Suggestions for a theory.* Psychological Inquiry, 4(3), 147–178

Ferenstein, G. (8. November 2015). *Silicon Valley represents an entirely new political category.* TechCrunch. Abgerufen von https://techcrunch.com/2015/11/08/silicon-valley-represents-an-entirely-new-political-category/

Moody, C. (20. Februar 2017). *Political views behind the 2015 Oscar nominees.* CNN. Abgerufen von http://www.cnn.com/2015/02/20/politics/oscars-political-donations-crowdpac/

Robb, A. E., Due, C., Venning, A. (16. Juni 2016). *Exploring psychological wellbeing in a sample of Australian actors.* Australian Psychologist

Wilson, M. R. (23. August 2010). *Not just News Corp.: Media companies have long made political donations.* OpenSecrets Blog. Abgerufen von https://www.opensecrets.org/news/2010/08/news-corps-million-dollar-donation/

Kristof, N. (7. Mai 2016). *A confession of liberal intolerance.* The New York Times. Abgerufen von http://www.nytimes.com/2016/05/08/opinion/sunday/a-confession-of-liberal-intolerance.html

Flanagan, C. (September 2015). *That's not funny! Today's college students can't seem to take a joke.* The Atlantic

Kanazawa, S. (2010). *Why liberals and atheists are more intelligent.* Social Psychology Quarterly, 73(1), 33–57

Amodio, D. M., Jost, J. T., Master, S. L., Yee, C. M. (2007). *Neurocognitive correlates of liberalism and conservatism.* Nature Neuroscience, 10(10), 1246–1247

Settle, J. E., Dawes, C. T., Christakis, N. A., Fowler, J. H. (2010). *Friendships moderate an association between a dopamine gene variant and political ideology.* The Journal of Politics, 72(4), 1189–1198

Ebstein, R. P., Monakhov, M. V., Lu, Y., Jiang, Y., San Lai, P., Chew, S. H. (August 2015). *Association between the dopamine D4 receptor gene exon III variable number of tandem repeats and political attitudes in female Han Chinese.* Proceedings of the Royal Society B, 282(1813), 20151360

*How states compare and how they voted in the 2012 election.* (5. Oktober 2014). The Chronicle of Philanthropy. Abgerufen von https://www.philanthropy.com/article/How-States-CompareHow/152501

Giving USA. (2012). *The annual report on philanthropy for the year 2011.* Chicago: Author

Kertscher, T. (30. Dezember 2017). *Anti-poverty spending could give poor $22,000 checks, Rep. Paul Ryan says.* Politifact. Abgerufen von http://www.politifact.com/wisconsin/statements/2012/dec/30/paul-ryan/anti-poverty-spending-could-give-poor-22000-checks/

Giving USA. (29. Juni 2017). *Giving USA: Americans donated an estimated $358.38 billion to charity in 2014; highest total in report's 60-year history* [Presseerklärung]. Abgerufen von https://givingusa.org/giving-usa-2015-press-release-giving-usa-americans-donated-an-estimated-358-38-billion-to-charity-in-2014-highest-total-in-reports-60-year-history/

Konow, J., Earley, J. (2008). *The hedonistic paradox: Is homo economicus happier?* Journal of Public Economics, 92(1), 1–33

Post, S. G. (2005). *Altruism, happiness, and health: It's good to be good.* International Journal of Behavioral Medicine, 12(2), 66–77

Brooks, A. (2006). *Who really cares?: The surprising truth about compassionate conservatism.* Basic Books

Leonhardt, D., Quealy, K. (15. Mai 2015). *How your hometown affects your chances of marriage.* The Upshot [Blog post]. Abgerufen von https://www.nytimes.com/interactive/2015/05/15/upshot/the-places-that-discouragemarriage-most.html

Kanazawa, S. (2017). *Why are liberals twice as likely to cheat as conservatives?* Big Think. Abgerufen von http://hardwick.fi/E%20pur%20si%20muove/whyare-liberals-twice-as-likely-to-cheat-as-conservatives.html

Match.com. (2012). *Match.com presents Singles in America 2012.* Up to Date [Blog]. Abgerufen von http://blog.match.com/sia/

Dunne, C. (14. Juli 2016). *Liberal artists don't need orgasms, and other findings from OkCupid. Hyperallergic.* Abgerufen von http://hyperallergic.com/311029/liberal-artists-dont-need-orgasms-and-other-findings-from-okcupid/

Carroll, J. (31. Dezember). *Most Americans »very satisfied« with their personal lives.* Gallup.com. Abgerufen von http://www.gallup.com/poll/103483/most-americans-very-satisfied-their-personal-lives.aspx

Cahn, N., Carbone, J. (2010). *Red families v. blue families: Legal polarization and the creation of culture.* Oxford: Oxford University Press

Edelman, B. (2009). *Red light states: Who buys online adult entertainment?* Journal of Economic Perspectives, 23(1), 209–220

Schittenhelm, C. (2016). *What is loss aversion?* Scientific American Mind, 27(4), 72–73

Kahneman, D., Knetsch, J. L., Thaler, R. H. (1991). *Anomalies: The endowment effect, loss aversion, and status quo bias.* Journal of Economic Perspectives, 5(1), 193–206

De Martino, B., Camerer, C. F., Adolphs, R. (2010). *Amygdala damage eliminates monetary loss aversion.* Proceedings of the National Academy of Sciences, 107(8), 3788–3792

Dodd, M. D., Balzer, A., Jacobs, C. M., Gruszczynski, M. W., Smith, K. B., Hibbing, J. R. (2012). *The political left rolls with the good and the political right confronts the bad: Connecting physiology and cognition to preferences.* Philosophical Transactions of the Royal Society B: Biological Sciences, 367(1589), 640–649

Helzer, E. G., Pizarro, D. A. (2011). *Dirty liberals! Reminders of physical cleanliness influence moral and political attitudes.* Psychological Science, 22(4), 517–522

Crockett, M. J., Clark, L., Hauser, M. D., Robbins, T. W. (2010). *Serotonin selectively influences moral judgment and behavior through effects on harm aversion.* Proceedings of the National Academy of Sciences, 107(40), 17433–17438

Harris, E. (2. Juli 2012). *Tension for East Hampton as immigrants stream in.* The New York Times. Abgerufen von http://www.nytimes.com/2012/07/03/nyregion/east-hampton-chafes-under-influx-of-immigrants.html

Glaeser, E. L., Gyourko, J. (2002). *The impact of zoning on housing affordability* (Working Paper No. 8835). Cambridge, MA: National Bureau of Economic Research

Real Clear Politics. (9. Juli 2014). Glenn Beck: *I'm bringing soccer balls, teddy bears to illegals at the border.* Abgerufen von http://www.realclearpolitics.com/video/2014/07/09/glenn_beck_im_bringing_soccer_balls_teddy_bears_to_illegals_at_the_border.htm

Laber-Warren, E. (2. August 2012). *Unconscious reactions separate liberals and conservatives.* Scientific American. Abgerufen von http://www.scientificamerican.com/article/calling-truce-political-wars/

Luguri, J. B., Napier, J. L., Dovidio, J. F. (2012). *Reconstruing intolerance: Abstract thinking reduces conservatives' prejudice against nonnormative groups.* Psychological Science, 23(7), 756–763

GLAAD (2013). *2013 Network Responsibility Index.* Abgerufen von http://glaad.org/nri2013

GovTrack (o. J.). *Statistics and historical comparison.* Abgerufen von https://www.govtrack.us/congress/bills/statistics

## Kapitel 6

Huff, C. D., Xing, J., Rogers, A. R., Witherspoon, D., Jorde, L. B. (2010). *Mobile elements reveal small population size in the ancient ancestors of* Homo sapiens. Proceedings of the National Academy of Sciences, 107(5), 2147–2152

Chen, C., Burton, M., Greenberger, E., Dmitrieva, J. (1999). *Population migration and the variation of dopamine D4 receptor (DRD4) allele frequencies around the globe*. Evolution and Human Behavior, 20(5), 309–324

Merikangas, K. R., Jin, R., He, J. P., Kessler, R. C., Lee, S., Sampson, N. A., Ladea, M. (2011). *Prevalence and correlates of bipolar spectrum disorder in the World Mental Health Survey Initiative.* Archives of General Psychiatry, 68(3), 241–251

Keller, M. C., Visscher, P. M. (2015). *Genetic variation links creativity to psychiatric disorders.* Nature Neuroscience, 18(7), 928

Smith, D. J., Anderson, J., Zammit, S., Meyer, T. D., Pell, J. P., Mackay, D. (2015). *Childhood IQ and risk of bipolar disorder in adulthood: Prospective birth cohort study.* British Journal of Psychiatry Open, 1(1), 74–80

Bellivier, F., Etain, B., Malafosse, A., Henry, C., Kahn, J. P., Elgrabli-Wajsbrot, O., Grochocinski, V. (2014). *Age at onset in bipolar I affective disorder in the USA and Europe*. World Journal of Biological Psychiatry, 15(5), 369–376

Birmaher, B., Axelson, D., Monk, K., Kalas, C., Goldstein, B., Hickey, M. B., Kupfer, D. (2009). *Lifetime psychiatric disorders in school-aged offspring of parents with bipolar disorder: The Pittsburgh Bipolar Offspring study*. Archives of General Psychiatry, 66(3), 287–296

Angst, J. (2007). *The bipolar spectrum*. The British Journal of Psychiatry, 190(3), 189–191

Akiskal, H. S., Khani, M. K., Scott-Strauss, A. (1979). *Cyclothymic temperamental disorders.* Psychiatric Clinics of North America, 2(3), 527–554

Boucher, J. (2013). *The Nobel Prize: Excellence among immigrants.* George Mason University Institute for Immigration Research

Wadhwa, V., Saxenian, A., & Siciliano, F. D. (Oktober 2012). *Then and now: America's new immigrant entrepreneurs, part VII.* Kansas City, MO: Ewing Marion Kauffman Foundation

Bluestein, A. (Februar 2015). *The most entrepreneurial group in America wasn't born in America.* Abgerufen von http://www.inc.com/magazine/201502/adam-bluestein/the-most-entrepreneurial-group-in-america-wasnt-born-in-america.html

Nicolaou, N., Shane, S., Adi, G., Mangino, M., Harris, J. (2011). *A polymorphism associated with entrepreneurship: Evidence from dopamine receptor candidate genes.* Small Business Economics, 36(2), 151–155

Kohut, A., Wike, R., Horowitz, J. M., Poushter, J., Barker, C., Bell, J., Gross, E. M. (2011). *The American-Western European values gap.* Washington, DC: Pew Research Center

Intergovernmental Panel on Climate Change (2014). IPCC, 2014: Summary for policymakers. In *Climate change 2014: Mitigation of climate change* (Contribution of Working Group III to the Fifth Assessment Report of the Intergovernmental Panel on Climate Change). New York, NY: Cambridge University Press

Kurzweil, R. (2005). *The singularity is near: When humans transcend biology.* New York: Penguin

Eiben, A. E., Smith, J. E. (2003). *Introduction to evolutionary computing* (Bd. 53) Heidelberg: Springer

Lino, M. (2014). *Expenditures on children by families*, 2013. Washington, DC: U.S. Department of Agriculture

Roser, M. (2. Dezember 2017). *Fertility rate. Our World In Data.* Abgerufen von https://ourworldindata.org/fertility/

McRobbie, L. R. (11. Mai 2016). *6 Creative ways countries have tried to up their birth rates.* Abgerufen von http://mentalfloss.com/article/33485/6-creative-ways-countries-have-tried-their-birth-rates

Ranasinghe, N., Nakatsu, R., Nii, H., Gopalakrishnakone, P. (Juni 2012). *Tongue mounted interface for digitally actuating the sense of taste.* In *2012 16th International Symposium on Wearable Computers* (pp. 80–87). Piscataway, NJ: IEEE

*Project Nourished – A gastronomical virtual reality experience.* (2017). Abgerufen von http://www.projectnourished.com

Burns, J. (15. Juli 2016). *How the »niche« sex toy market grew into an unstoppable $15B industry.* Abgerufen von http://www.forbes.com/sites/janetwburns/2016/07/15/adult-expo-founders-talk-15b-sex-toy-industryafter-20-years-in-the-fray/#58ce740538a1

## Kapitel 7

Lee, K. E., Williams, K. J., Sargent, L. D., Williams, N. S., Johnson, K. A. (2015). *40-second green roof views sustain attention: The role of microbreaks in attention restoration.* Journal of Environmental Psychology, 42, 182-189

Mooney, C. (26. Mai 2015). *Just looking at nature can help your brain work better, study finds.* Washington Post. Abgerufen von https://www.washingtonpost.com/news/energy-environment/wp/2015/05/26/viewing-nature-can-help-your-brain-work-better-study-finds/

Raskin, A. (4. Januar 2011). *Think you're good at multitasking? Take these tests.* Fast Company. Abgerufen von https://www.fastcodesign.com/1662976/think-you-re-good-at-multitasking-take-these-tests

Gloria, M., Iqbal, S. T., Czerwinski, M., Johns, P., Sano, A. (2016). *Neurotics can't focus: An in situ study of online multitasking in the workplace.* In *Proceedings of the 2016 CHI Conference on Human Factors in Computing Systems.* New York, NY: ACM

Killingsworth, M. A., Gilbert, D. T. (2010). *A wandering mind is an unhappy mind.* Science, 330(6006), 932-932

Robinson, K. (8. Mai 2015). *Why schools need to bring back shop class.* Time. Abgerufen von http://time.com/3849501/why-schools-need-to-bring-back-shop-class/

TINYpulse. (2015). *2015 Best Industry Ranking. Employee Engagement & Satisfaction Across Industries*

# REGISTER

Auch als **E-Book** erhältlich

464 Seiten
24,99 € (D) | 25,70 € (A)
ISBN 978-3-7423-0377-6

Aubrey Marcus

## 24 perfekte Stunden

Optimiere deinen Tag – mit Lifehacks für Aufstehen, Arbeiten, Lernen, Essen, Trainieren, Schlafen, Sex

In *24 perfekte Stunden* räumt Aubrey Marcus mit dem Durcheinander, von dem wir täglich in der Ernährung, im Sport und mental umgeben sind, auf. Er zeigt, wie ein einziger Tag voller bewusster Entscheidungen in lebenslange, konkrete Strategien für eine bessere Leistungsfähigkeit, einen starken Körper und einen verantwortungsvolleren Umgang mit uns selbst verwandelt werden kann. Vom optimalen Workout, einer gesunden Ernährung über mehr Achtsamkeit und die richtige Duschtemperatur bis zu bewusstseinserweiterndem Sex – dieses Buch ist eine Schritt-für-Schritt-Anleitung, wie man das Beste aus jedem Moment herausholen und das Leben wieder in vollen Zügen genießen kann – und dafür sind nur 24 Stunden notwendig.

riva

Auch als **E-Book** erhältlich

192 Seiten
19,99 € (D) | 20,60 € (A)
ISBN 978-3-7423-0102-4

Max Gotzler

## Biohacking – Optimiere dich selbst

Besser schlafen.
Mehr leisten.
Ausgeglichener sein.
Länger leben.

Ein schneller Lebenswandel, ein sich ständig veränderndes Umfeld, permanente Erreichbarkeit und hohe Mobilität bestimmen unseren Alltag. Wie schaffen wir es, diesen dynamischen Anforderungen angemessen zu begegnen? Biohacker Max Gotzler hat einen Fahrplan entwickelt, um Körper und Geist auf die Belastungen unserer Zeit einzustellen und das eigene Lebensumfeld entsprechend zu gestalten. Er stellt die effektivsten Biohacks zur Bewältigung von typischen Problemen wie chronischem Stress, Stimmungstiefs, Energiemangel und Reizüberflutung vor. In diesem Buch führt er den Leser durch sechs (Lebens-)Bereiche: Ernährung, Bewegung, Erholung, Balance, Fokus und Umfeld. In jedem dieser Bereiche werden Methoden erklärt und einfache Anleitungen zur Umsetzung gegeben. Biohacks sind zum Beispiel intermittierendes Fasten, die Nutzung von (Rot-)Licht für besseren Schlaf, Neurofeedback, die Anwendung von Kälte und hochintensives Intervalltraining. Mit diesen Methoden kann sich jeder sein Leben optimal einrichten!

riva

Auch als **E-Book** erhältlich

256 Seiten
19,99 € (D) | 20,60 € (A)
ISBN 978-3-7423-0718-7

Armin Grunwald

**Der unterlegene Mensch**

Die Zukunft der Menschheit im Angesicht von Algorithmen, künstlicher Intelligenz und Robotern

Alle reden von Digitalisierung. Wunderbare Zukunftsperspektiven werden entworfen. Komfort und Wohlstand, mehr Gesundheit und möglicherweise die digitale Unsterblichkeit warten auf uns. Diese neuen Annehmlichkeiten sind aber nur die eine Seite der Medaille. Zunehmende Abhängigkeit von digitalen Technologien, das Risiko totaler Überwachung, massenweise Übernahme menschlicher Arbeitsplätze durch Roboter, die Manipulation öffentlicher Meinung, der drohende Kontrollverlust des Menschen über die Technik – diese andere Seite zeigt bedrohliche Züge. In diesem Buch entwirft der Physiker, Philosoph sowie Deutschlands führender Technikfolgenabschätzer Armin Grunwald ein kritisches Bild der Welt von morgen und zeigt auf, womit wir zu rechnen haben, wenn wir die Digitalisierung nicht bewusst gestalten und uns selbst komplett ersetzbar machen.

riva

# Inhalt

# 11 Welches Wort steht hier?

m a a M

| | | |
|---|---|---|
| m a a M | M n d o | n r e t S |
| O a p | n e S o n | a O m |

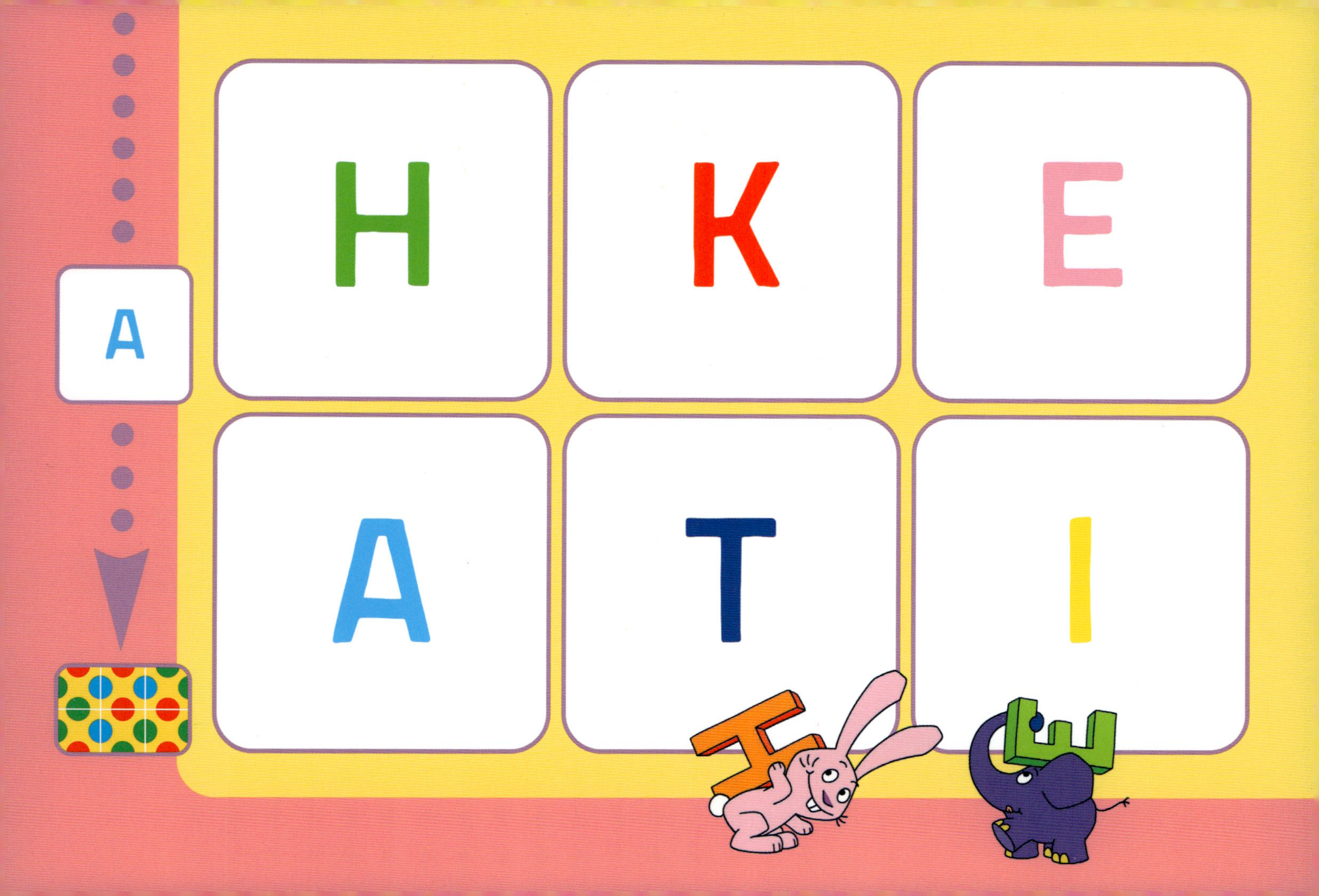
A
H
K
E
A
T
I

## 10 Welcher Buchstabe fehlt?

_ffe

_ffe

_lefant

_gel

_atze

_iger

_ase

die **Möwe**

der **Schlüssel**

der **Knopf**

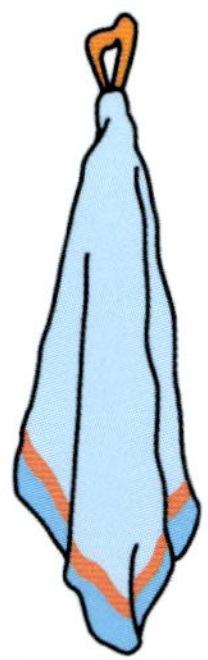

das **Tuch**

die **Sonne**

die **Tasche**

# 9 Finde die Reimwörter!

der **Löwe**

der **Topf**

das **Buch**

die **Schüssel**

die **Flasche**

die **Tonne**

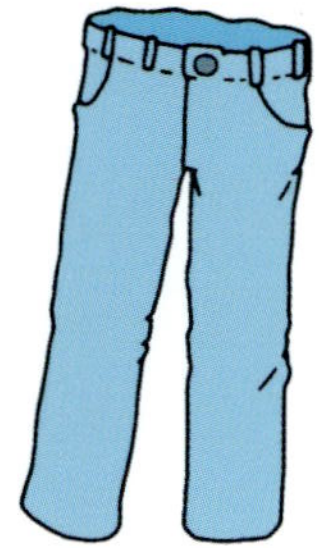

die **Hose**

die **Bank**

der **Schal**

die **Maus**

die **Pfanne**

der **Schuh**

# 8 Finde die Reimwörter!

der **Schrank**

die **Kanne**

die **Dose**

das **Haus**

der **Wal**

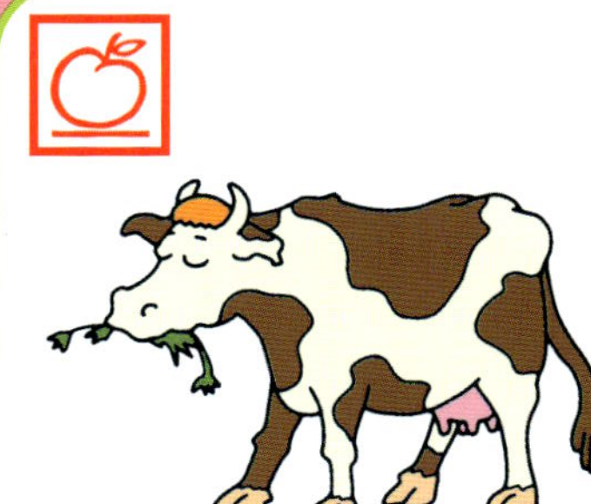

die **Kuh**

die **Katze**

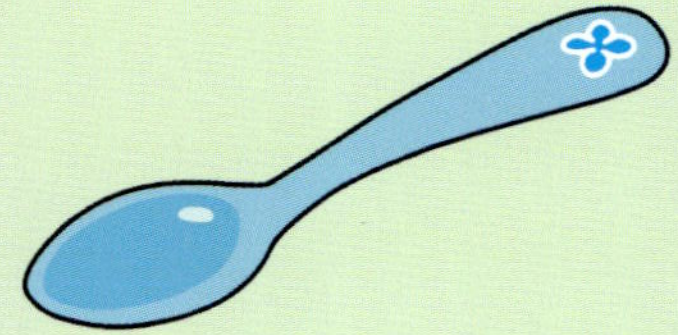

der **Löffel**

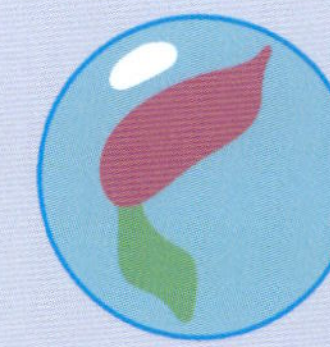

die **Murmel**

die **Dose**

das **Schwein**

der **Stern**

# 7 Auslaute: l, n, e – Achte auf die Hintergrundfarben!

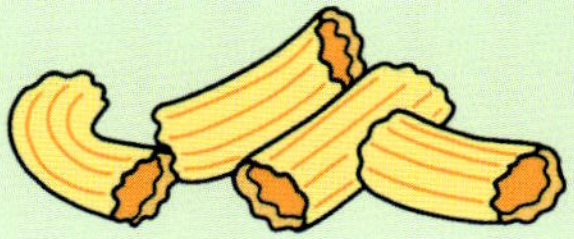

die **Nudel**

die **Rose**

der **Besen**

die **Muschel**

der **Käse**

der **Delfin**

der **Topf**

die **Mama**

die **Oma**

das **Gespenst**

das **Schiff**

das **Brot**

# 6 Auslaute: a, t, f – Achte auf die Hintergrundfarben!

das **Sofa**

der **Opa**

das **Bett**

der **Knopf**

das **Schaf**

das **Nest**

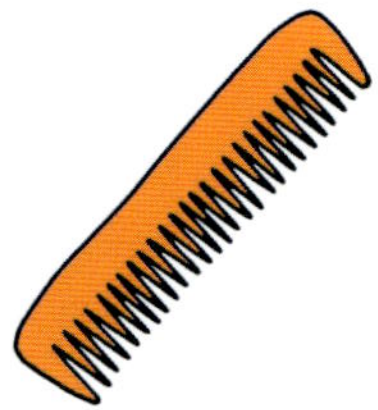

der **Kamm**

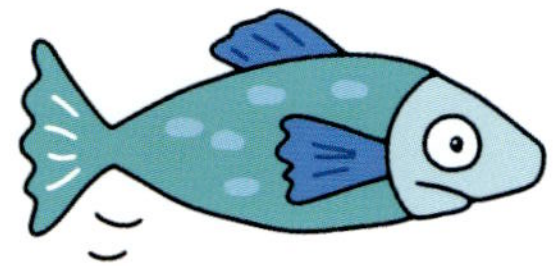

der **Fisch**

das **Feuer**

das **Krokodil**

der **Papagei**

das **Auto**

# 5 Auslaute: l, o, m, ei, er, sch

der **Ball**

das **Ufo**

der **Baum**

das **Ei**

die **Feder**

der **Tisch**

der Dominostein

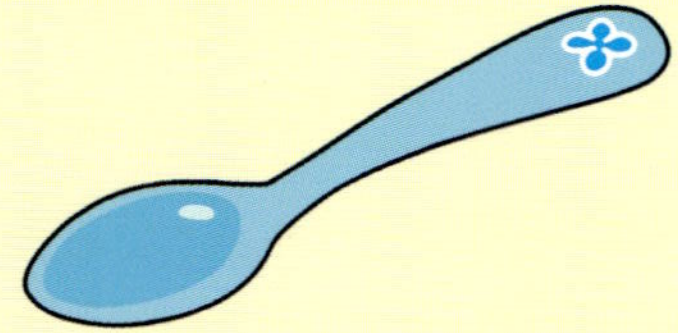

der Löffel

der Dinosaurier

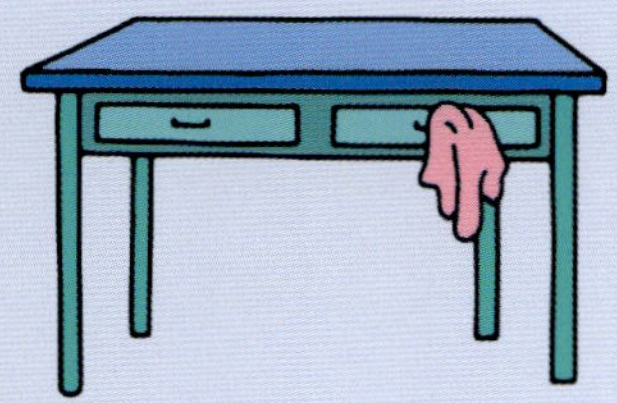

der Tisch

der Luftballon

das Telefon

# 4 Anlaute: D, L, T – Achte auf die Hintergrundfarben!

der **D**elfin

der **T**iger

die **D**ose

die **T**asse

die **L**eiter

der **L**öwe

das **Sieb**

die **Muschel**

die **Raupe**

der **Roller**

die **Seife**

die **Maus**

# 3 Anlaute: S, R, M – Achte auf die Hintergrundfarben!

die **Sonne**

die **Rakete**

der **Mond**

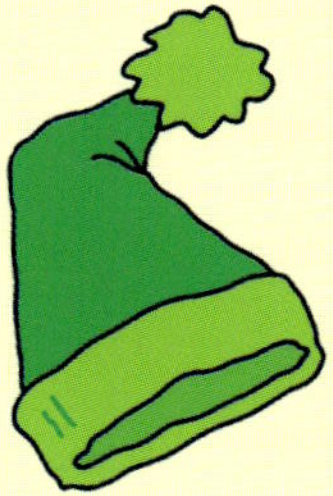

die **Mütze**

das **Sofa**

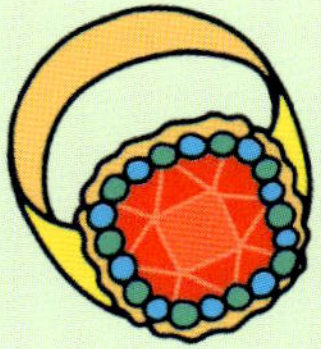

der **Ring**

die **Flasche**

die **Nudel**

die **Puppe**

der **Ball**

die **Gabel**

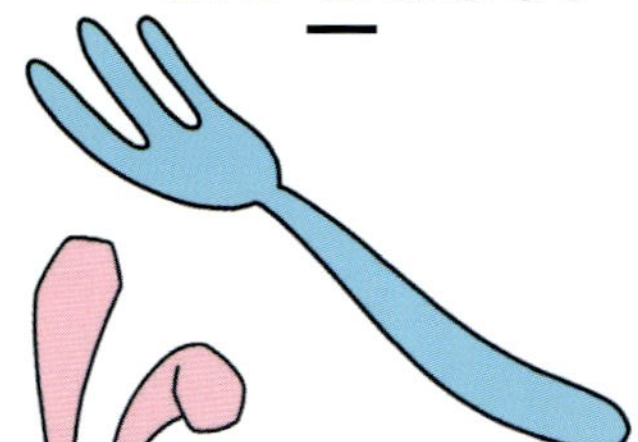

der **Käfer**

# 2 Anlaute: N, B, K, F, P, G

das **N**est

die **B**iene

die **K**atze

der **F**isch

der **P**ilz

die **G**iraffe

der **Opa**

der **Igel**

der **Affe**

die **Ente**

das **Ei**

das **Ufo**

# 1 Anlaute: A, E, I, Ei, O, U

die **Ampel**

die **Uhr**

das **Iglu**

das **Eis**

die **Oma**

der **Elefant**

**So einfach spielst du bambinoLÜK:**
Öffne das bambinoLÜK-Lösungsgerät und lege es auf dein aufgeschlagenes bambinoLÜK-Heft. Lege die sechs Plättchen mit den Symbolen nach oben auf die Aufgaben mit den gleichen Symbolen, also das Plättchen mit dem roten Symbol Haus auf die Aufgabe mit dem roten Symbol Haus oben links in der Ecke. Wenn die Plättchen auf den Aufgaben liegen, nimmst du das Plättchen mit dem Symbol Haus und siehst dir die Aufgabe an, auf der das Plättchen lag. Welches Bild auf der unteren Seite passt wohl dazu? Lege das Plättchen auf dieses passende Bild. Mach es ebenso mit den anderen fünf Plättchen und Aufgaben. Schließe dann das bambinoLÜK-Lösungsgerät und drehe es nach oben um. Jetzt siehst du das bei der Übung abgebildete Lösungsmuster.

**Alles richtig?**
**Und nun viel Spaß!**

# Die Spielanleitung


Autorin: Wibke Bierwald; Illustrationen: Ina Mertens
Druck und Verarbeitung: westermann druck GmbH, Braunschweig
ISBN 978-3-8377-7517-4